NCS 기반

National Competency Standards

취업과 창업

윤병화 지음

신광문화사

취업과 창업을 펴내면서

'거위의 꿈' 가사는 다음과 같다.

"헛된 꿈은 독이라고 세상은 끝이 정해진 책처럼 이미 돌이킬 수 없는 현실이라고…
저 차갑게 서있는 운명이라는 벽 앞에 당당히 마주칠 수 있어요…
내 삶에 끝에서 나 웃을 그날을 함께해요"

거위라는 날지 못하는 새가 날기 위해 노력하는 모습은 꼭 우리의 인생과 닮아 있다. 분명히 쉽진 않겠지만 날기 위해 노력하는 우리나라 모든 거위에게 날 수 있는 희망의 메시지를 전달할 수 있도록 이번 책을 기획하게 되었다.
자신이 꿈꾸는 일을 할 수 있고 그런 곳으로 나아갈 수 있도록 취업과 창업에 성공할 수 있는 기본적인 책이 되길 기원하며 이번 책을 출간하게 되었다.

책의 구성은 다음과 같다.

1부 대학의 취업진로, 직업탐색, 채용의 의미 등 취업 준비에 필요한 사항으로 구성되어 있다.

2부 창업 아이템, 창업의 개념 및 유형, 창업의 배경, 창업 아이디어 등 창업 이해를 위한 내용으로 구성되어 있다.

3부 창업기업의 본질, 창업 절차, 경영전략, 벤처기업 창업, 소자본창업 등 경영에 관한 내용으로 구성되어 있다.

따라서 이 책은 대학에서 취업과 창업에 대해 고민하는 학생들을 위한 취·창업 입문서이며, 실무에서도 적용할 수 있는 실제적 기획서이다.
이 책은 필자가 2015년부터 대학생들을 대상으로 강의한 교안을 바탕으로 새롭게 재구성한 취·창업 입문서이다. 그러다보니 심층적 분석을 하지 못한 점이 아쉽다.
이 부분에 대해서는 추후 다른 형태의 책을 통해 추가하도록 하겠다.
끝으로 출판을 위해 도움을 주신 도서출판 동화기술 관계자에게 감사의 말씀을 전한다.

저자 윤병화

차례

Chapter 1

대학의 취업진로[1]

1. 진로지도의 개념
2. 대학의 진로지도 특성
3. 진로준비행동의 개념
4. 취업스트레스

1. 진로지도의 개념

진로지도는 직업지도운동의 선두주자인 파슨즈(Parsons)가 미국 보스톤(Boston)에서 직업보도국(Vocational bureau)을 설치하고, 개인분석, 직업분석, 과학적 조언의 매칭을 주장하면서 시작되었다. 파슨즈(Parsons)는 진로지도의 과정을, 자기 이해를 중심으로 한 자기의 능력과 흥미 등을 인식하는 일, 각종 직업에 관한 정보를 제공하는 일, 직업의 선택과 판단을 돕는 과정이라고 말했다. 이후 진로지도는 1960년대까지 직업선택과 관련된 지도의 개념으로 쓰여 왔다. 1970년대에는 미국의 교육국 교육위원인 마랜드(Marland)에 의해 새로운 진로지도운동으로 일반교육과 직업교육의 혼합이라고 부르는 생애교육의 이념이 널리 받아들여지게 되었다.

미국은 진로지도의 내용을 진로개발 역량의 함양에 초점을 맞추어 제시하고 있는데, 이러한 역량중심의 진로개발 방안은 1990년부터 시작되어 왔다. 최근에는 연령의 구분 없이 전 연령에 걸친 자기주도적인 진로개발 역량의 함양을 강조하고 있다.

또한, 한국직업능력개발원 이지연선임연구위원은 진로지도의 의미를 개인의 진로개발을 최종 교육적 목적으로 지원되는 서비스로 보았다. 즉, 생애역할과 관련된 자기이해 → 직업세계이해 → 경험 → 학습(교육/훈련) → 의사결정능력함양 → 직업준비 → 직업결정 → 만족스런 직업생활 → 경력전환 → 평생학습을 통한 경력 활성화(Career resilience) → 은퇴준비의 진로개발 과정을 개인의 발달단계에 적합하도록 지원하는 면대면 상담, 집단지도, 각종 프로그램 개입 등을 통하여 전달되는 서비스라고 설명하였다.

2. 대학의 진로지도 특성

대학의 진로지도에서 가장 중요한 것은 다음과 같다.

① 자아발견과 이해이다.

② 일의 세계에 대한 이해를 적극적으로 도와야 한다.

③ 직업선택에 대한 합리적인 의사결정이다.

④ 직업정보 탐색 및 구직 활동이다.

이러한 일련의 진로지도 목표를 달성하기 위해서는 대학생들의 발달 단계상 특성을 고려해야 한다.

① 긴즈버그(Ginzberg)는 최초의 발달적 입장에서 직업선택이론을 제시했다. 직업발달단계를 구체적으로 환상기, 잠정기, 현실기로 나눠 분류했다.[2] 이중 현실기는 18세부터 22세까지 해당되는 시기로 대학생이 이 단계에 속한다. 이 시기는 직업을 선택하는 단계로서 흥미, 능력, 가치 등을 고려하여 다양한 직업 대안을 탐색하고 현실적인 외부적 요인을 고려하여 자신의 직업목표를 구체적으로 정하고 내·외적 요인을 종합 타협하는 과정을 거치면서 특정 직업 분야에 몰두하며 좀 더 세밀한 계획을 세워 의사결정에 도달하는 시기이다.

② 슈퍼(Super)는 진로발달이론에서 직업발달의 개념을 사회적, 정서적, 지적 발달 등과 같은 개인의 발달 과정으로 보고, 이를 개인의 자아개념 형성 및 그 변화와 관련짓고 있다. 슈퍼는 직업발달 과정을 성장기, 탐색기, 확립기, 유지기, 쇠퇴기로 구분했다. 대학생의 시기는 탐색기(15~24세)에 해당한다. 이 시기에는 학교생활, 여가활동, 시간제 일을 통해서 자아검증, 역할수행, 직업적 탐색을 시도한다. 탐색기에는 흥미, 가치관, 능력 등을 알아가면서 직업목표를 만들어 가고 무엇을 해야 하는지 계획을 수립하고, 점점 더 구체적으로 선호하는 직업 분야를 선택해 가며, 그에 맞는 훈련을 받고 직업에 입문하는 시기이다.

③ 미국 교육부에서 발표한 진로교육 단계는 진로 인식, 진로 탐색, 진로 준비, 진로 전문화로 구분하고 있다. 대학생이 해당되는 단계는 진로 준비단계로서 고등학교 졸업이후부터 대학 졸업까지의 시기이다. 이 단계에서는 전문분야에 관한 교육훈련을 진로 교육의 목표로 삼는다. 결국 대학생 시기 자신이 장래에 성취해야 할 진로가 무엇인가를 확인하고 개발시킬 수 있는 역량을 훈련시키는 단계이다. 즉, 진로와 관련된 자아이해(Self-knowledge)시기로 성격, 가치관, 흥미, 적성, 지능, 욕구 등을 파악하고, 직업의 세계를 교육하고 탐색하며, 진로를 계획하는데 필요한 지식, 기술, 태도, 습관의 총체적인 능력을 개발하고, 선택하는 단계라고 할 수 있다. 이 단계는 진로의 관점에서 볼 때 독립적시기가 아니라 계속적으로 발달과업을 달성해가는 시기이다. 즉, 직무의 선택이나 진로의 결정은 대학 생활 속에서 적성, 흥미, 주변 환경들을 면밀히 분석하고 이해하는 것이며 자신의 과거, 현재, 미래의 희망을 구상하고 이에 적합한 진로를 선택하고 종사하는데 필요한 구체적인 능력을 개발하고 준비해야 한다.

대학은 개인의 합리적인 진로선택을 돕고, 일과 학습의 연계를 원활히하여 결과적으로 국가 인적자원의 효율적 관리 개발에 기여할 수 있도록 체계적인 진로지도와 진로설계의 기능을 강화할 필요가 있다. 학생들의 취업과 창업을 준비하도록 취업학습동아리를 지원하는 원활한 대학 행정도 본질적으로 진로지도 및 진로교육의 영역에 해당한다. 대학생 진로지도 및 진로설계의 지향점은 성공적인 취업에 있다.

결국 기업이 바라는 인재상에 부합되도록 다양한 교육과 훈련을 통해 개인의 인적자원을 개발하는 내적인 준비과정이 필요하다. 자신의 현재 상황과 목표 상황, 두 지점의 간격을 줄이기 위해 노력하는 것이 바로 자기 계발의 시작이며, 대학생 진로지도 및 진로설계가 요구되는 당위성이기도 하다.

안관수(2006)는 기업이 바라는 인재양성을 위해 대학의 보편적인 진로지도 및 진로설계의 로드맵을 다음과 같이 제시했다.[3]

① 진로탐색단계

이 단계는 대학에 갓 입학한 학생들이 자기이해 및 자기진단을 하는 시기이다. 대부분의 학생들은 이 단계에 자신의 미래와 대학생활에 대한 구체적인 계획 없이 방황한다. 따라서 이 시기 자신, 지도교수, 선배, 동아리, 학생상담지원센터, 취업지원처 등이 유기적인 공조체계를 통해 자기 이해 및 자기 진단을 실시하여야 한다. 또한 자신의 진로설계에 필요한 기반을 조성하는 데에 중점을 두고, 인생 목표 작성 및 자신의 흥미, 인·적성 및 능력 파악에 주력해야한다.

② 진로설계단계

이 단계는 자기 이해 및 자기 진단을 기초로 미래의 직업을 위한 진로탐색이 구체적으로 이루어지는 시기이다. 자신의 적성과 능력 그리고 취업지원처의 정보 활용 및 개인의 직업 정보를 기초로 희망하는 직업과 주변으로부터의 권유직업에서 목표 직업을 도출한다. 이 단계에서는 자신에 대한 이해와 다양한 경로의 직업 및 직종에 대한 정보수집활동을 통해 목표 직업을 선택한다.

③ 경력관리단계

이 단계는 최종 선택된 목표 직업을 실행하는데 필요한 능력개발 및 경력을 관리하는 단계이다. 목표 직업에 대한 구체적인 정보 수집과 고용시장의 변화 그리고 교육훈련 및 각종 자격증 취득 활동이 필요한 시기이다. 이 단계에서는 목표 직업이 필요로 하는 직업능력의 개발과 자신의 경력을 계획적으로 관리해야한다.

④ 밀착 진로지도단계

이 단계는 취업과 직결되는 프로그램 참여와 실제 기업과의 접촉을 통해 목표 직업에 대한 구직활동을 구체화하는 단계이다. 인턴사원제도의 활용, 직장현장체험, 전공 현장실습의 참여, 목표 직업이 요구하는 직무능력 개발 및 면접 스킬능력 배양, 희망직종 멘토 찾기, 취업 포트폴리오 작성 등이 이에 해당한다. 대학 취업지원처의 밀착 진로지도를 통해 자신이 대학생활 동안 관리해 온 취업경력을 목표 직업의 취업으로 구체화하는 취업전략이 요구된다.

3. 진로준비행동의 개념[4]

진로준비행동은 자신의 진로와 관련한 인지나 태도의 차원이 아닌 실제적이고 구체적인 행위의 차원이다. 즉 합리적이고 올바른 진로결정을 위한 행동과 진로결정이 이루어진 이후에 그 결정 사항을 실행하기 위한 행동을 의미한다.

국내에서 처음으로 김봉환(1997)은 진로준비행동을 다음과 같이 제시했다.[5]

① 진로준비행동은 정보수집활동으로 자신에 관한 정보는 물론이고 자신이 관심을 가지고 있는 직업영역에 관한 정보를 포함한다. 이 같은 정보를 효율적이고 합리적으로 수집하기 위한 활동은 매우 중요한 진로준비행동이다.

② 진로준비행동은 필요한 도구를 갖추는 활동으로 설명할 수 있는데 자기가 목표한 직업에 입문하기 위한 준비과정에서 필요한 장비, 기자재, 교재 등을 구입하거나 각 직업에 필요한 자격증이나 면허증을 획득하는 일련의 활동이다.

③ 진로준비행동은 설정된 목표를 달성하기 위한 노력의 측면으로 설명할 수 있다. 목표달성에 필요한 도구와의 상호과정으로 필요한 도구를 구입하여 시간과 노력을 투자하는 실제 활동을 말한다.

이와 같이 진로준비행동이란 개인의 진로목표달성 과정에서 예상되는 부정적인 결과가 발생하지 않도록 하기 위하여 행해지는 개인의 실제적이고 보다 구체적인 모든 행동적 노력이라고 할 수 있다. 다시 말하면 진로준비행동은 합리적이고 적합한 진로결정을 위해 또는 진로결정 이후 그 결정사항을 실행하기 위한 모든 행위를 의미한다. 그러므로 자신이 원하는 직업에 대한 훌륭한 자료와 도구를 구비하였음에도 불구하고 시간과 노력을 전혀 투자하지 않는다면 진정한 진로준비가 아니다.

4. 취업스트레스[6]

1) 스트레스

스트레스(Stress)란 인간이 살아가는 데 있어 내·외적 요구가 개인이 적응할 수 있는 기대치를 넘어설 때 경험하게 되는 것으로 개인의 신체·심리적 안녕 상태를 위태롭게 하는 환경적인 자극 조건인 동시에 개인의 정서체계와 행동체계, 생리체계에 변화를 가져오게 하는 것이다. 이러한 스트레스는 개인의 삶을 위협하고, 당황하게 하는 것들에 대해 적절하게 대처하지 못할 때 발생하며 이에 따른 부적응의 문제가 신체적, 정신적 건강 상태에 악영향을 미칠 수 있다. 그러나 스트레스를 잘 인지하고 대처하면 오히려 삶을 더욱 활기차게 하며, 성장을 돕는 긍정적인 요소가 될 수 있다. 따라서 적절한 적응수준의 스트레스는 인간의 성장에 있어 중요한 요인이라 할 수 있다.

스트레스란 라틴어 '스트린제레(stringere)' 또는 '스트릭투스(strictus)'로써 '팽팽하다'라는 의미를 담고 있다. 15세기에는 압력의 의미로 사용되었으나 17세기에서는 어려움과 곤경, 역경 등의 의미로 사용되었고, 20세기에 접어들어서는 정신장애의 원인인 의학적인 개념으로 발전하였다.

지금까지 스트레스에 관한 많은 연구가 이루어져 왔고 스트레스의 개념 정리에 대한 시도가 있었지만 여전히 공통된 스트레스의 정의는 확립되지 않은 실정이다.

이 중 래저러스(Lazarus)와 포크먼(Folkman)이 스트레스의 개념을 3가지로 정의했다.

① 자극으로서의 스트레스(Stimulus-based Model of Stress)

이 개념은 물리적·심리적 위험이 발생하는 외적 환경을 조건으로 한다. 스트레스를 외부의 힘 또는 외적 요인으로 보면서 스트레스를 압력과 같은 자극으로 인지한다. 개인은 적절한 수준의 외부 압력을 견딜 수 있지만, 저항하는 수준은 개인마다 다르기 때문에 개인에게 가해지는 외부 압력의 수준이 저항 수준을 넘어설 때 스트레스가 발생된다고 보고 있다.

② 반응으로서의 스트레스(Response-based Model of Stress)

이는 스트레스를 종속변인으로 보는 관점이면서 자극 자체가 위험의 원인이 된다. 하지만 유기체의 외부적 위험에 따른 반응을 스트레스의 표현으로 보았다. 이 개념은 스트레스의 초기 연구에서 중요한 개념으로 사용되었다.

③ 역동적 상호작용으로서의 스트레스(Transactional-based Model of Stress)

스트레스를 개인과 환경의 복잡하고 역동적인 상호작용으로 보는 개념이다. 개인의 생리적인 특징, 인지, 지각이 환경의 요소가 되어 환경적 요인에 영향을 주며, 환경의 상황과 그 상황에 대한 개인의 인지적인 평가가 스트레스 정도에 영향을 미친다고 보았다. 역동적 상호작용으로서의 스트레스는 개인이 내·외적 압력에 적응할 수 없을 때 발생하는 부정적인 심리를 강조한 개념으로 볼 수 있다.

2) 취업스트레스

취업스트레스는 취업 준비로 인해 심리적, 신체적 부조화를 이루어 불안, 두려움, 걱정 등을 느끼는 스트레스이다. 취업스트레스는 졸업 후 취업과 관련된 문제로 대학생활 동안에 신체적, 심리적 평형상태가 파괴되고 위기와 긴장감 또는 불안을 느끼는 상태이다. 따라서 취업스트레스란 대학 졸업 예정자나 최근 대학 졸업 후 취업을 준비하는 과정에서 경험하는 신체적, 심리적 긴장상태이다.

초기 성인은 이제 막 사회에 발을 내딛는 상황이며, 가치관과 학업, 진로 등 다양한 문제들에 대해 급격한 변화를 경험하면서 이와 관련한 새로운 발달과업을 수행해야 된다. 이 시기에 어떤 직업을 선택하느냐에 따라 생활양식과 가치관, 태도까지 변화될 수 있기 때문에 초기 성인기에 해당하는 청년들은 취업 준비에 몰두하게 되고 그 과정에서 극심한 스트레스를 경험하게 된다.

이러한 취업스트레스는 다섯 가지 요인으로 이루어진다.

① 취업에 대해 자신감 부족과 같은 성격적인 문제의 성격 스트레스

② 경제적인 이유로 가족을 부양해야 하는 책임과 관련되는 가족환경 스트레스

③ 취업에 필요한 학점과 실력 부족 등과 같은 학업 문제와 관련된 학업 스트레스

④ 자신의 학교 수준이나 지도교수의 관심 부족을 포함하는 학교환경 스트레스

⑤ 개인의 심리적 요인으로 인한 불안과 관련된 취업 불안 스트레스

현재 우리 사회의 금융 위기와 경기 침체, 장기 불황 등 사회 불안정으로 인해 고용률이 감소되고 청년 실업이 증가하고 있는 상황에서 초기 성인들에게 취업스트레스를 받고 있다. 이러한 상황 속에서 가중된 불안과 좌절, 스트레스를 경험한 초기 성인들은 사회에 대한 부정적인 시각을 갖기 쉽다. 따라서 현재의 초기 성인들의 취업스트레스는 더 이상 이들만의 문제가 아닌 사회적인 문제라고 할 수 있으므로 이에 대한 사회적인 관심을 갖고 접근하여 정책적인 지원이 필요하다.

Chapter 2
직업탐색[7]

1. 직업탐색의 정의
2. 직업탐색의 방법
3. 구직활동

1. 직업탐색의 정의

구직은 잠재적인 취업에 관한 정보를 수집하는 과정이다. 이런 구직행동은 구직 의지와 구직활동의 결합으로 개인이 정해진 기간 동안 구직 자원을 활용하여 얼마나 구직활동을 하였는가에 대한 빈도와 반드시 취업을 하고자 하는 의지를 구직의 행동으로 볼 수 있다.

구직의 행태 중 직업탐색이론의 사전적 정의를 보면 '높은 임금을 받기 위해 좋은 일을 찾고 있는 이론'이라고 정의하고 있다. 또한 구직활동 중 자신의 능력에 대한 기대를 의미하는 구직 효능감은 다양한 구직활동을 성공적으로 수행할 수 있을 것이라는 자기 능력에 대한 확신을 말하며, 구직자 당사자가 얼마나 구직 효능감을 높이 가지고 있느냐에 따라서 구직활동이 많아질 수도 있고, 적어질 수도 있다.

하지만 구직 효능감은 자신의 확신만이 아니라 주변 구직자의 영향을 많이 받고 있다. 실제로 많은 인사담당자들은 기업에서 구직자에게 주는 필요 기준보다 구직자가 경쟁하는데 따른 높은 수준의 구직 준비를 보여주고 있으며, 구직자 스스로 더욱 높은 커트라인을 만들고 있다고 말하고 있다.

2. 직업탐색의 방법

취업을 위해서는 기본적으로 자기계발을 하고 취업에 대한 정보를 수집하며, 구직활동을 함으로서 취업에 이르게 된다. 이전 과정 중 직업탐색의 방법은 다음과 같다.

① 자기계발을 하는 방법에는 스스로 계발하는 당연한 방법에서 벗어나, 요즘 같은 취업난 속에서 정부와 대학에서 지원되는 취업지원프로그램을 통해 취업 기술계발과 취업 관련 자격증 취득과 같은 지원을 받게 된다.

② 전통적인 직업탐색의 방법은 간접적인 경로(indirect channel), 공식적인 경로(formal channel), 직접 구직(direct job search) 등이 있다. 간접적인 경로는 학교 지도교수, 친구, 친지, 가족 등을 통해 정보를 얻는 경로이다. 공식적인 경로는 직업 안내소, 신문, 인터넷 등 대중매체를 통해 정보를 얻는 경로이다. 직접 구직은 본인 스스로 구직활동을 하는 것을 말한다.

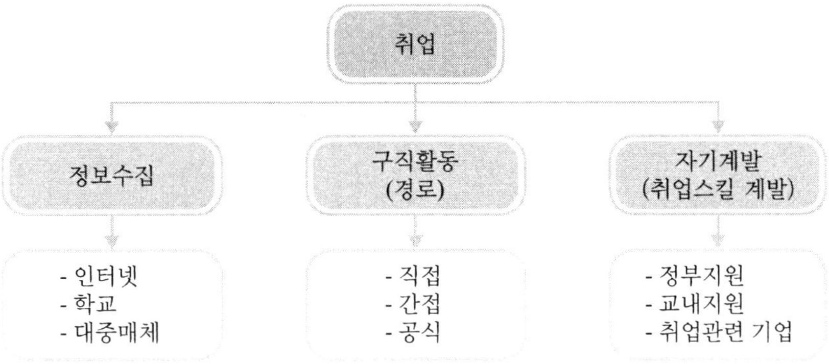

▲ **그림 2-1** 직업탐색의 방법

③ 정보화시대 대부분의 정보는 온라인을 통해 구직자에게 전달되고 있다. 하지만, 대학생들이 직업을 탐색하고 구직 노력을 하는 과정에서 기업마다 실무에 대한 기초적인 정보에 국한될 뿐 구체적인 정보를 얻는 것은 어려워하고 있다. 이에 대학의 취업지원처에서는 실무정보수집의 활성화를 통해 연계기업발굴과 직업정보 수집을 강화시켜나가고 있다.

한편 직업탐색개념은 직접탐색과 간접탐색으로 나뉜다.

① 직접탐색은 구직자 스스로 정보를 수집하고, 기업의 정보를 수집하여 자신의 직업을 탐색하는 과정을 말한다. 직업탐색 과정에서 발생하는 부족한 부분을 스스로 진단하고 역량을 개발하는 단계이다.

② 간접탐색은 스스로 탐색할 수 없는 정보를 전문가나 기업에서 제공하는 경로를 활용해 수집하는 과정이다. 기업과 전문가를 연결해주는 고리는 대학교이며, 대학교에서 학생들의 니즈를 파악하고 관련된 전문기관에 의뢰하거나 기업을 직접 이어주는 경로를 활용해 탐색을 도와준다.

3. 구직활동

구직자는 자신의 역량을 기업에 최대한 전달하고 기업은 조직의 목표를 달성하는데 필요한 인재 인지를 선별해 내는 과정을 거치게 된다. 구직활동의 프로세스는 그림 2-2와 같다.

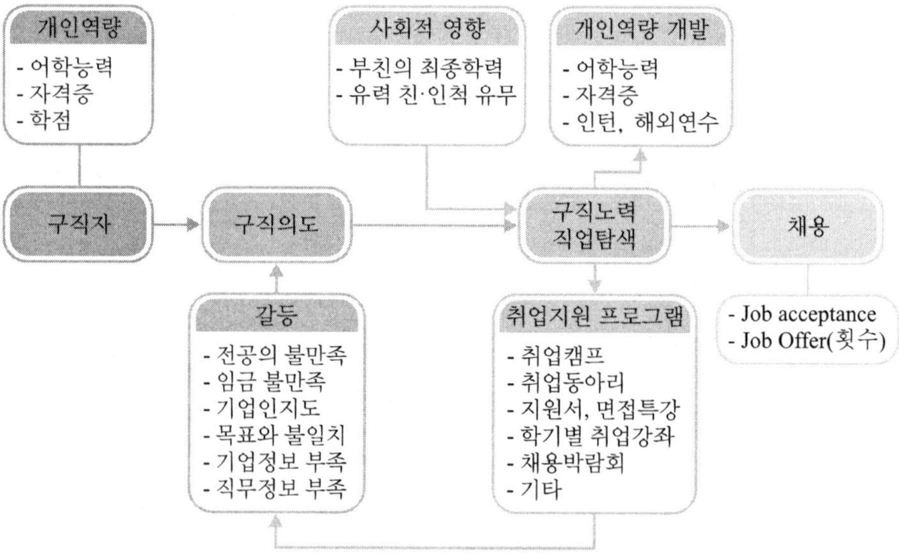

▲ **그림 2-2** 구직의 프로세스

구직자는 지속적으로 자신의 역량과 미래의 발전상을 고민하며, 업무형태, 임금, 전공에 대한 불확신 등에 대한 갈등을 통해 건설적인 취업을 준비한다. 구직에 대한 확신과 불확신을 가지고 구직자는 구직 노력을 하게 되며, 노력하는 과정에서 불확신성을 없애기 위해 최대한 자신의 역량을 개발하고 구직 효능감을 높이기 위해 노력한다. 결국 직업을 탐색하고 자신의 역량을 개발하면 기업에 채용될 수 있다.

이런 노력의 과정 중 스스로 역량 개발과 기업 결정에 영향을 미치는 요소 중 기업의 실제 업무를 경험하고 정보를 수집하는 수단으로 인턴을 경험하게 된다. 자신이 가진 정보와 현실의 격차를 좁히는데 큰 역할을 한다. 인턴은 새롭고 신선하며 편견없는 사고를 통해 직무를 수행하고, 기업은 창의적인 사고를 하는 발전적인 인재를 발굴할 수 있다. 인턴제도는 비용의 수반이라는 단점과 인턴 활동 후 직무에 대한 기대가 떨어져 졸업 후 채용으로 이어지지 않는 경우가 있기는 하지만 구직자의 입장에서는 기업에 자신의 실제 모습과 능력을 보여줄 기회를 얻고 기업에 대한 보다 다양한 정보를 확인할 수 있는 좋은 기회가 될 수 있다.

하지만 인턴 경험이 모든 구직자에게 주어지는 기회는 아니다. 대부분의 구직자는 구직 노력을 하는데 있어서 실제 경험보다는 다양한 경로를 통한 정보 수집에 시간을 할애하고 있으며, 정보수집의 경로는 각 취업포털 인터넷사이트를 이용하고 있다.

그렇다면 이런 모집을 위해 지원자와 기업이 실제로 만나기 위해서는 첫째, 의사소통 매체가 있어야 하며, 둘째, 지원자가 본인의 개인적 특성과 규정된 직무조건 사이에 일치를 지각해야 하며, 셋째, 그 직무에 지원하도록 동기화되어야 할 것이다. 이를 위해 의사소통의 가장 기초가 되는 지원서인 이력서, 자기소개서를 제출하고 기업에서는 이를 통해 구직자의 정보를 얻게 되며, 직무조건에 일치하는지를 확인하게 된다. 또한 직무에 동기화할 수 있는지를 보기 위해 실제 면접을 통해 구직자를 평가하게 된다. 면접을 통해 개인의 인성뿐만 아니라 자신이 기업에 적합한 인재인지 판단한다. 이때 기업은 채용이후 어떤 자리에서 어떻게 인재를 활용할 것인지 결정한다. 이러한 이유로 기업과 직무에 적합한 인재매칭을 확인하기 위해 기업들은 다양한 방안을 도입하고 있다. 또한, 개인의 구직활동에서 비계획적인 의사결정 보다 체계적이고 합리적인 의사결정으로 조직을 선택한다면 자신의 욕구를 충족시켜줄 수 있는 대안적 결정을 할 수 있다.

여기에 과거 기업의 채용과정에서 보면 IQ(Intelligent Quotient)를 중시했지만, 점차 감성지수인 EQ(Emotional Quotient)와 창의력지수인 CQ(Creative Quotient), 사회적 지수인 SQ(Social Quotient) 등을 평가하는 회사가 늘어나고 있다.[8] 이런 이유로 과서 실무사들이 식섭 재용이나 임원의 인성에 대한 면섭 등에 그지지 않고 구직자의 직접적인 정보를 최대한 활용하기 위해 서류전형과 UCC 면접, 술자리 면접, 합숙면접, 서류를 제외한 블라인드 면접 등의 방법이 활용되고 있다.

Chapter 3
채용의 의미[9]

1. 채용의 정의

21세기 급변하는 경영환경에 대응하기 위하여 기업의 경영자들은 인재 확보의 필요성을 인식하고, 우수 인재를 선발하고자 노력하고 있다.

오늘날 기업에서 경영의 인적자원은 매우 중요한 요소로 작용하고 있으며, 인적자원을 얼마나 효율적으로 관리하느냐에 따라 기업의 장기적인 성과가 결정된다. 그래서 모든 기업들은 인재의 중요성을 정확하게 인식하고, 이를 기업의 핵심적인 원동력으로 여기며, 전력을 다해 우수 인재를 선발하고자 노력하고 있다.

이에 기업은 스스로 기업을 유지하고 이끌어 나갈 인재를 선발하기 위한 효과적인 채용체계와 구조를 가지고 있다. 즉 기업에서는 핵심적인 인재를 발굴하고 이를 기반으로 인재를 유지하고 관리함으로써 기업에 필요한 기능과 역할을 수행할 수 있는 채용 프로세스를 유지하고 있다. 따라서 모든 기업이 채용을 진행하고 있으며, 채용에 수많은 비용과 노력을 들이고 있다.[10]

그렇기 때문에 채용은 조직의 인적자원 계획(human resources planing)에 기초하여 사업목표(objectives)를 달성하기 위해 필요한 인재를 규명하고 이를 확보하고자 적합한 후보자들을 물색하고 이들 중 최적의 요건을 충족하는 자원을 선발하여 배치하는 활동을 말한다.

2. 채용의 프로세스

채용의 프로세스는 기업별로 차이가 있을 수 있으나, 채용관리는 기업의 인사관리가 시작되는 단계이므로 매우 중요하다. 채용과정에서 목표로 하는 내용은 직무특성에 적합한 우수 인재를 확보하여 인적자원을 통한 기업의 전반적인 성과를 높이는데 있다.

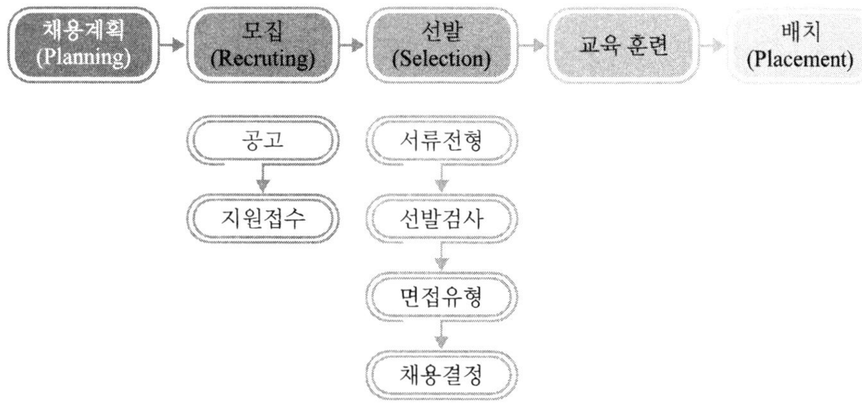

▲ **그림 3-1** 채용 프로세스

채용의 프로세스는 다음과 같다.

① 채용계획(planning)

"직무를 수행할 수 있는 사람을 몇 명 채용할 것인가?"이다. 이를 위해 중장기발전계획과 연계, 기업의 인재상 정립, 목표인력의 양과 질 등을 결정한다.

② 모집(recruiting)

"기업이 원하는 우수 인재를 어떻게 지원하도록 할 것인가?"이다. 노동 시장의 결정, 다양한 모집방법의 개발 및 활용, 기업의 홍보 활동 등과 연계한다.

③ 선발(selection)

"어떤 방법으로 우수 인재를 선발할 것인가?"이다. 면접자의 능력향상, 선발방법의 다양화, 직무별 수행요건 설정, 현장중심 등으로 선발한다.

④ 고용 · 배치(employment · placement)

"어떻게 적재적소에 인력을 배치할 것인가?"이다. 신입사원 교육, 현장 관리자 중심의 초기 사회화 교육, 적성을 고려한 적재적소의 배치, 선발기법의 타당성 평가 등을 실시한다.

3. 채용의 트렌드

창의적인 기업 활동을 위해 기업 직원들의 창의적 활동을 적극적으로 장려해야 한다. 이러다 보니 기업 활동의 흥망성쇠는 인재 채용에 있다고 봐도 지나치지 않다.

이젠 기업은 창의적 인재 채용을 위해 빠르게 변화하는 세계 경쟁 환경 속에서 계속적인 발전과 혁신을 위한 "채용 → 배치 → 보상 → 평가 → 교육 → 퇴사"에 이르는 통합적인 인사 체계를 갖추고 시대가 요구하는 인재를 채용하고 있다.

과거 그룹차원에서 진행되었던 채용이 IMF 이후부터 계열사별 채용이 진행되면서 채용 트렌드가 급변하였다. 빨리 적응하고 일사불란하게 움직이던 명문대학 위주의 학력을 소지하고 외국어 성적이 우수한 조직형 인재를 채용하던 전통적인 채용 기준들이 변별력을 상실했다.

이와 같은 상황 속에 최근 기업 채용의 트렌드는 다음과 같이 변했다.

① 탈 스펙과 스토리 스펙이다.

학벌, 학점, 토익점수, 자격증의 수 등의 수치화되고 일반화된 보여주기 위한 스펙은 필요가 없다. 단편적인 스펙 대신 실무에 적용할 수 있는 스토리 스펙 및 살아 있는 경험위주의 입체적인 스펙을 쌓아야 한다.

② 학력 파괴 채용의 변화이다.

기존의 4년제 대졸자에게 주어지던 일자리가 고졸 및 전문대 졸업자를 채용하고 있다. 이는 단순하게 은행이나 온라인 게임회사 등의 이벤트성 채용을 초월하여, 진실로 지원자 본인이 직무에 대한 적임자임을 확실하게 검증만 할 수 있다면 학력의 여부를 따지지 않고 채용하겠다는 실리형 기업이 많아지고 있다.

③ 인성 중심이다.

자격증 획득이나 영어점수의 확보라는 스펙을 초월하여 타인과의 의사소통 및 대인관계에 대한 경험이 중요해지고 있다. 지원자는 단순한 경험의 나열이 아닌 사람들과의 관계를 통한 성장을 강조하는 자기소개서가 필요하다.

④ 면접의 전문화이다.

기업은 수많은 구직자들 중에 적합한 인재를 찾고자 면접관 양성 프로그램을 강화하고 있고, 다양한 역량중심 기반의 질문들을 매뉴얼화하여 채용에서 적용하고 있다. 이젠 지원자는 면접을 준비하면서 단순히 이론적 내용을 떠나 직접적이고 실질적인 연습을 통해 보다 전문화된 면접을 대비해야 한다.

⑤ 이색면접 등장이다.

서바이벌 면접방식과 같은 다양한 미션 수행을 통해 지원자의 실제적 역량을 검증하는 다차원 면접방식이 도입되고 있다.

⑥ 신입 경력자의 채용 우선권을 주고 있다.

1년 정도 실제적인 회사 경험을 하고 다시 신입으로 지원하는 이른바 신입 경력자의 채용이 증가하고 있다. 기존에는 직장 적응도 제대로 못한 떠돌이 취급을 당했던 이들이지만 최근에는 시행착오를 겪고 돌아온 실무능력이 있는 신입이라는 새로운 평가를 받고 있다.

:: **표 3-1 채용 패러다임 변화와 인력관리의 변화**

구분	아날로그 시대	디지털 시대
조직구조	정형화, 경계분명 위계적, 내부지향적	네트워크화(무정형, 무경계화) 수평적, 내외 개방적
인력관리	전체 인력의 확보 및 유지 장기고용방식	핵심인재의 확보 및 유지 다양한 고용 방식
보상체계	내부 가치 중심, 평등원리 기초 연봉 + 복리후생	시장가치 중심 실력주의, 공정원리 기초, 연봉 + 성과배분 + 스톡옵션
노사관계	집단적 이해 중시 임금인상, 근로조건 개선	개별적 니즈 중시, 성과 배분 고용가치 증진
기업문화	폐쇄적, 위계적 순차적 의사소통	개방적, 민주적 실시간 쌍방향 의사소통

4. 채용의 도구

채용은 지원자 중에서 조직에 가장 적합하고 유능한 인재를 선발하는 과정으로 합리적인 결정에 필요한 모든 정보를 수집·분석하는 과정이다. 일정한 채용의 도구를 가지고 지원자의 능력 및 개인적인 특성을 측정하여 그 결과를 가지고 미래를 예측하는 것이다. 일반적인 채용의 도구는 입사지원서, 필기시험, 면접 등이 있다.

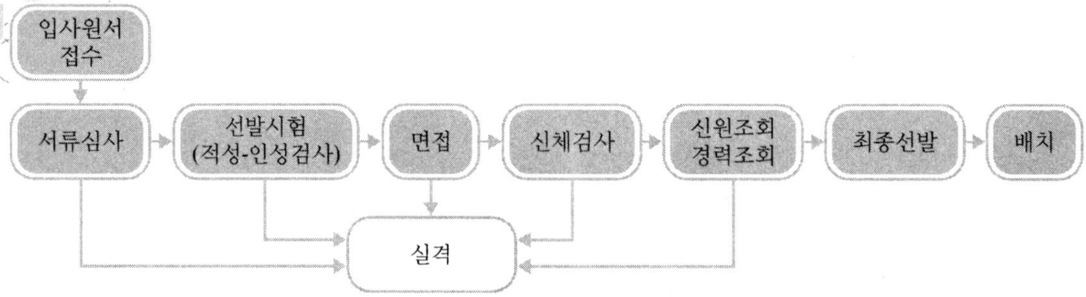

▲ **그림 3-2** 선발절차

모집활동을 통해 기업에 입사지원서가 접수되면 본격적인 인재에 대한 정보의 수집활동이 이루어진다. 입사원서이외에 추가적인 정보 수집을 위해 선발시험, 면접, 신체검사 등의 추가적인 활동을 한다. 다음으로 경력조회와 신원조회를 통해 별다른 문제가 없는지를 확인하고 최종 선발한다.[11]

기업의 채용관리는 환경의 변화에 따라 다양한 방법으로 이루어지고 있다. 예전의 전형적인 채용은 토익점수 900점 이상, 학점 4.0 이상, 해외 어학연수 등의 모범답안이 있었지만 이젠 토익점수보다는 영어회화 실력을, 학점보다는 종합적인 문제해결능력을, 해외 어학연수보다는 다양한 실무경험 등을 요구하고 있다. 예를 들어 삼성 등 주요 대기업들은 채용 전형 시 외국인과의 상담 등 비즈니스 현장에서 활용할 수 있는 영어능력을 판가름하기 위해 영어 면접, 영어 프레젠테이션 등을 입사전형과정에서 평가한다. 최근에는 제2외국어에 가산점을 주고 있다.

기업체의 선발과정은 1차 서류전형, 2차 필기전형, 3차 면접전형 등으로 실시되고 있다. 서류전형에서는 기본적인 자질 여부를 판단하고, 필기전형에서는 기업이 원하는 인재상에 적합성을 판단하며, 면접전형에서는 인성과 지식수준 등 성장 가능성을 평가한다.

1) 서류전형

입사지원서는 이력서와 자기소개서를 합쳐 놓은 것을 말하며, 서류전형에서는 이력서와 자기소개서를 제출한다. 서류전형은 입사하기 위한 제1관문이고, 필기시험 및 면접으로 나아가는 관문이다. 이력서가 신뢰성을 바탕으로 한 객관적·형식적인 서류라면, 자기소개서는 정형화되어 있는 글이기는 하지만 이력서 보다는 주관화된 글이다. 따라서 작성자는 자기소개서에서 자신을 강조해서 홍보해야 한다. 구직자 스스로 과거, 현재, 미래, 경험, 능력 등을 총 정리하여야 한다. 자신이라는 상품을 홍보하기 위한 광고이자 정보전달서이며, 가치를 평가받는 중요한 마케팅 도구이다.

이력서가 기업마다 다를 수 있지만 보통 지원분야, 인적사항, 학력사항, 병역사항, 경력사항, 자격 및 특기사항, 상훈 및 기타사항 등을 포함한다. 이력서는 무엇보다도 자료 자체에 신빙성이 있어야 한다. 학력과 경력에 관한 정보가 사실과 다르거나, 경력에서 실제 경험이 그 내용에 있어서 사실보다 과장되어 있을 가능성이 있는 등 정확한 판단이 어려운 경우가 많이 있다.

예를 들어 자신이 직접 프로젝트를 앞서서 이끈 것처럼 경력을 포장하거나 경력 연차를 늘려 기재한다면 경력증명서를 통해 모두 확인이 가능하고 면접이나 입사 이후에 거짓이 발견될 수도 있기에 늘 신중을 기해야 한다.

또한, 과거 우리나라 조직체에서 연공서열의 전통과 구성원들 간의 인화(人和)를 유지하기 위해 연령을 중요하게 생각하여 연령상한을 설정하고 지켜왔는데 근래의 선발과정에서는 학력, 연령보다는 개인의 역량을 중요시하는 채용 문화가 확산되고 있다.[12] 이처럼 개인 역량이 중요시 되는 이력서의 작성 포인트는 표 3-2와 같다.[13]

:: 표 3-2 이력서 작성 포인트

구분	주요내용
지원분야	지원하는 회사의 양식에 지원 분야를 기재하는 란이 있을 경우 반드시 명시한다. 자유양식을 쓰는 경우에도 자신이 응시하는 분야를 명확히 기재한다.
인적사항	사진은 3개월 이내에 촬영한 사진을 붙인다. 이력서에 사용할 사진을 촬영할 때는 반드시 정장차림의 단정하고 밝은 모습으로 촬영하도록 한다. 연락처는 자택 전화번호, 휴대전화번호, E-mail 주소를 모두 기재한다.
학력사항	특별한 요구가 있지 않는 한, 고등학교 졸업부터 기재하는 것이 일반적이다.
병역사항	남자의 경우 군복무 관련 내용을 기재한다. 병역 면제일 경우 면제 사유를 함께 기재하도록 한다.
경력사항	지원분야와 관련된 아르바이트 경험이나 인턴 경력은 좋은 평가를 받을 수 있다. 경험한 업무에 대해서 구체적으로 기재하는 것이 좋다. 단, 업무와 관련이 없는 경험을 잡다하게 기재하지는 않도록 한다.
자격 및 특기사항	자격증은 자신의 능력을 개관적으로 검증받은 자료이다. 가급적 사본을 증빙자료로 첨부한다. 특기사항에는 학내 외 동아리활동, 어학연수, 토익점수, 컴퓨터 활용능력을 기재한다.
상훈 및 기타사항	장학금 등 상훈관련 수상경력을 기재한다.

다음으로 자기소개서는 한마디로 자기를 소개하는 글이며, 이력서에서 보여주지 못한 자신의 특성을 상세하게 작성한다. 인사담당자는 자기소개서를 통해 지원자의 가정환경, 성장과정, 성격, 대인관계, 창의성 등을 파악하며 서류전형으로만 직원을 채용하는 기업에서는 합격여부에서 자기소개서가 중요한 역할을 하며, 면접전형에서는 면접의 기초 자료로 활용되는 자료이다.

기업은 대학교, 학점, 외국어 등의 객관적인 스펙이 실무 현장에서 실제의 성과로 연결될 수 있는 역량과 직접적인 연관이 없다는 것을 확인하면서 지원자의 잠재 역량보다 기업이 원하는 실무형 인재가 지녀야 하는 현재 역량과 전문성을 자기소개서에서 찾고자 노력하고 있다.

자기소개서 작성을 위해 구태의연한 형식에서 탈피하고 기승전결에 잘 짜여진 문장을 구성하여 자신의 강점, 장점, 관심분야, 경력 개발 계획을 강조하여 작성하여야 한다. 여기에 고사성어, 명언 등을 적절히 활용하여 헤드라인 및 하이라이트를 활용한 소제목을 작성하는 것도 중요하다.[14]

자기소개서의 주요 내용은 표 3-3과 같이 성장과정, 성격의 장단점, 대외 활동 및 경험, 지원동기 및 포부 등 크게 4가지로 나누어진다.[15]

자기소개서 내용상의 유의사항은 다음과 같다.

① 학창시절에 학습하고 교과서에서 배운 학문적 내용을 활용하여 작성한다.
② 최근 이슈가 되고 있는 시사성 있는 글의 내용을 최대한 인용하여 작성한다.
③ 요즘 SNS 등에서 자주 회자되는 단어와 글귀를 활용한다.
④ 자기계발, 컴퓨터, 경영전략과 관계된 용어나 내용을 한 가지 이상 인용한다.
⑤ 학창시절의 특징과 장점을 개발하여 학창시절의 활약상에 대해 공감할 수 있는 미사어구를 동원하여 작성한다.
⑥ 전체적으로 자기소개의 내용을 한마디로 표현한다. 이 경우 분명하고 정확한 사유, 사연을 제시한다. 예를 들어 "나는 별명이 아이디어뱅크다.", "친구들이 AI라고 부른다." 등이다.
⑦ 내가 생각하는 차별화된 내용을 계발하여 작성한다.

:: **표 3-3** 자기소개서 주요내용

구분	주요내용
성장과정	가정환경과 성장과정을 통해 어떤 성품, 인성, 신념, 좌우명, 가치관이 되어 지금의 자신이 어떻게 만들어졌는지를 기술하도록 한다.
성격의 장단점	타 지원자와 차별화 할 수 있는 장점을 기술한다. 강조하는 강점의 근거를 사실, 사건, 경험 기반으로 에피소드화해 설득력 있게 기술하여야 신뢰를 받을 수 있다. 단점은 부각해도 안 되고, 그렇다고 쓰지 않으면 더욱 안 된다. 마지막 임팩트의 반전을 통해 단점이 지금은 강점이 되었다는 것을 부각해야 한다.
대외 활동 및 경험	동아리나 봉사활동 등 다양한 경험이 직무에 얼마나 적합하고 그에 맞춰진 어떠한 역량을 가졌는지 파악하려는 것이다. 지원자의 '어떠한 능력'을 알고 싶은 것이다. 이 능력이 바로 '실무 능력'이다 자신이 지원한 분야의 필요한 능력을 잘 표현해 줘야 한다.
지원동기 및 포부	자기소개서에서 가장 비중 있게 다루어지는 부분이다. 지원 동기 및 포부가 40% 비중을 차지할 정도로 중요하다. 기업에 적합한 인재 인지를 비전을 통해서 확인하게 된다. 회사 구성원의 입장에서 비전을 구체적으로 제시하고 그에 관한 자신의 역할을 성과의 내용으로 제시하는 것이 중요하다.

:: **표 3-4** 자기소개서 양식

① IT 분야

지원분야	○○○	성명	○○○
지원 동기 및 입사 후 포부	대학을 졸업하고 전공에 대해 보다 심층적인 지식을 얻기 위해 인재개발원 JAVA관련 인력양성 과정을 수료하고 있습니다. 4년간의 전공 지식과 HTML5, JAVA, DB설계, JSP, Egov Framework 등의 기술을 활용하여 (주)○○○의 프로젝트에 바로 투입하여 업무를 진행할 수 있습니다. 또한, 현재 귀 사의 영상회의 시스템에 대하여 감명을 받았으며 관심이 많습니다. 이를 계기로 Web을 이용한 화상채팅과 원격제어에 대하여 공부하고 연구했습니다. 현재 우리나라에서 캠코더를 활용한 화상채팅은 Web으로 충분히 구현 가능하지만, 원격제어의 경우 수요자에게 클라이언트를 제공하고 이를 실시한 사용자만 활용이 가능한 것으로 알고 있습니다. Web에서 수요자에게 클라이언트를 제공하지 않고 원격할 수 있는 Web 개발을 위해 꾸준히 노력하고 있습니다. 이러한 저의 문제의식과 끊임없는 도전정신, 발전가능성으로 귀 사에 힘이 되고 싶습니다. (주)○○○의 이름을 등에 지고, 열심히 뛰는, 자신감 넘치는 사원이 되겠습니다.		

성격의 장단점	'질문 있습니다. 교수님!' 자기발전을 위해 오기를 품고 온 인재개발원에서 저는 매 수업시간 질문을 합니다. 프로그래밍을 공부할 때마다 '누가' '왜?' '그렇다면?'이라는 질문을 스스로 항상 던져 놓고 해답을 얻지 못하면 즉시 교수님께 질문을 하여 궁금증을 해결했습니다. 공부하면서 근본적이고 기초적인 부분에 대해 심층적으로 탐구했으며, 수업에 진도가 나아가면서 하나하나 퍼즐 조각처럼 맞춰지는 프로그래밍 이론에 대하여, 큰 성취감을 얻었습니다. 이것이 습관화되었고, 이러한 작은 습관이 일상생활 속에서 큰 변화를 주었습니다. 평소 무리를 대변해 나서는 것을 피하고 타인의 시선의식을 많이 느끼는 소극적인 태도였지만, 이제는 항상 당당하게 앞장서며 나에 대한 믿음과 지식에 대한 갈망, 성취욕을 느낍니다. 저는 앞으로도 끊임없이, 긍정적으로 발전할 것입니다.
성격 및 성장 경험	군 제대 후, 1년의 시간을 저에게 선물했습니다. 자신에 대한 끊임없는 성찰과 고민 끝에, 외국어를 배우기로 결심 하였고. 이것을 가시적으로 이루어낸다면, 제 앞날의 어떠한 도전도 이길 수 있으리라 생각했습니다. 고심 끝에 문외한이었던 일본어에 도전하게 되었습니다. 1년 동안 회화학원을 다니고 주 단위 계획을 세우며 도서관에서 밤낮으로 공부했습니다. 함께 공부하는 학생 중에서, 공부에 끈을 놓지 않고 항상 노력하시는 만학도 아주머니와 러시아인 귀화 남성, 그리고 저와 같은 또래의 명문대 학생 등 다양한 사람들과 수업·실습을 함께하면서 그들의 특별한 눈동자를 발견했습니다. 너무나도 빛나고 확실한 목적이 보이는 눈동자, 그에 비해 저는 너무나 초라한 눈동자를 갖고 있었습니다. 이후 저는 제 인생의 단계별 목표를 정하고, 그들과 함께 열의를 불태웠습니다. 1년 후 회화과정을 모두 수료하였고 문외한이었던 일본어를 듣고, 쓰고, 말할 수 있게 되었습니다. 이 1년이라는 시간은 다시금 노력에 대한 중요성을 일깨워주었으며 계획의 필요성과 추진력을 몸소 배우는 계기가 되었습니다. 나아가 평소 어렵고 멀게만 느껴졌던 프로그래밍 언어공부에도 애정을 갖고 열심히 임하게 되었습니다. 그리고 무엇보다 기쁜 것은 저 역시 특별한 눈동자를 갖게 되었습니다. 이 눈동자로 보는 시각은 분명 남들과 다를 것입니다.

② 미디어분야

지원분야와 관련된 본인의 보유 역량을 기술하시오. (200자 이상) (공통직무 포함)
"미디어와 함께 한 10년" 미디어는 정보를 전송하는 매체를 말한다. 정보화시대, 지식기반사회를 구축하며 과거처럼 전보, 신문, 잡지 등의 매체가 아닌 뉴미디어가 출현하고 보급되면서 미디어를 통해 인간의 커뮤니케이션이 정보를 분배 및 저장하는 담론적 논의장소를 각광을 받고 있는 상황이다. 이에 지원자 본인은 광고영상과를 졸업한 후 ○○○사진관을 운영하며, 사진을 매개로 고객과 소통하는 방법을 배워왔고, 이를 매체에 대한 중요성을 인식하여 이 기간 고등학교에서 강사로 사진반에서 학생들을 가르쳤다. 티칭(teaching)을 통해 지원자 본인도 코칭(coaching)을 습득할 수 있었다. 또한, 사진반 운영의 결과를 학생들과 함께 연합전시를 했고, 이후 개인전도 진행하며, 사진이라는 매체의 중요성을 다시금 인식할 수 있었다. 더불어 지역월간지 명예기자로 활동하며, 스스로 판단하지 않고 대중과 공감할 수 있는 기사를 쓸 수 있는 능력을 키워왔다. 청년창업을 정리하고 이후 ○○○업체에서 자료의 DB구축 업무와 ○○○업체 행사에 필요한 사진을 촬영하였다. 계약이 만료되면서 자연스럽게 현재 근무하고 있는 ○○○업체에서 사진촬영을 하고 있다. 본인은 지난 시간 동안 미디어에 중요한 매체인 신문, 잡지, 인터넷 등의 매체에서 소스(source)인 사진을 통해 인간 삶의 가장 깊게 자리한 문화적 체험을 해왔고, 공감하고 소통하며, 사진을 통해 사람들과의 징검다리가 되기 위해 노력해왔다.
최근 5년 내에 지면했던 삶의 어려움이 무엇이었으며, 그것을 어떻게 극복하였는지 기술하시오. (200자 이상)
"학습을 통한 변화 발전" 청년 사업가로 활동하며 크고 작은 어려움들이 많았다. 이런 삶은 일상의 권태로움으로 이어지고 어느 순간 모든 것이 허무하게 느껴질 만큼 무기력해졌다. 이를 탈피해 보고자 증명사진, 졸업앨범, 이미지사진 촬영 등을 주로 하던 사진관에서 작은 커피숍을 운영하며 사진과 커피를 결합하는 새로운 시도를 해보았다. 하지만 이것도 역시 열정을 다시금 불타게 하지는 못했다. 그러면서 지식, 기술, 태도적 측면에서 한 단계 성장을 필요하다는 생각을 가지고 20~30대에 맞는 상황과 역할에 대해 다시 생각하게 되었다. 그래서 사진관과 커피숍을 모두 정리하고 한동안은 그저 수많은 고민을 하며 본인의 나아갈 방향에 대해 생각을 하며 지냈다. 그러면서 서서히 생각이 정리되었고, 다시금 사진의 즐거움을 깨닫게 되었다. 그 후, 배움의 의지를 다지고 학문에 매진하여야겠다는 생각에 배움을 계속 하였고 학습을 병행하며, 여러 산업체에서 DB구축을 위한 이미지 촬영업무를 담당하였다. 현재에도 성장을 위한 노력을 맞추지 않고 있다. 즉, 사진에 대해 더욱 깊이 알며 배우기 위해 사진에 대한 전반적인 학업을 이어가고 있다. 지난 5년간 좌절의 시간도 있었고, 힘들고 어려운 상황도 많았지만 좌절을 학습과 배움이라는 돌파구와 함께 새로운 것에 대한 도전을 하며 이겨냈다. 앞으로 어떠한 어려움이 또 다시 본인 앞을 가로 막을지 모르지만 그때에도 끊임없는 변화와 새로운 배움으로 위기를 극복할 것이라고 생각한다.

직장인으로서의 직업윤리가 왜 중요한지 본인의 가치관을 중심으로 설명하시오. (200자 이상)
나무보다 숲을 보는 시각" 직업윤리는 개인윤리와 연계된 개념으로 공동체윤리와 근로윤리를 기반으로 하고 있다. 지원자 본인은 개인윤리 속에서 누군가에게 베푼 친절과 사랑은 훗날 나에게도 더 따듯한 감동으로 돌아올 것이라고 생각하고 '뿌린 대로 거둔다.'를 항상 마음속에 새기며 살아가고 있다. 다른 사람들이 좀 더 편할 수 있도록 도와주는 일은 본인을 더 뿌듯하고, 보람있게 한다. 미디어 분야직을 수행하면서 동료들을 뒤에서 묵묵히 도와주고, 배려한다면 효율적인 업무를 진행할 수 있을 것이다. 또한 함께 일하는 동료들과의 관계와 분위기가 좋아져 고객 만족도에도 기여할 것이다. 직업윤리라는 것이 단순히 회사에서만 그치는 것이 아니라 나아가 조직원, 고객, 지자체 등이 연계한 개념이라 생각한다.

③ 기타 분야 I

Plan : 측정할 수 없다면 관리할 수 없다.
목표는 가시적으로 정리되어야 달성될 수 있다고 생각합니다.
20년 근속으로 상을 받으신, 항상 부지런하신 아버지와 늘 믿음으로 지원해주시는 어머니 슬하에서 저는 매년 생일선물로 스케줄러를 받았습니다. '돈을 내 편으로 두려하지 말고, 시간을 내 편으로 두라'라는 말씀에 항상 규칙적인 생활과 시간관리 및 효율적인 업무처리 방법을 터득하였습니다.

Do : 기본의 달인이 되어라.
모든 인간관계뿐만 아니라 업무의 기초는 '기본'이라 생각합니다.
성실과 끈기를 바탕으로 규정 및 규칙에 준하여 업무를 한다면 체계적이고 프로패셔널한 인재가 된다는 생각으로 최선을 다하고 있습니다. 또한 계획에 따라 반드시 실행하는 추진력은 저의 장점이자 연간 계획을 달성할 수 있었던 큰 요소입니다.
○○○년에 입사하여 지금까지 ○○○분야 행정업무를 책임져 왔습니다. 업무를 진행하면서 모든 업무에 보람을 느끼며 최선을 다해왔습니다. 여러모로 부족하고 스스로 만족하지 못하여, 정규 시간 이외에 야근을 수개월 했습니다. 야근을 하면서 고충도 있었지만 시간을 투자한 만큼 행정 능력도 일취월장하였습니다.

Check : 마디가 없는 대나무는 곧게 뻗을 수 없다.
어렸을 적부터 시작된 스케줄러 작성은 습관을 넘어 의무가 되었습니다. 퇴근하기 전, 잠들기 전에 오늘 해야 할 일과 달성도를 통해 셀프체크를 하고 있습니다. 이 습관으로 체계적이고 효율적으로 일을 할 수 있으며 성격 또한 더욱 꼼꼼하게 바뀌었습니다. 그러나 의도치 않게 야근을 하게 되는 경우도 종종 생기곤 합니다. 하지만 이렇게 하루의 일과를 끝마치고 잠자리에 들 때 느끼는 보람은 이루 말할 수 없으며 소진되는 일 없이 근무할 수 있는 힘이 됩니다.

Action : 오래 뛰는 것이 잘하는 것이다.
제가 ○○○에 입사하게 된다면, 행정 경험과 더불어 젊은 패기와 창의력, 그리고 저의 특유의 끈기로 ○○○ 발전에 이바지하며 ○○○에 제 이름이 오래토록 남을 수 있도록 열심히 하겠습니다.

④ 기타 분야 II

[성장환경]
부모님은 공부보다는 예의를 강조하시고 문제집보다는 책을 많이 보게 하셨습니다.
제 부모님은 유아기 때부터 청소년 시절에 이르기까지 바른 인성과 예절을 강조하셨고, 더불어 강인한 체력과 끈기, 섬세한 여유를 갖출 수 있는 환경과 토양을 만들어 주셨습니다.
그 덕분에 6살 때에 태권도를 접하고 하루도 빠짐없이 개근하여 체육관장님 등으로부터 신동이라는 이야기를 듣기도 했으며, 고등학생 때까지 태권도와 유도 등 여러 운동을 하였습니다.
그리고 군 입대 후 2년 동안 조리병과 상담병을 겸하는 군복무를 하였습니다. 특히 군복무 중 겸한 상담병은 동료 병사들의 다양한 고민과 환경을 접하고, 이를 저의 상황과 대입하고 성찰하면서 보다 폭넓은 사고와 유연한 대처방식을 부족하나마 습득하게 되었습니다.
이웃들에게 사람 좋다고 정평 난 부모님의 영향을 받아 저 역시 사람을 좋아하고 또 어떤 모임에서든 기분 좋은 분위기를 만드는 재질이 체득되어, 감사하게도 과거 제 부모님이 받으셨던 평가를 자주 듣는 사람이 되었습니다.

[학력사항]
제 어머님께서는 저에게 단 한번도 "공부해라"라는 말씀을 하지 않으셨습니다. 고등학교 때에 좋은 점수를 못 받아도 저의 다른 장점을 칭찬을 해주시며 도리어 독서를 더 강조하시곤 하셨습니다. 이후 제가 원하는 학과에 입학하게 되었습니다. 저에게 맞는 적성과 관심 분야의 공부를 하며 재미있게 배우면서 대외적으로 활동할 수 있는 기회도 다른 학우들에 비해 많이 접하였고, 그 과정에서 각종 공모전 등에서 수상도 많이 하였습니다.

[경력사항]
대학교에서 동아리 회장을 맡았습니다. 가장 작은 동아리에서 시작하여 끊임없이 기획하고 토론하고, 총화하고 노력한 결과, 저희 동아리는 1년 만에 가장 큰 동아리가 되었음은 물론이고, 대외적 활동이 가장 많은 동아리, 지원을 가장 많이 받는 동아리가 되었습니다.
구체적인 대외활동으로는, ① 대학생사업 총무, ② 대학생기자단 단장, ③ 서포터즈 등의 활동을 하였고, ④ 해외봉사활동을 다녀왔으며 지금까지 현지 학생들과 연락을 하며 지내고 있습니다.
공모전에 출전하여 좋은 성과도 이루었습니다.
공모전 수상경력으로는 ① 우수 프로그램 시장상, ② 협의회 프로그램 수상, ③ 공모전 장려상, ④ 교내 프로포절 경진대회 대상, ⑤ 우수상 등이 있습니다.
위의 활동과 공모전 응모를 하면서 도리어 제가 다시금 느낀 점은 활동내역이나 수상경력보다 더욱 값진 것은 관계되고 알고, 인연된 '사람들'입니다. 이는 제가 쌓은 모든 경력과 경험 중 가장 보람 있는 가치입니다.

[향후계획]
저는 아무리 바빠도 1년에 30권 책읽기를 하고 있습니다. 작년에는 성공을 하였고 금년에도 꼭 이룰 목표입니다.
자격증 취득 계획으로는 ① 한자 3급, ② 컴퓨터활용능력 1급, ③ 전산회계 2급, ④ 공모전 1회 당선이 있습니다. 이 중 공모전 당선은 이미 이루었고 나머지 자격증은 현재 열심히 준비하고 있습니다.

제 현재의 환경과 여건은 다수의 취업준비생들보다 뒤떨어질 수 있습니다. 하지만 소위 '스펙'보다 중요한 것은 인성과 경험이라고 생각합니다. 저는 그간 겪었던 경험과 열정으로 그 누구보다 많이 뛰고 열심히 일 할 자신이 있습니다. 누구든 저의 긍정 매력을 느끼게 할 수 있습니다. 어디에서든 유쾌한 분위기를 만들 수 있고, 사기와 능률을 올릴 자신 있습니다.

[사회경험(경력)]
○○○에서 회계업무를 담당하였으며, 계약 만료로 인하여 퇴사, 곧이어 ○○○ 기획처 기획예산팀장(사원)으로 정직원이 되었습니다. 회계 예산 업무를 담당하면서 예산 책정 및 편성, 회계 예산 통제 등을 주 업무로 무리 없이 진행한 바 있습니다.
모든 업무는 일정한 원리와 P-D-C-A체계를 통해 CQI를 이루는 행정시스템을 기반으로 운영이 이루어져야 한다고 생각합니다. 시장 내에서 경쟁력을 강화하여 귀사의 독보적인 색깔과 강점을 찾는 것이 중요하고 제가 가장 잘할 수 있는 일이라 생각합니다.

2) 필기시험

필기시험은 영어, 인·적성검사, 전공논술 등이 있다. 우리나라 공기업은 거의 대부분 전공과 논술, 직업기초능력 등의 시험을 실시하며, 일반기업 중에서 영어와 같은 외국어 입사시험을 치르는 곳도 있다. 그러나 필기시험의 대표적인 유형은 인·적성검사이다. 인·적성검사는 기업에서 인재를 선발하는 실질적인 1차 관문이다. 서류전형이 기준 미달자를 걸러내는 장치라면 직무적성검사는 기업에서 자신들이 원하는 인재상에 부합하는 사람을 선발하는 장치이다.

기업별로 이름도 제각각인 직무적성검사는 기본적으로 기초업무능력 테스트와 기업조직 적응력 테스트로 구성된다. 기초업무능력 테스트는 언어, 추리, 수리, 지각능력을 검사하고, 기업조직 적응력 테스트는 상황판단, 인성검사를 한다.

기업에서는 조직에 적합한 인재를 선발하기 위해 인·적성검사를 실시하며, 기업의 성향에 따라 유형이 조금씩 다르다. 각 기업별로 직무적성검사가 매년 진화하기 때문에 취업 준비생들은 각 기업별 직무적성검사 구성 요소 및 출제 유형을 정확하게 파악하여 적절히 대처해야 한다.

3) 면접전형

과거에는 능력이나 실력이 우수한 인재를 원했지만 지금은 긍정적인 이미지와 인성을 지닌 창의성 높은 인적자원을 기업들이 원하고 있다. 긍정적 이미지와 인성을 지닌 인재를 선별하기 위해 대부분 면접을 실시한다.

면접은 기업과 지원자가 취업을 결정하는 과정으로 언어적, 비언어적 행동을 통해 상호 정보교환을 실시하는 과정이다. 면접이란 기업이 지원자를 선발하는 과정이기도 하지만 지원자 역시 취업을 결정하는 과정이다. 이러한 면접에서는 지원자가 자신을 긍정적으로 제시할 수 있는 상호 소통의 능력을 바탕으로 자신을 연출해야 한다. 이는 다른 의사소통능력이나 사회적 기술능력처럼 훈련을 통해 개선될 수 있다. 이런 점에서 취업을 앞둔 대학생들을 대상으로 한 다양한 모의면접은 큰 면접기술을 습득할 수 있는 기회를 제공한다. 면접은 서류전형과 필기전형을 거친 후 최종적으로 지원자를 직접 만나 인성, 지식수준, 성장 가능성 등을 기업에서 평가하는 공개 채용방식이다.[16]

특히 면접은 서류전형에서 발견해 내지 못한 인물의 정신적인 부분인 성격의 장·단점, 마음자세, 말솜씨, 행동, 직업관, 가치관 등을 면접관이 질문과 상황 대처 능력을 통해 종합 평가한다. 즉, 지원자의 자질은 필기시험이나 서류전형 등을 통해 알 수 있으나, 그것만으로는 인성을 파악 할 수가 없어 면접관이 직접 대면하여 지원자의 잠재적인 능력, 창의적인 사고, 직업관 등을 평가한다.

면접의 종류는 개별면접, 개인면접, 집단면접, 집단토론면접, 프레젠테이션(Presentation) 면접 등의 정형면접이 있으며, 최근 들어 무자료면접, 합숙면접, 술자리면접 등의 비정형면접이 나타나고 있다.

(1) 면접 종류

정형면접

① 개별면접(1 : 1 면접)

경력사원 채용 및 특별한 기술이나 능력이 필요한 상황에서 인재를 선발할 때 사용된다. 한 명의 후보자가 한 명의 면접관과 개별적으로 질의 응답하는 방식으로 후보자를 정확히 파악할 수 있는 좋은 장점이 있으나 시간이 많이 걸리는 단점이 있다.

② 개인면접(1 : 多 면접)

개인의 특성이 최대한으로 확인할 수 있도록 한 후보자를 상대로 여러 명의 면접관들이 질문하는 방법으로 다양한 질문을 통하여 후보자에 대한 여러 가지 정보를 얻을 수 있다.

③ 집단면접

국내 대부분의 기업에 신입 공채 1차 면접에 많이 사용되는 방법으로 여러 후보자를 여러 명의 면접관이 면접하는 방법이다. 후보자들의 언어 구사능력, 청취, 태도 등을 비교할 수 있고, 시간 소모가 적은 편이지만 후보자 개개인에 대한 다양한 정보를 얻기가 힘들다.

④ 집단토론 면접

집단면접의 한 단계 발전된 형태로, 후보자 여러 명이 하나의 과제를 가지고 토론을 벌여 리더십, 판단력, 설득력, 성실성, 책임감 등을 평가하는 방법이다. 토론 기술에 익숙하지 못한 사람은 그 인물의 장점이 토론 속에 가려지는 경우가 있으므로 개인면접과 병행하는 경우 많다.

비정형 면접

① 프레젠테이션 면접

주어진 주제에 대해 지원자가 자신의 의견, 경험, 지식 등을 발표하는 방식으로 가장 공포의 대상이 되는 면접이기도 하다. 프레젠테이션 면접은 두 가지 형태가 있다. 분석할 자료가 주어지는 분석 발표형과 자료가 주어지지 않는 발표형이 있다. 따라서 분석 발표형은 문제분석 능력, 판단력, 설득력을 중점적으로 평가하고, 발표형에서는 창의성, 문제해결능력, 설득력을 평가한다.

② 압박 면접

면접관이 후보자에게 일정한 상황 설정을 제시해준 다음 의식적, 인공적으로 충격을 주어 긴장상태를 만들고, 어떤 반응과 행동을 나타낼지 관찰하는 것이다. 즉, 스트레스를 유도하여 후보자가 긴장 및 불안한 상황에서 평상시 발견되지 않는 자제력, 인내력, 적응력 등을 정확하게 발견할 수 있기 때문에 방송인, 항공사 승무원, 경찰관 등 긴장도가 높은 직종에서 주로 사용하고 있다.

③ 무자료 면접

신입사원 채용 면접에서 지원자의 학력, 본적, 주소 등에 관한 자료를 없애고 필기시험, 학교, 학과에 따른 선입견을 배제한 면접방식으로 최근 각 기업체에서 널리 이용되고 있다.

④ 진단면접

면접관이 미리 준비한 심리평가를 활용하는 방법으로 사회적응성(사회적 성숙도)과 감정진단(희로애락, 신경질, 동료의식) 등이 과학적이며 수치적으로 심사되지만, 전인격적인 평가에는 미흡한 점이 있어 예비 면접단계에서 보충질문을 한다. 면접관은 "동료와 모여 떠들며 식사하는 것을 좋아하는가?", "쉽게 사소한 것을 걱정하는가?", "급한 성격의 소유자인가?", "평소 약속 시간은 잘 지키는가?", "성격이 우유부단한 편인가?" 등을 질문한다.

⑤ 다차원면접

지원자와 면접관이 특정 장소나 특정한 놀이를 하면서 평가하는 방법으로 지원자의 개성, 조직 적응력, 리더십 등을 자연스럽게 평가하는 방법이다.

⑥ 인재풀(Pool)제도

1년 365일 입사지원서를 받아 인력충원이 필요할 때 별도의 절차 없이 지원자의 자료를 기반으로 입사의사 타진 → 면접 → 부서배치 등의 방법으로 치러지는 면접시험으로 떨어져도 계속 입사 기회를 갖게 된다.

⑦ 동료평가 면접

서류전형을 통과한 지원자들끼리 상호 평가하는 방법으로 합숙면접처럼 장기간 같이 생활한 동료 후보자들을 각자 평가한다. 동일한 기준이기 보다는 개인의 주관적인 성향이 강하므로 참고자료로만 활용한다.

⑧ 선배사원 면접

기업 내 선배사원들이 신입사원들을 평가하는 방법이다. 학연에 치중한다는 오해의 소지가 있어서 많이 사용되지 않지만, 어느 정도 입사가 결정된 후보자들을 대상으로 대인관계 능력, 조직 성향을 알아 볼 수 있는 방법이다.

⑨ 사원 및 신입사원 면접

사원이 신입사원을 평가하게 함으로써 조직적인 면에서 동질성을 가진 후보자를 선별하는 방법이다. 조직문화나 인재상이 뚜렷한 기업의 경우, 동일한 시각을 가지고 선별할 수 있지만, 그렇지 못한 기업의 경우 주관적인 성향에 의해 평가될 위험이 있다.

⑩ 행동관찰면접

2~3년차 모범 선배사원 2명과 부·차장급 중간관리자 1명 등 그룹별 면접관이 그룹별로 지원자를 나누어 의견을 개진하는 능력뿐만 아니라 질문과 해결 방안을 제시하며 자연스럽게 진행하는 평가이다.

(2) 면접 이미지메이킹 연출[17]

면접에서 면접관에게 호감을 주는 첫인상에는 비언어적 행동이 많이 작용된다. 효과적인 면접의 요인으로는 지원자의 특성, 면접관의 특성, 상황적 특성 등이 있다. 이 세 가지요인은 서로 영향을 미칠 수 있는데 지원자의 특성은 면접관의 지각과 의사 결정에 영향을 미칠 수 있고, 지원자의 특성과 상황적 특성에 의하여 면접관의 지각 판단 과정에 영향을 미칠 수 있으며, 이러한 요인들은 상호작용을 통하여 의사결정에 영향을 끼친다.

이 중에서 상황적 특성이나 면접관과의 특성은 지원자가 임의로 바꿀 수 없지만 지원자의 특성은 자신의 노력으로 변화가 가능하다. 즉, 취업면접 이미지메이킹이다. 취업에서 이미지 만들기의 주안점은 개인의 취향과 선호를 나타내는 것이 아니라 면접관에게 좋은 인상을 심어주는 것이 목적이기 때문에 기업에서 선호하는 패션과 이미지를 세밀하게 분석해야 한다.

과거 면접에서는 깔끔한 인상을 주기 위해 단정한 양복을 입고 시험에 응하는 것이 불문율이었다면 오늘날에는 기업별로 선호하는 양복스타일을 분석하고 헤어스타일도 새롭게 제시되고 있다. 이는 면접관의 호감을 얻기 위한 개인의 취업 전략이다. 오늘날은 여러 가지 방법의 패션 코디네이션을 통해 충분히 신체적 관리가 가능하다. 따라서 취업 준비생들에게 있어 이미지메이킹을 통한 완성된 이미지가 주는 미(美)의 의미는 취업을 하고자 하는데 있어서 당락을 결정할 수 있는 하나의 기준이다. 이미지메이킹은 면접관의 호감을 사기 위해 자신의 외모를 관리하는 방법으로 심각한 취업난이 계속되고 있는 취업시장에서 매우 중요한 전략이다.

대학생들이 취업을 위해 철저하게 자신을 기업의 요구에 맞게 변화시키는 과정에서 취업전략은 무수하게 많이 생성되고 있다. 이전 사회에서 취업전략으로 불릴 수 없는 부분들이 새롭게 강조되고 중시되고 있는데, 이 중에서도 가장 특징적인 부분은 이미지가 강조되고 있다는 것이다.

즉, 사진, 면접시 입는 의상, 그리고 얼굴이나 신체 등 이전 사회에서 부수적인 것들이 취업 준비생들에게는 자신의 능력만큼 중요하게 부각되고 외모가 관리되고 변형 가능한 자원으로 인식이 되면서 취업 희망자들은 취업준비를 다각화하고 있다.

의상연출

첫인상을 결정하는 중요한 역할을 하는 것이 바로 의상이다. 사회적 신호를 전달하는 상징성을 가지고 있으며, 의사소통 도구로서의 이미지 특성이 강하게 작용된다. 따라서 자기표현의 중요한 기반인 의상은 항상 사회에서 지위, 직업, 신분 등의 사회적 상호작용에 의해 결정되며, 인간관계의 기본예절이다.

체형별 코디네이션의 기본원리는 다음과 같다.

① 체형의 장단점을 파악하여 장점은 강조하고 단점은 가리거나 시선에서 멀리 떨어지도록 유도한다.

② 디자인 3요소인 형태, 색상, 소재 선택을 통한 착시현상을 이용해 이상적인 체형으로 보일 수 있도록 한다.

③ 유행보다는 개성을 살릴 수 있는 이미지메이킹을 실시한다.

헤어 및 메이크업 연출

헤어스타일과 메이크업은 단순히 외형적인 아름다움을 의미하는 것이 아니라 타인과 자아를 인식하여 스스로의 만족과 자신감을 얻게 하는 요소로 결국 상황에 알맞은 아름다움의 외적 이미지를 통해 존재감을 상징하는 것이다. 우선 체형, 연령 등의 기본적인 요소와 스타일 변화에 있어 가장 밀접하게 관련되는 자신의 얼굴형을 고려하여 이미지를 표출해야 한다.

헤어스타일이 너무 요란스러우면 면접관에게 산만한 이미지로 비춰질 수 있기 때문에 단정하고 깔끔한 이미지로 연출한다. 본인의 얼굴형에 맞추어 얼굴의 결점을 보완할 수 있는 스타일을 우선적으로 선택해야하지만 기본적으로 스트레이트 단발 스타일이나 긴 머리일 경우에는 하나로 깨끗하게 묶은 스타일로 깔끔하고 단정하게 스타일을 연출하는 것이 알맞다.

메이크업에 있어서는 대략 1～2m 내의 거리에서 면접관을 대하기 때문에 얼굴형을 표준형으로 보완하여 좋은 인상을 주는 것이 가장 중요하며, 눈이나 입술라인을 깔끔하게 그려 이목구비를 또렷하게 표현하되 진한 화장은 금물이다.

에티켓 연출

예절이란 일정한 생활문화권에서 오랜 생활습관을 통해 하나의 공통된 생활방법으로 정립되어 관습적으로 행해지는 사회계약적인 생활규범이다. 예절은 에티켓이라는 용어로 많이 활용되는데, 현대의 에티켓의 본질은 남에게 폐를 끼치지 않으며, 남에게 호감을 주어야 하고, 남을 존경하는 것으로 요약될 수 있다. 즉, 에티켓은 남을 대할 때의 마음가짐이나 태도를 말한다고 할 수 있다. 에티켓과 매너의 차이는 우리나라에서는 별로 거론되지 않지만, 매너는 보통 생활 속에서의 관습이나 몸가짐 등 일반적인 룰을 말하고, 에티켓은 어원적으로는 보다 고도의 규칙·예법·의례 등 신사·숙녀가 지켜야 할 범절들로서 요구도(要求度)가 높은 것을 말한다.[18]

면접의 에티켓은 턱은 약간 내리고 시선은 45° 각도를 유지하면서 면접관과 시선을 마주하면서 답변한다. 목소리는 면접관에게 자신의 메시지를 정확히 전달할 수 있도록 분명하고 또박또박 발음하며 면접관으로 하여금 집중하게 하는 효과를 주도록 평소보다 약간 저음으로 한다.

▮ 액세서리 연출

액세서리는 의상과의 조화를 도모하는 장식품이다. 전체 패션 이미지를 더욱 돋보이게 하기 위한 보조적인 역할을 하며, 미(美)를 위한 포인트이다. 액세서리의 종류나 사용하는 방법에 따라 이미지를 다르게 연출할 수 있어 머리에서 발끝까지의 의상 스타일에 포함되어 전체적인 이미지를 결정하는 역할을 한다. 따라서 본인의 체형, 얼굴형은 물론 의상, 헤어, 메이크업 스타일을 고려하여 표현해야한다. 면접 상황에서의 액세서리는 너무 화려한 귀걸이나 반지, 목걸이 등은 피하고, 신발은 장식이 없는 검정색 심플한 디자인의 4~5cm 펌프스[19]가 알맞다.

(3) 직장별 이미지메이킹

▮ 대기업 및 공기업

대부분 면접관이 서열과 예의를 중요시하는 임원이기 때문에 최대한 단정한 스타일을 선호하므로 너무 화려하거나 트렌디한 의상은 좋은 인상을 줄 수 없다. 대기업의 면접 의상은 그레이나 네이비, 블랙 등 모노톤의 솔리드, 스트라이프 문양이 있는 재킷에 H라인 타이트스커트의 깔끔한 정장이 가장 알맞으며, 스커트 대신 팬츠 정장을 할 경우에는 길이와 폭이 일반적이고 단정한 것을 선택한다. 스트라이프 문양은 날씬하고 산뜻한 느낌을 주기 때문에 대기업에서 가장 선호하는데 재킷을 사용하였으면 셔츠는 솔리드 문양을, 솔리드 재킷일 경우에는 셔츠에 스트라이프 문양을 이용하면 단정하면서도 신선한 이미지를 줄 수 있도록 한다. 또한 여성스러움이 강조된 리본 장식이 있는 블라우스나 톤다운 된 블루 또는 화이트, 파스텔 계열의 셔츠로 포인트를 주는 것도 좋은 방법이다.

▮ 금융계 및 컨설팅 회사

면접관에게 신뢰감과 전문성을 줄 수 있는 이미지메이킹을 해야 한다. 깔끔하고 간결하게 스타일링하는 것이 좋으며, 색상은 부드럽고 안정되어 보이는 블루, 블랙, 그레이의 무채색을 이용하면 세련되고 지적인 이미지를 주어 신뢰감을 줄 수 있도록 한다. 한 벌 수트 개념의 세트 정장만 고집하는 것보다는 콤비 정장으로 연출하는 것이 더 개성적이면서 세련된 이미지를 줄 수 있다. 깔끔한 H라인의 스커트에 장식이 많지 않은 블라우스와 재킷의 조화나 블랙의 일자 팬츠와 차분한 그레이 재킷, 화이트나 블루의 셔츠로 코디네이션한 의상 선택이 알맞다.

▌광고 및 디자인

직업의 특성상 트렌디한 감각을 중요시 하지만 그렇다고 화려한 것 보다는 전체적으로 조화가 잘 되도록 하는 것이 가장 중요하다. 따라서 자신의 감각을 표현하되 지나치게 개성이 넘치는 의상보다는 화려하지 않으면서도 세련됨을 표현할 수 있는 세미 정장이 좋으며 너무 개성이 없이 단정하게 입는 것보다는 소재나 색상으로 포인트를 주는 방법이 알맞다. 광택감이 있는 새틴 블라우스에 단정한 느낌을 주는 브이넥 가디건이나 재킷과 타이트한 스커트를 조화시키면 여성스럽고 우아한 면접 의상 연출이 가능하다.

▌패션 및 뷰티 홍보회사

면접관이 트렌드를 이끌어가는 사람들인 경우가 많아 의상 선택을 더욱 신중하게 해야 한다. 하지만 머리끝부터 발끝까지 명품으로 치장하거나 지나치게 화려하게 입고 가는 것은 오히려 역효과를 줄 수 있으므로 자신의 개성과 스타일에 맞는 옷을 선택한다. 블랙 정장에 포인트 색상을 이용한 옐로우 계열의 블라우스를 입으면 화사한 느낌을 줄 수 있으며, 벨트, 코사쥬, 스카프 등의 액세서리를 사용하는 방법도 세련된 이미지를 표현 할 수 있다.

(4) 면접시험 질문실전[20]

▌전공적성, 문제해결능력

- 사회적 이슈
  - 최근 유행처럼 이슈가 되고 있는 것 중의 하나가 소위 '방미출산족(訪美出産族)'이다. 이러한 '방미 출산족'에 대한 자신의 의견을 말해보라.
  - 우리나라의 경제상황에서 북한에 식량 지원을 하는 정책에 대해서 어떻게 생각하는지 말해보라.
  - 정치권의 개선을 위해 비영리단체들이 정치권에 진출하여 정치에 적극 참여해야한다는 주장이 대두되고 있다. 이에 찬성하는가, 반대하는가 또 그 이유에 대해서 말해보라.

[평가 방법]

- 문제의 핵심을 신속하게 파악하고 문제의 원인과 예기되는 결과에 대해 정확히 분석하는가?

- 다양하고 독창적인 대안, 실현 가능성과 효율성을 평가하여 최적 대안을 선택하는가?
- 지문에 대해 정확한 이해를 하고 있는가?

인성

- 과거에 자신이 이루기 위해서 노력했었던 목표를 생각하고 구체적으로 어떠한 노력을 기울였는지 설명한 뒤 현 시점에서 그 성과에 대한 평가를 해 보시오.
- 과거에 어떠한 일을 성취하기 위하여 취한 행동이나 계획을 구체적으로 이야기하고 현 시점에서 그 성과에 대한 평가를 해 보시오.
- 당신이 지금까지 이룩한 것들 중에서, 가장 큰 기쁨을 느꼈었던 때는 언제였고, 무엇 때문이었는지를 이야기해 보시오.
- 본인은 자신이 어떠한 사람이라고 생각하며, 그 이유는 무엇입니까? 즉, 본인의 생각을 뒷받침해줄 수 있는 구체적 사례를 이야기해 보시오
- 다른 사람들에 비해 자신을 내세울 수 있을만한 장점들이 있다면 구체적으로 이야기해보고, 이 장점들을 어떻게 활용하고 있는지도 이야기해보시오.
- 본인은 친구들 사이에서 어떠한 평판을 받고 있다고 생각하며, 그것을 잘 나타내주는 예들을 이야기해 보시오.
- 표정이나 몸짓, 감정표현이 과장되지 않고 적절해 보이는가?
- 주변의 요구를 정확히 파악하고 의욕적으로 대하는가?
- 면접관과의 눈 접촉이 적절한가?
- 시종 손을 움직이거나 다리를 떨지 않고 앉은 자세가 안정감이 있어 보이는가?
- 스트레스 상황에서 마음의 동요를 잘 통제하고 안정감을 유지하는가?
- 언행에서 충동적인 면이 없이 차분해 보이는가?

[평가 방법]

- 목표한 것을 이루기 위해 최선을 다 했는가?
- 자신을 개발하기 위해 노력했는가?
- 얼마나 적극적이고 자율적으로 대처했는가?
- 이야기가 구체적이고 진실성이 있는가?
- 자기 자신에 대해 긍정적인 태도를 가지고 있는가?
- 자기 자신을 스스로 자랑스럽게 생각하고 만족하고 있는가?
- 이야기가 구체적이고 진실성이 있는가?

- 표정이나 몸짓, 감정표현이 과장되지 않고 적절해 보이는가?
- 주변의 요구를 정확히 파악하고 의욕적으로 대하는가?
- 면접관과의 눈 접촉이 적절한가?
- 시종 손을 움직이거나 다리를 떨지 않고 앉은 자세가 안정감이 있어 보이는가?
- 스트레스 상황에서 마음의 동요를 잘 통제하고 안정감을 유지하는가?
- 언행에서 충동적인 면이 없이 차분해 보이는가?

의사소통능력

- 말하는 내용에 모순이 없는가?
- 논리의 전개가 간결하고 명확한가?
- 단어나 용어의 사용이 적절한가?
- 사용하는 어휘가 맥락에 적합한가?
- 자기 의견을 소신있게 제시하는가?
- 구체적이고 적절한 사례 등을 제시하는가?

[평가 방법]

- 말하는 내용에 모순이 없는가?
- 논리의 전개가 간결하고 명확한가?
- 단어나 용어의 사용이 적절한가?
- 자기 의견을 소신있게 제시하는가?
- 구체적이고 적절한 사례 등을 제시하는가?

Chapter 4

창업 아이템[21]

1. 유통업태 트렌드와 창업 아이템
2. 외식업종 트렌드와 창업 아이템
3. 서비스업종 트렌드와 창업 아이템
4. 문화적 트렌드와 창업 아이템
5. 라이프스타일 트렌드와 창업 아이템

트렌드는 사람들의 보편적인 생각이자 행동이며, 욕구에서 비롯된다. 그래서 현실과 일상의 수많은 단서에서 변화를 예측할 수 있다. 새로운 트렌드를 아는 것보다 그 트렌드가 어떤 이유로 만들어졌는지, 어떻게 진화하고 있는지, 어떤 것에 영향을 미치고 있는지, 어떤 비즈니스 기회를 만들어 낼지 아는 것이 더 중요하다.

:: **표 4-1** 소비자 환경에 따른 소비트렌드의 변화

소비자 환경	소비트렌드 변화
경제 성장률이 2%대를 넘지 못하는 장기 저성장 시대	미래 소득과 건강불안으로 스마트소비와 건강상품 소비 증가
저출산 및 고령화 등으로 1~2인 가구가 30%에 육박	소량, 다빈도, 근거리 소비성향의 증가
스마트폰 일상화와 다양한 사물인터넷 기기 증가	모바일 중심의 온라인 쇼핑 확산(저렴한 가격, 편의성)
내국인의 해외여향, 중국 등 외국인의 국내여행 급증	내국인의 해외소비 증가, 외국인의 국내 소비 증가, 해외직구 증가
맞벌이 가구비율 44%, 500만 가구에 이르고 있다.	배달업종, 가사대행 등 시간을 절약해주는 서비스 증가

1. 유통업태 트렌드와 창업 아이템

① 온라인 투자를 강화하는 대형마트의 등장
대형마트는 동반성장에 대한 사회적 요구 증가로 영업시간 제한, 의무 휴일제, 판매장려금 규제 등으로 활동이 제한되고 있지만 온라인 판매와 창고형 매장 강화, 자체상품 및 글로벌 소싱 확대로 가격 경쟁력을 갖추어 가고 있다.

② 온·오프라인을 통합하는 백화점의 등장
매장에서 보고 온라인으로 구매하는 쇼루밍(Showrooming)족 증가, 아울렛, 홈쇼핑, 인터넷 쇼핑몰 등 저가격 채널로 고객 이탈, 해외 직구 및 면세점 등 백화점 대비 저렴한 채널로의 고객이탈 등의 위협요인이 있는 가운데 VIP, 외국인, 젊은 고객, 남성 고객 등 고객별 최적화 전략을 취하고 있다. 또 온·오프라인 고객 데이터 통합 작업으로 마케팅을 일원화하고 디지털 사이니지

(Digital Signage)[22], 앱서비스 등을 강화하고 있다.

③ 유통혁신을 도모하는 슈퍼마켓의 등장

주력분야인 식료품 시장의 경쟁심화, 골목상권 살리기 지원사업 부직, 기업형 슈퍼마켓에 대한 동반성장 요구가 증가되는 가운데 중소 슈퍼마켓 연합을 통해 경쟁력을 강화하고 있다. 로컬푸드 등 유통혁신과 서비스 상품 판매, 온라인 판매와 배송서비스 강화 등으로 사업을 전개하고 있다.

④ 생활편의용품을 판매하는 편의점의 등장

신규 출점 제한, 24시간 강제영업 금지, 경쟁심화 및 수익률 하락이 예상되는 가운데 양적 성장보다 수익성 개선에 초점을 두고 있다. 부실점포 구조 조정 및 수익성 제고를 위한 상품, 서비스 전략을 강화하고 있다. 1~2인 가구를 중심으로 근거리 소량 구매 패턴은 지속될 것이다.

⑤ 모바일로 확장하는 인터넷 쇼핑몰의 등장

해외에서 직접 구매하는 소비트렌드 확산과 검색포털 서비스의 가격 비교, 신규업체 시장 진입 등으로 수익성 악화가 예상되는 가운데 경쟁우위 확보를 위한 옴니채널(Omni-Channel)[23] 투자를 확대하고 있다. 모바일 쇼핑이 인터넷 쇼핑몰 성장을 견인하고 있는 중이다.

2. 외식업종 트렌드와 창업 아이템

① 나홀로족을 겨냥한 음식업종

혼자 사는 나홀로족을 위해 소량으로 소분되어 있는 과일과 다양하게 나오는 간편조리식품, 팩으로 포장된 채소와 손질된 마늘, 남의 시선을 의식하지 않으면서 음식을 먹을 수 있는 1인 식당, 심야식당 등 음식업종은 1~2인 가구를 적극적으로 공략해야 한다.

② 꾸준히 각광받는 건강음식

패스트푸드 관련 간편식 시장과 함께 슬로푸드, 아날로그푸드 관련 건강음식은 꾸준히 각광을 받을 것으로 전망된다. 사람들은 원산지 표시에 더욱 관심을 가질 것이며, 나트륨 함량 등 건강과 관련된 것에 더욱 민감하게 반응할 것이다. 잘 먹고 잘 사는 시대에서는 양보다는 질을 중시하게 된다.

③ 최소형, 서민형, 복고형 증가

세계 경제가 긴 불황의 터널에서 좀처럼 빠져나오지 못하면서 불황형 소비가 이어지고 있다. 가벼워진 주머니로 배불리 먹을 수 있는 서민형 먹거리 시장이 음식업종의 한축을 이끌어 가고 있다. 경기여파로 인해 최소형 음식점, 서민형 음식점, 복고형 음식점들이 증가할 것이다.

3. 서비스업종 트렌드와 창업 아이템

① 심리적 평안을 느낄 수 있는 공간서비스

소득수준이 증가하면서 삶의 질 향상, 고급화, 감성소비 등에 비례하여 전 세계적으로 급격히 성장하고 있는 분야가 뷰티와 건강 서비스업이다. 고령화, 외모 중시 경향 등 사회적 영향으로 아름답게 사는 것을 추구하는 안티에이징(anti-aging)[24] 이 새로운 산업 트렌드를 만들고 있다.

② 확장되는 대행서비스

맞벌이 부부의 증가와 1인 세대를 위한 맞춤형 집수리 및 집안일 서비스의 약진이 예상된다. 이른바 슈퍼맨아빠 콘셉트의 생활서비스업은 각종 대행 서비스 형태로 확장될 것이다. 대행서비스는 5,000원도 안 되는 금액으로 각종 서류 대행부터 패스트푸드 대행 서비스까지 모든 것을 대행해주고 있다.

③ 건강과 취미를 동시에 추구하는 레저스포츠

등산로, 산길, 초원 등을 빠르게 걷거나 뛰는 트레일 러닝, 스트레칭, 댄스를 혼합하여 짧은 시간에 큰 운동효과를 낼 수 있는 스포츠 댄스, 바쁜 현대 여성이 30분이라는 짧은 시간에 저렴한 비용으로 꾸준히 운동할 수 있도록 고안된 피트니스까지 건강과 취미를 동시에 추구하는 레저스포츠는 여전히 강세를 띨 것이다.

④ 목적 지향의 휴(休)비즈니스

펜션 등의 시설 서비스업은 단순히 숙박사업의 개념을 뛰어넘는 목적 지향의 휴비즈니스 콘셉트로 발전될 전망이다. 놀고 먹고 가는 공간에서 편하게 쉬었다가 가는 공간으로 바뀌고 있다.

4. 문화적 트렌드와 창업 아이템

① 소비의 주역으로 떠오르는 30~40대 국내 백화점 연령대별 매출 구성비는 30~40대 55%가 넘는다. 특히 30대는 내일보다는 오늘을 더 중요시하는 소비 형태를 보이고 있다. 30~40대는 장난감을 가지고 놀기도 하며, 일상의 탈출구로 야구와 같은 스포츠 동호회에 더욱 열성적이다.

② 스마트기술이 삶을 변화시킨다. 스마트폰 5,000만대 시대, 전국 어디에서나 손쉽게 스마트폰으로 정보를 검색하고, 서로 연결될 수 있는 시대가 되면서 사람들과 대화하지 않고 스마트폰만 들여다보고 있다. 모바일기기 사용시간이 TV를 추월하여 일상 속에서 없어서는 안 된다.

③ 힐링이다. 바쁜 일상과 치열한 경쟁에서 오는 스트레스와 상처를 치유하고 싶은 사람들이 증가하고 있다. 그러려니 참고 살거나 가끔 떠나는 휴가로는 현대인의 상처가 해소되지 못한다. 개인뿐 아니라 사회전체가 그렇다. 현대인에게 가장 필요한 건 자신의 이야기를 들어줄 사람과 자신의 상처에 공감해줄 콘텐츠이다. 힐링은 교육, 콘텐츠, 음료, 취업, 금융 모든 영역에 적용되고 있다.

④ 소셜미디어다. 모바일로 사람들과 쉽게 대화할 수 있는 카카오톡, 페이스북, 라인 등의 서비스가 인기이다. 단순한 정보를 소비했던 사람들이 이제는 스마트폰으로 자신의 이야기를 생산하고 생산된 정보를 소셜미디어에 올리는가 하면, 친구들의 이야기를 좋아요, 공유하기형태로 유통까지 해주고 있다.

5. 라이프스타일 트렌드와 창업 아이템

① 화장과 요리하는 남자

2010년 출시된 군인용 위장크림은 1년 만에 10만개가 팔렸다. 외무를 가꾸는 남성을 가르기 그루밍족이라 한다. 실제 남성화장품 시장은 매년 10% 이상 성장하고 있다. 요즘 남자들은 당당하게 육아 휴직을 신청하는가 하면 여자를 대신해 살림을 전담하기도 한다. 요리교실에서 요리를 배우려는 남자들도 늘어난다.

② 새로운 가족의 탄생

강아지 전용 맥주가 미국과 일본에서 출시되었다. 우리나라에서도 수입되어 판매되고 있다. 강아지가 자족이 되는 순간 사람들은 가족을 대하듯 애완견을 위해 돈을 쓴다. 시장이 커지면서 점점 고급화되는 경향도 보이고 있다.

③ 외톨이 전성시대

2030년에는 평생 한 번도 결혼을 하지 않는 생애 미혼율이 남성은 30%, 여성은 20%로 증가한다. 경기불황의 여파로 결혼을 포기하고 자신만의 라이프 스타일을 추구하는 사람들이 증가하고 있다. 이처럼 혼자 사는 사람들을 겨냥한 프리미엄 제품들이 꾸준히 증가하고 있다.

Chapter 5

창업의 개념 및 유형[25]

1. 창업의 개념 및 특성
2. 창업의 3요소와 동기
3. 창업의 유형

1. 창업의 개념 및 특성

창업은 새로운 혁신적 제품 또는 서비스를 제공할 수 있어야 하며, 혁신적 영역은 경쟁대상과 경쟁방법 뿐만 아니라 소비자의 취향, 제품·서비스의 범위, 진출하고자 하는 지리적 위치, 유통 및 구매채널 등을 포함하는 것으로 정의할 수 있다.

학자들의 관점에 따라 다양한 의견이 있지만 창업의 개념은 통상적으로 사업을 새롭게 시작하는 것이다. 시대에 따라 그 의미 또한 변화되었는데 20세기 후반 하버드 대학의 티몬스(Timmons)교수는 핵심적인 내용은 기업창업(New Venture Creation)라고 하였다. 이는 좁은 의미의 해석으로 볼 수 있지만 넓은 의미로 보면 혁신적 기업가 활동을 의미하는 것이다.

박춘엽은 기업가정신(Entrepreneurship)은 재산이나 가치를 추구하기 위한 기업가 정신과 그것을 위한 일련의 행동을 의미하며 협의로는 기업창업, 창업학, 창업가정신이며 광의로는 혁신적 기업가 활동으로 정의하였다.[26]

드러커(Drucker)는 창업의 개념을 새로운 부(富)를 창출하는 능력을 가지고 기존의 자원을 투입하는 혁신적인 행위로 정의하였다.[27]

슘페터(Schumpeter)는 창업을 하나의 과정으로, 기업가는 창업의 과정을 이용하여 자원의 새로운 결합과 새로운 창업방법으로 현상 유지를 흐트러뜨리는 혁신가로 기술하고 있다.[28]

이처럼 창업은 새로운 일을 하는 과정이며, 여기에는 혁신이라는 개념이 적용된다. 혁신은 신아이디어와 재원을 새로운 제품·서비스 및 과정으로 전환시키는 실천을 의미하고, 창업은 사업가 재원을 새로운 방법으로 재결합 및 재분배하여 결과를 창출하고 기회를 제공하는 수단으로서 모험적 사업을 시작하는 창조적 활동으로 정의하고 있다.

창업의 특성은 다음과 같다.

① 창업의 의사결정은 복잡한 경영환경 변화와 불확실성이 있다. 아무리 빈틈없이 완벽하게 창업 준비를 끝마쳤다 하더라도 풍요로운 결실을 확신할 수 없다. 단지 창업아이디어가 훌륭하다는 이유만으로 수요가 저절로 창출되지 않는다. 창업은 새로운 사업을 시작하는 것이기 때문에 그 결과를 예측하기가 어려운 불확실한 일이다.

② 창업은 신규자원의 투입을 전제로 하고 있으므로 위험부담을 안고 있다. 이런 투입 자원에 대한 결실은 장기간에 걸쳐서 이루어지며 그 결실의 크기도 명확하지 않기 때문에 큰 위험이 수반된다.

③ 창업은 진취적이고 창조적이며 모험적인 성격을 갖고 있다. 창업은 성공하면 엄청난 수익이 창출되지만 실패할 경우 커다란 상처를 입게 된다. 그렇기 때문에 창업을 성공하려면 주변 환경 변화를 잘 감지해야 하며, 상상력과 창의력이 뛰어나고 결단력이 있는 기업가 정신이 필요하다.

2. 창업의 3요소와 동기

창업의 3요소는 창업자, 창업 아이디어, 자본이다.

① 창업자

창업자는 사회적 기회를 인지하여 창업을 계획하고 이를 실행하여 평가를 하는 창업의 주도자이다. 창업단계에서의 기업성과는 창업자 개인적 능력과 자질에 의해 결정된다. 창업자는 기업설립에 필요한 유·무형의 자원을 적절히 결합하여 기업이라는 시스템을 만든다. 설립된 기업이 의도한대로 기능을 발휘할 수 있도록 효율적으로 기업을 관리하는 역할을 한다. 창업을 위해서는 불도저형의 창업자가 필요하며, 이후 기업의 운영은 안정형 인재가, 기업 정리에는 폐업형 인재가 필요하다.

② 창업 아이디어

창업자는 특정한 아이디어를 기반으로 기업을 창업하여 이익을 올릴 수 있다고 판단하면 비로소 경영 자원을 동원하여 기업을 설립한다. 기업 창업에 있어 어떤 제품과 서비스를 생산 및 판매할 것인가 하는 창업 아이디어는 창업의 성패에 중요한 요소이다. 창업 아이디어에 따른 생산 활동의 수행결과는 기업의 목적인 수익과 집결된다.

③ 자본

기업 자본은 창업의 필수조건이다. 창업 자본은 창업자가 기업을 실제로 설립하고 운영하는데 필요한 자본으로 기술, 시설, 노하우, 인력, 지식 등을 살 수 있는 돈이다. 창업자는 자기 자본만으로도 창업할 수 있고, 자기 자본 이외에 타인자본을 추가하여 필요한 자금을 조달할 수 있다.

창업의 동기는 경제적 동기, 자아실현 동기, 사회적 동기, 새로운 아이디어와 개념의 사업화 등으로 나뉜다.

① 경제적 동기

가장 기본적인 창업 동기이다. 이는 창업을 위해 투입되는 자원의 크기보다 미래에 생성되는 산출물로 인하여 기대되는 수익이 더 클 것이라는 기대를 가지고 창업하는 것으로서 창업의 필요조건이기도 하다.

② 자아실현 동기

자아실현 동기는 이윤추구를 목적으로 하는 경제적 동기와는 달리 비경제적 목적을 추구한다. 즉, 자신의 기업을 소유, 운영해보고 싶은 욕구보다 기업소유자로서 얻게 되는 명성과 기업 경영을 통해 자신의 꿈과 이상을 실현하기 위해 창업하는 경우이다.

③ 사회적 동기

이는 자신에게 숨어 있는 사업가적 능력을 발휘하여 기업을 창업, 운영하고 성장시킴으로서 사회적 책임을 구현하며 이를 통해 사회발전에 이바지는 행위이다.

④ 새로운 아이디어, 개념의 사업화

독특하고 기발한 아이디어를 가지고 사업화하려는 의도에서 이루어지는 것으로 가장 이상적이고 순수한 창업 동기이다. 그러나 창업 아이디어의 선정은 창업자가 맨 먼저 해결해야 할 과정이며, 이것이 바로 사업 성패를 가늠하는 가장 중요한 요인이다.

3. 창업의 유형[29]

새로운 일터를 창출하고, 산업의 혁신과 다양성을 이루며, 경제가 안정적으로 성장하는데 창업은 매우 중요한 사업이다. 또한, 창업은 새로운 경제 성장의 엔진역할을 수행할 수 있으며, 미래지향적 경제 재편을 선도하여 산업조직의 경쟁성을 부여할 수 있다. 그러므로 정부에서도 창업을 촉진시키기 위하여 자금지원, 신용보증, 기술개발지원, 인력지원, 판로지원, 조세지원, 입지지원, 경영지원 등을 수행하고 있다.

우리나라에서는 IMF 이전까지 주로 자신의 아이디어와 기술을 사업화하는 창업의 형태가 대부분이었다. 그러나 1998년 이후 명예퇴직, 해고불안, 미취업 등의 이유로 인하여 먹고, 살기 위한 창업을 하는 사람들이 부쩍 늘어났다. 창업의 유형은 다음과 같다. 제조업, 도·소매업, 서비스업 창업이 있고, 동기 및 배경에 따라 생활보장형 창업과 사업개발형 창업으로 구분할 수 있다. 구체적인 창업의 유형은 다음과 같다.

1) 업종

업종별로 제조업, 서비스업, 유통업 등으로 분류할 수 있다. 제조업 창업은 원료를 투입하여 새로운 제품을 만드는 사업이다. 서비스업은 산업사회가 고도화됨에 따라 다양한 형태로 제공되며, 원래 상태로 환원되지 않는다. 유통업 창업은 도매 및 소매점 창업을 말한다.

2) 독립사업과 프랜차이즈 가맹사업

독립사업은 개별 점포마다 독자적인 상호를 사용하며, 원자재 구입과 제공되는 제품, 서비스의 종류에 있어서 독립적인 의사결정을 한다.

프랜차이즈사업은 프랜차이즈 본부로부터 상품, 관리 등에 대한 지원을 받는 대신 사업경영에 있어서 체결한 계약에 따라 운영되는 형태이다. 프랜차이즈사업은 여러 점포가 같은 물건을 취급하면서 규모의 경제성이 커지며, 경영 기술에 있어서 본부업체와 가맹점이 효과적으로 협력하여 수익성과 경쟁력을 높이는 방법이다.

3) 혁신적 창업과 모방 창업

창업기업은 혁신성 정도에 따라 혁신적 창업과 모방 창업으로 나뉜다.

혁신적 창업은 기술, 경영, 제품 등에 있어서 기존 사업과는 크게 다른 형태의 창업이다. 즉, 발명품은 아니더라도 새로운 제품을 생산하거나, 경영방식에 있어서 혁신적인 방법을 이용하여 효율이 높은 새로운 기업을 창업하는 것이다. 모방 창업은 제품, 기술, 경영기법 등에 있어서 기존의 사업체와 크게 다르지 않은 창업이다.

그러나 창업되는 많은 기업들 중에는 혁신형, 모방형으로 구분할 수 없는 것들도 많다. 많은 기업들은 모방적인 창업인 것처럼 보이지만 혁신적인 요소를 많이 포함하고 있는 경우도 있다. 이를 혁신성이 강한 모방창업이라고 한다.

4) 개인 창업과 공동 창업

개인 창업은 개인이 창업을 주도하여 제품과 서비스를 결정하고 자금조달, 경영 등을 주도하는 경우이다. 개인 창업은 책임과 권한의 소재가 분명하고, 의사결정이 신속하다는 장점을 가지고 있지만 자본과 경영기술 등에 있어서 한 개인에게 의존함으로써 한계를 가질 수 있다.

공동 창업은 2명 이상의 사람이 공동으로 창업을 주도하는 경우이다. 공동 창업은 구성원들의 견해차가 생기면서 의사결정 속도가 느리고 책임소재가 애매한 단점이 있지만 신중성, 전문화 등의 장점을 가지고 있다.

5) 점포중심형 창업과 무점포 창업

점포중심형 창업은 점포를 가지고 일정한 격식을 갖춘 공간에서 창업하는 것을 의미한다. 무점포 창업은 정보제공업, 번역사업, 소규모 통신판매사업 등으로 점포가 없거나 거주지의 공간을 이용하여 격식을 갖춘 공간이 없이 창업하는 경우이다.

6) 동기 및 배경에 따른 창업

동기에 따른 창업은 '○○ 때문에', '◇◇을 위해서' 라고 하는 이유 또는 목적으로 창업하는 경우이며, 배경에 따른 창업은 'ㅁㅁ으로' 또는 '△△을 가지고' 라는 배경으로 창업을 하는 경우이다. 동기중심의 창업은 대부분 생활보장형 창업이고, 배경중심의 창업은 사업개발형 창업이다.

Chapter 6
창업의 배경[30]

1. 창업자의 개념
2. 창업자의 특성
3. 창업자금
4. 입지 및 인테리어
5. 상품요인

1. 창업자의 개념

기업은 창업자의 수준만큼 성장한다는 말이 있다. 창업자의 개념은 시간의 흐름과 기업환경의 변화에 따라 변천되어 왔다. 창업자에 대한 개념적 정의에 대해 여러 가지 의견들이 있지만 오늘날에는 창업자란 창업가정신을 발휘하여 기업을 창업, 운영하는 혁신자, 선구자, 모험자로서의 개척자정신을 수행하는 개인을 창업자라 한다. 또한 창업자는 일정한 수익을 기대하면서 위험을 무릅쓰고 기업을 일으키고 경영을 하는 사람을 의미한다.

학자마다 창업자를 다음과 같이 정의하고 있다. 호제츠(Hodgetts)와 쿠라코(Kuratko)는 창업자는 혁신을 수행하는 사람으로서 특유의 정신을 발휘하여 환경변화에 적응하고, 새로운 사업영역을 개척하여 성공적인 기업을 경영하는 개척자이고 모험가이며 혁신가로서 기업을 운영하는 사람이라고 정의하고 있다. 박춘엽·박영배는 창업자는 창업 아이디어의 확보, 사업성 분석, 사업계획 수립, 계획의 실행 등을 주도하고 책임지는 창업의 주도자를 보았다. 여기에 기업 설립에 필요한 유·무형의 자원을 동원하고, 이를 적절히 결합하여 기업이라는 시스템을 만들고, 설립된 기업이 의도한 대로 기능을 발휘하도록 관리하는 역할을 한다고 주장하고 있다. 리(Lee)와 피터슨(Peterson)은 훌륭한 창업자는 저절로 태어나는 것이 아니라 그러한 창업자가 양성될 수 있는 사회적·문화적 배경에서 교육을 통해서 성장될 수 있다는 것을 주장하고 있다.

이와 같이 성공적인 창업의 가장 중요한 요인인 창업자는 개인적 특성에 따라 차이가 있지만 외부 환경요소들의 관리·통제에 따라 창업의 성패가 결정된다. 또한 창업 성공은 위험감수능력, 시장파악능력, 서비스와 제품특성, 시장특성, 재무적 특성에 의해 좌우되므로, 창업 성공을 위해서는 자신의 창업자적 특성을 파악하는 것이 중요하다.

2. 창업자의 특성

예비창업자는 사전에 창업 아이디어를 확보하고 산업성을 철저하게 분석하여 사업계획 수립 및 계획의 실행 등을 준비해야 한다. 이와 관련하여 예비창업자는 기업 설립에 필요한 자원을 효과적으로 결합하여 시스템을 구축하고 이를 잘 관리해야 한다.[31] 따라서 창업자의 능력과 가치관 등은 기업의 성패와 효율에 지대한 영향을 미치게 되므로 창업자는 매우 중요한 요소이다.[32]

1) 인구통계학적 특성

창업자의 특성을 파악하는 방법 중 전통적인 접근방법이 바로 인구통계학적인 자료를 사용하는 것이다. 즉, 유사한 배경을 가진 사람을 특징별로 분류한다면 기업가적 행동을 예측할 수 있다.

(1) 성별

섹톤과 보우만(Sexton & Bowman)은 성별과 관련하여 특성, 경험, 욕구에서 차이를 보이는 결과를 확인했다. 이들은 순응, 열정수준, 대인 감정수준, 위험 감수성향, 자율에 부여하는 가치, 변화에 부여하는 가치, 사회적 재능, 의존성 등 일련의 심리적 특성으로 비교하였다. 여성 기업가에 비해 남성 기업가가 자율성과 변화에 대한 가치에서 점수가 낮게 나온 반면, 남성은 위험 감수성향이 여성보다 높게 나왔다.

그러나, 버턴과 로센(Butter & Rosen)은 남성과 여성이 경험이나 욕구에서는 별다른 차이가 없다고 발표했다. 칼레버그와 레이치(Kalleberg & Leicht)는 878명의 남성과 261명의 여성을 대상으로 조사한 결과 자신감과 통제소재면에서 양자 간에 차이가 없고, 관리 전략 면에서는 남성은 다양한 제품이나 서비스 제공을 중시하지만 여성은 품질을 강조하는 경향이 있는 것으로 나타났다. 그러나 양자 모두 자신들의 전략은 혁신에 기초하고 있다고 응답하여 전반적으로 큰 차이를 보이지 않는 것으로 나타났다. 한편, 스미스와 마이너(Smith & Miner)는 사회화 과정에서 나타나는 성별 차이에 따라 여성은 남성보다 기회추구형 보다는 장인형 기업가가 더 많다는 추론이 가능하다고 하였다.

이처럼 성별에 따른 연구결과는 종사하는 업종의 특성, 기업규모, 국가, 민족, 경제적 상황에 따라 상이하게 나타났다. 이처럼 성별에 따른 관리방식의 효율성 연구는 남성과 여성 중 누가 더 성공적인 리더로서의 자질을 갖추고 있는가의 문제와 연결되어 있어 이에 대한 의견 차이와 논란은 계속되고 있다.[33]

(2) 연령[34]

스토리(Story)는 연령과 기업가적 행동관계에 대한 3가지 가설을 제시했다.

① 젊은 기업가는 성과를 내는 게 유리한 위치에 있다는 것이다. 젊은 기업가는 기업 성공에 필요한 많은 시간과 노력을 지속적이고 집중적으로 투입할 수 있는 활력과 창업에 뒤따르는 위험을 감수하려는 도전정신을 가지고 있다. 반면, 나이가 많은 기업자는 육체적 활력이 부족할 뿐만 아니라 퇴직한 창업자일 경우 기업 성과를 크게 향상시키기보다는 기업 안정에 목표를 두는 경향이 있다.

② 나이든 기업가가 기업 성과에 보다 많은 이점을 가진다는 것이다. 나이가 많은 기업가는 자신이 살아오면서 축척한 사업 경험과 신용 그리고 다양한 네트워크에 의해 창업 경영에 필요한 풍부한 지식을 가짐으로서 보다 합리적인 의사결정을 내릴 수 있고 자금조달 능력에서도 상대적으로 젊은 기업가보다 뛰어나다는 것이다.

③ 중년층 기업가가 젊은 기업가보다 활력뿐만 아니라 연륜이 있는 기업가가 가지는 경험, 신용, 자금조달능력 등을 두루 갖출 수 있기 때문에 두 연령층 기업가보다 유리하다는 것이다.

쿠퍼와 가스콘(Cooper & Gascon)은 기업가의 나이가 젊을수록 성과가 높게 나타나며, 그 반대의 경우도 있다고 하였다. 벌리와 노번(Birley & Norburn)은 성공적인 기업가는 미국인의 평균나이보다 나이가 많은 것으로 나타났다.

이처럼 연령은 창업 성공과는 직접적인 관계는 없다고 볼 수 있다.

(3) 학력[35]

콜린스와 모리(Collins & Moore)는 잠재기업가는 독립심이 강하고 남에게 지배당하는 위치가 되는 것을 꺼리므로, 상대적으로 낮은 교육수준을 가져올 수 있음을 지적했다. 스튜아트와 아베티(Stuart & Abetti)도 신생 기업의 성과에는 창업경험이 중요하며 기업가의 교육수준은 오히려 성과와 반대의 관계로 나타났는데, 이는 기업가들의 교육수준이 대체로 높지 않음을 알 수 있는 부분이다.

한편, 기업가의 교육수준이 높다는 연구결과도 있다. 이는 높은 기술적 지식을 요하는 사업의 경우, 기업가의 높은 교육수준은 기업의 생존가능성을 높여주기 때문에 교육은 매우 중요한 자산이라는 주장이다. 따라서 창업자의 교육수준과 기업의 성과는 종종 긍정적 관계를 보인다.

학문적 수준은 밀접하게는 기술적 관점에서 해당사업과 관련된 기술적인 내용을 과거에 학습함으로써 그 성과에 도움을 줄 수 있고, 경영관리상의 관점에서 경영이나 경제의 체계적 교육을 통해서 경영관리의 실무에 도움을 줄 수도 있으며, 일반적으로도 교육에 의해서 합리적인 사고력과 잠재적인 능력을 기름으로써 창업 및 경영관리에 필요한 여러 가지 자질을 쌓아서 그 성과에 도움을 주는 것으로 판단된다.

(4) 가정환경

헨니그와 하딤(Hennig & Jardim)은 여성 기업가들이 장녀이거나 독자가 많음을 발견했는데, 그 이유로는 장녀나 독자는 부모로부터 특별한 관심을 받아서 자아의식이 강해지기 때문이라는 것이다. 키에루프(Kierulff)도 장자와 기업가 사이에 높은 상관관계가 있음을 발견했다. 그러나 섹톤과 켄트(Sexton & Kent)는 창업자와 기업가 사이의 장녀효과는 차이가 없다는 것이다. 즉, 여성창업자의 44%, 여성기업가의 45%만이 장녀였으며 나머지는 둘째 또는 막내로 나타났다.

창업자나 기업가가 부모의 직업 면에서, 부모가 자영업을 하거나 기업가였다는 경향이 강하게 나타났다. 섹톤과 켄트(Sexton & Kent)는 남성 기업가의 부모 중 40%가 기업가인 반면, 여성경영자의 경우는 13%만이 부모가 기업가인 것으로 조사되었다. 하코베이츠와 빌더(Jacobowitz & Vilder)는 기업가의 72%가 부모 중 한 명이 기업가인 가정에서 태어났다고 조사되었다.

론스타트(Ronstadt)는 창업을 심각하게 고려했으나 창업을 하지 않은 사람과 실제로 창업을 한 사림을 비교했는데, 전자는 부모 중 44%만이 기업가인 반면 후자는 76%로 나타났다. 어린 시절 부모가 보여주는 기업가적 기질이 자녀의 성장에 많은 영향을 준다고 믿었다.

전반적으로 볼 때 부모와의 관계가 가정환경요소 중 개인의 기업가적 활동의 방향이나 수준을 결정하는 가장 중요한 요소라고도 할 수 있다. 따라서 장남이나 부모가 기업가인 경우 그 가족 구성원은 기업가적 행동 성향을 더 많이 보일 것이며, 이것이 기업 활동에 반영된다고 볼 수 있다.

(5) 경험

경험은 창업자로 하여금 새로운 사업체를 보다 쉽게 창업할 수 있게 해줄 뿐만 아니라 그 사업체를 창업함으로서 직면하게 되는 문제점들을 예측하고 적절한 관리 방법을 활용할 수 있게 해 주는 것이다. 또한 여러 연구자와 관리자들 간의 널리 인정되고 있는 성공요인들 중에 하나이다. 특정 개인이 경험을 통하여 창업하려고 하는 사업에 대해 지식을 획득하고 이에 기초하여 의사결정을 내림으로서 기업 성과에 영향을 미치는 것으로 간주되어 왔다. 즉, 성공적인 창업자는 자신의 이전 업종경험의 의미를 이해하고 그 업종에서 기업이 직면하고 있는 문제를 평가할 수 있는 자신의 능력에 의해 인식될 수 있다. 업종에 대한 경험은 창업자에게 제품 및 시장에 대한 지식뿐 아니라 다양한 접촉대상들에 대한 지식을 제공해줌으로서 창업자로 하여금 보다 올바른 의사결정을 내릴 수 있게 해 준다.

2) 심리적 특성

(1) 성취 욕구

성취 욕구는 가장 빈번하게 언급되는 창업자의 특성이며 창업에 영향을 미치는 중요한 요인이다. 정선한 · 김해룡(2001)[36] 은 어떤 것들을 신속하고 가능한 잘 이해하려고 하는 바람 또는 경향을 성취욕구로 정의하였다.

높은 성취 욕구를 가진 사람은 세 가지 유형의 속성을 가졌다고 보았다.

① 기술적인 기능으로서 적절한 위험감수자가 된다.

② 의사결정에 대한 개인적 책임을 선호한다.

③ 의사 결정의 결과에 대한 완전한 의식을 하고자 한다.

근로자를 대상으로 일에 대한 만족도 및 성과와 성취욕구간의 연구에서는 성취욕구가 높은 노동자일수록 자기가 하고 있는 일에 더 만족하였으며, 자기가 하고 있는 일에 대하여 더 많은 성취가 있었다. 결국 성공적인 창업자들에게 높은 성취 지향성은 주요한 요소이다.

(2) 통제 위치

통제 위치란 개인이 자신의 삶에서 어떤 사건을 스스로 통제할 수 있다고 느끼는 정도를 말한다. 즉, 내적 통제 위치를 갖고 있는 사람은 자신의 능력, 기술, 노력 등을 통해 자신의 행동 결과를 스스로 통제할 수 있다고 믿는 반면, 외적 통제 위치를 갖고 있는 사람은 자신의 행동 결과에 대해 스스로가 영향을 미칠 수 있는 부분이 거의 없다는 생각을 갖고 있다. 즉, 내적 통제 위치를 갖고 있어 자신의 주변 일들이 어떻게 진행되는지는 자신에게 달려 있다고 믿는 사람들이 자신의 통제력을 믿지 않는 외적 통제 위치를 갖고 있는 사람들보다 강한 창업의지를 가질 가능성이 높다.

(3) 위험감수 성향

위험감수 성향은 의사결정 과정에서 기회를 잡기 위해 예상되는 위험을 감수하고 일을 진행하려고 하는 성향을 나타내는 개념이다. 창업가는 타인이 보지 못하는 기회를 볼 수 있어야 하며, 급변하는 시장상황, 위기, 경기부진, 공백상태에서도 새로운 사업 아이디어를 기회로 포착할 수 있어야 한다. 이러한 기회 인식을 바탕으로 창업자는 일반적으로 위기를 기회로 바꿔보려고 시도 할 것이며, 위험을 감수하려는 의지에서 차이를 보이는데 높은 위험감수 성향을 가진 사람들은 의사결정을 보다 빨리 내리고 기회를 잡으려 한다. 하지만, 위험을 기피하는 사람들은 보다 조심스럽고 주의 깊게 의사결정을 내리며 위험을 최소화시키려고 노력한다.

(4) 모호성에 대한 인내력

모호성에 대한 인내력은 불확실하고 모호한 상황에 대한 정보를 조직화하는 방식에 영향을 미치는 성격 특성을 말하고 특정 상황을 구조화하기 위한 사전정보가 부족할 때 본능적으로 모호성을 자각하거나 모호성에 대한 인내를 발휘한다. 불확실한 상황에서 모호성을 바람직하지 못한 것으로 여기는 의사결정자는 적절한 환경정보를 가지지 못한 채 문제해결에 접근한다. 또한, 모호성에 대한 인내력의 다른 극단에서는 모호성을 바람직하고 도전적인 목표로 간주한다. 이처럼 인식구조 아래에서 내려지는 의사결정은 모호한 상황에 대한 노출을 최소화 하려는 어떤 필요성도 없기 때문에 차이가 난다.

3. 창업자금

1) 창업자금의 중요성

창업자 성공의 기본적인 조건은 바로 자금이다. 창업자가 창업에 실패하는 요인은 창업가의 경영 미숙과 시장 확보의 실패 또는 급변하는 사업 환경에 능동적으로 대처하지 못하는 등의 이유가 있고, 창업자금도 결정적인 사업 실패의 원인이 될 수 있다. 따라서 성공적인 창업이 되기 위해서는 충분한 창업자금의 확보가 선행되어야 한다.

2) 창업 소요자금의 종류

창업에 필요한 소요자금은 인테리어 자금과 운영 자금으로 나뉜다.

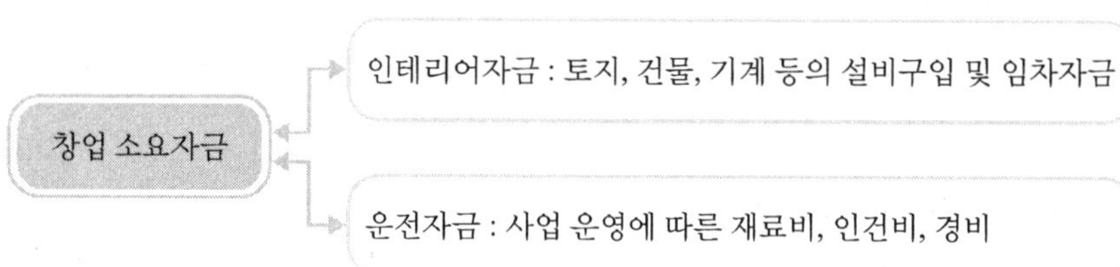

▲ **그림 6-1** 창업소요자금

창업자는 사업장을 마련하고, 비품, 재료비 등에 필요한 창업자금을 조달하기 위해 소요되는 자금에 대한 정확한 예측을 해야 한다. 그러나 창업에 소요되는 총자본을 정확하게 예측하기란 쉬운 일이 아니다. 아무리 작은 소규모의 사업이라도 그 규모에 맞는 자금을 예측하고 계획대로 집행하는 일은 대단히 어렵다.

3) 창업자금의 조달요인

창업자금의 조달은 업종, 규모, 사업자의 위치 등이 결정되었을 때 장기적인 계획 하에서 준비가 되어야 한다. 조달 방법에는 창업자 스스로 보유한 자기자본으로 충당하는 것과 대외적인 신용을 바탕으로 외부로부터 조달하는 타인자금이 있다.

따라서 창업자는 필요한 자금을 먼저 검토 한 후 타인으로부터 조달할 수 있는 타인자금에 대해 검토를 해야 한다. 또한 창업에서 충분한 초기 자본의 준비는 기업의 생존에 필요한 시간적 여유를 제공한다. 창업 자금이 얼마나 필요할 것이며,

언제 필요하게 될 것인지 자금 문제와 창업자의 의사결정 선택 간에 관계를 예측한다면 창업은 성공할 수 있다.[37] 창업하는 사업의 종류에 따라서 필요한 자금의 크기나 자금수요의 패턴이 다르다. 특히, 창업이 실제로 어떠한 과정을 거치면서 진행되는가에 따라 자금의 수요는 크게 달라진다. 같은 사업을 창업한다고 해도 창업자의 의사결정에 따라 필요자금의 규모가 달라진다.

4) 창업자금의 조달방법

창업자금은 적절한 시기에 투입하여 그 기업의 경쟁력을 높여야 한다. 따라서 자금조달 방법은 매우 제한적이지만 여러 가지 방법에서 정책 자금을 적절하게 운용한다면 기대하는 수익을 실현하여 기업의 성장·존속을 이룰 수 있다.

창업자금은 자본의 귀속형태에 따라 자기자본과 타인자본으로 구성된다. 자기자본은 소유자에게 귀속되는 자본으로 영구히 사용할 수 있는 자본이며, 타인자본은 채권자에게 귀속되는 자본으로 정부의 지원자금, 금융기관 자금, 사금융 등 다양한 곳에서 약정된 기간 동안만 이용하고 상환되는 자본이다.[38] 대부분의 창업자들은 창업 초기에는 타인으로부터 자금을 조달하는데 한계가 있으므로 타인자금보다 자기자금에 대한 의존이 높다.

4. 입지 및 인테리어

1) 입지의 개념 및 의의

급변하는 마케팅 환경 하에 점포의 장기적인 효과성을 보장하기 위해 점포 입지의 선정, 점포의 적정 규모의 결정, 점포 이미지의 확립 및 서비스 수준의 결정 등이 필요하나, 이중에서도 점포의 합리적인 입지는 가장 중요하다. 입지는 인구, 도로, 경쟁점, 각종 상업 인테리어 등을 포함하는 상권의 조건이 되고 물리적인 인테리어가 자리 잡게 될 일정한 공간적 단위로 점포가 자리 잡게 되는 지역을 말한다. 기업행위가 영위되는 장소로서 입지를 설명하였는데, 인간의 행위에서 경제활동 → 사업입지 → 사업체의 입지를 뜻한다.

또한, 상권은 점(point), 면(space), 흐름(flow)의 3요소로 구성된다고 하였다.

① 점은 시장의 지리적 범위를 의미하며 이는 곧 중심선을 의미하며, 선택한 지역 간의 의존관계 내지 기능의 상호의존성을 나타내는 흡인성을 의미한다.

② 면은 사장의 지역적 범위를 의미하며 이는 곧 중심지에 의해 흡인력이 작용하는 범위를 의미한다.

③ 흐름은 시장에서 동태적으로 수행되고 이는 마케팅활동을 의미한다.

2) 입지 결정의 전제조건

입지 결정을 위한 전제조건은 다음과 같다.

① 선택한 업종과 입지와의 관계를 현실적으로 파악한다.[39] 업종을 선택하고 입지를 결정하는 것이 가장 바람직하다.

② 입지결정하기 전에 장기적인 비전을 마련한다. 사업을 시작해서 단기간 내에 결과를 얻는다고 생각한다면 매우 위험하며, 결과적으로 사업성이 떨어지는 경우가 빈번히 발생한다.

③ 주변여건을 분석한다. 주변의 중대형 건물, 즉 5층 이상의 건물이 어느 정도 분포되어 있으며, 예상 잠재된 외부 소비자의 분포까지도 고려한다.

④ 교통 근접성과 도로의 넓이를 고려한다.

⑤ 상권 내 유사업종과 경쟁업종의 분포사항을 파악하여야 하며 동시에 시장성의 구조를 고려하여 입지를 결정해야 한다.

3) 인테리어의 개념

기업의 첫인상은 외적 형태로 좌우되며 외관 및 외양은 입지보다 더 중요한 성공요인이다. 즉, 물리적 환경을 제시하는 것은 단지 가시적인 것뿐만 아니라 경영상의 이점을 유도할 수 있다. 만약 **외양**이 성공적으로 설계되어졌다면 고객은 그 외부 이미지로 인해 내부의 인테리어에 대한 이미지를 미리 짐작할 수 있다. 또한 고객은 내부 장식을 지각한 후 끝 인상이 형성된다.

인테리어는 종사원과 고객 모두에게 영향을 미칠 수 있기 때문에 주의 깊게 다루어져야 한다. 보통 물리적 환경인 주변조건(공기의 신선함, 온도, 소음, 냄새 등), 공간설계와 기능성(서비스 동선 배치형태, 설비, 가구 등), 간판이나 상징물 및 인공물 등 3가지로 분류된다.

4) 인테리어의 중요성

요즘 많은 기업은 물리적 환경인 인테리어를 이용하여 서비스를 차별화시키고자 노력하고 있으며 고객은 인테리어를 통해 서비스를 평가하고 있다. 인테리어는 신용 속성에 근거한 서비스 커뮤니케이션에 특히 중요하며 경험적 속성에 근거하는 레스토랑, 호텔, 병원, 테마파크 등의 서비스에도 매우 큰 의미를 갖고 있다. 무형인 자산인 서비스는 구매 전 평가하기가 힘들기 때문에 가시적인 인테리어에 의존한다. 그만큼 서비스 기업의 인테리어는 기업의 이미지를 만들 수 있는 좋은 요소이다.

5) 인테리어의 역할

물리적 환경의 인테리어의 역할은 다음과 같다.

① 첫인상을 형성한다.

물리적 환경은 서비스에 대해 특별한 경험이나 정보가 없는 소비자에게 영향을 줄 수 있는 요소이다. 즉, 고객이 가시적인 단서에 의존할 수밖에 없는 상황에서 자신이 받을 서비스 질의 수준을 물리적 환경으로 미루어 짐작할 수 있다. 만일 고객이 전문적인 지식이나 정보가 있으면 유형적인 증거에 덜 민감하지만 그렇지 못할 경우는 유형적인 단서에 크게 의존한다.

② 포장의 역할을 한다.

물리적 환경의 구성요소들이 그 기업의 제공물에 대한 전반적인 이미지를 제공해 줌으로서 제품의 포장과 같은 역할을 수행하고 있다. 이러한 포장의 역할은 새로운 고객의 기대를 창출하기 때문에 신규고객에게 중요하고 특정한 이미지를 구축하려는 새로운 서비스 조직에 있어서 중요하다.

③ 신뢰를 갖게 한다.

서비스 마케팅전략에서 어렵고도 중요한 점은 아직 발생하지 않는 서비스를 배달해주겠다는 약속을 고객에게 할 수 있는 신뢰성 확보가 필요하다. 즉, 기업은 보이지 않는 후면부까지 노출시켜 작업 내용을 보여주는 것이다. 가시적으로 보여줌으로서 고객의 신뢰를 얻고자 하는 것이다. 예를 들어 식당에서 유리로 주방을 볼 수 있게 만드는 것도 물리적 환경을 통한 신뢰 형성의 일환이다.

④ 서비스 질을 쉽게 높여 준다.

고객은 서비스 경험과 관련된 여러 유형적인 증거를 통해 자신이 받을 서비스의 질을 판단한다. 즉, 정돈이 안 된 사무실을 보면 서비스에 문제가 있다는 생각이 드는 것도 그런 이유이다.

⑤ 이미지를 변화시킨다.

서비스가 무형적이기 때문에 서비스 산업이 전달하고자 하는 메시지를 가시화하기가 어렵다. 전달하고자 하는 중심 메시지에 유형성이 없거나 적으면 기업은 이를 대체할 다른 유형적인 요소를 찾아야 한다. 기업에 대한 이미지를 바꾸려면 가시적인 증거인 물리적 환경을 바꿔야 한다.

⑥ 감각적 자극을 준다.

유형적 증거인 물리적 환경은 고객이 소비경험을 하는 과정에서 감각적 자극을 준다. 따라서 물리적 환경은 지겨움이나 불쾌감을 없애고 고상함, 흥분 그리고 재미를 줄 수 있도록 만들어야 한다.

⑦ 고객과 종업원을 사회화 한다.

물리적 환경의 설계는 종업원과 고객에게 각자의 기대되는 역할, 행동, 관계를 전달하는데 있어서 도움을 주거나 지장을 주는 요인이 되고 있기 때문에 사회화에 도움이 된다. 그러므로 물리적 환경은 고객에게 뿐만 아니라 서비스를 수행하는 종업원에게도 서비스의 올바른 측면이 전달될 수 있게 설계해야 한다. 물리적 환경은 서비스를 수행하는데서 종업원을 이끌어 주고 그들에게 쾌적함과 편안함을 줄 수 있게 만들어야 한다.

⑧ 서비스의 차별화 수단이 된다.

경쟁이 치열한 경우 서비스 산업은 물리적 환경을 이용해서 자신의 서비스를 차별화하는 수단으로 삼을 수 있다. 서비스 마케팅 기업도 그들의 무형적 제품을 강화하기 위하여 유형적인 단서를 이용하여 제공하는 서비스를 좀 더 감지하기 쉽고 정신적으로 이해할 수 있게 만들어 타 서비스 제공자와 차별화할 수 있다.

⑨ 촉진재로서의 역할을 한다.

물리적 환경은 촉진재로서 서비스 물리적 환경 내에서 사람들의 행동을 지원하는 역할을 수행한다. 잘 설계된 환경은 고객에게 유익한 서비스의 경험을, 종업원에게는 만족스러운 서비스 수행의 경험을 하게 해준다.

5. 상품요인

1) 상품의 개념

창업자의 창업 아이템은 상품이다. 창업 아이템인 상품은 성공하는 상품이 나오기도 하지만 대부분 실패한다. 따라서 기업에서 상품의 존재와 평가가 창업의 의사결정에서 매우 중요하다.

창업기업이 제품을 생산하는 것은 아이디어를 통해 나온다. 성공적인 기업을 설립하기 위해서 필요한 것은 수익성이 있는 상품을 개발하는 것이다. 창업 아이템은 창업자의 능력과 상관관계가 없으며, 산업성이 있는 희귀성, 가치성, 비모방성, 비대체성 등을 바탕으로 시장에 흔하지 않으며 산업을 할 만한 가치가 있고 대체 상품이 존재하지 않아야만 성공을 보장할 수 있다. 상품은 음식과 음료 등의 유형적 상품, 분위기, 청결 등의 무형적 서비스가 종합된 패키지로 고객 욕구를 만족시키고 인상적인 경험이 전달 될 때에만 고객에게 효과적으로 전달될 수 있다.

따라서 목표 시장을 선정한 후 고객이 원하는 종합적인 패키지를 만드는 것이 중요하다. 창업전략, 시기를 결정하기에 앞서 제일 먼저 어떤 창업을 할 것인가에 대한 아이템을 결정하는 것은 당연한 선결과제이다. 창업하는 기업이 어떤 제품을 생산할 것인가를 결정하는 아이템은 기업 시스템 중 산출을 의미하는 것으로 그것은 재화, 서비스가 된다. 성공적인 창업을 위해 필요한 수익성이 있는 아이템을 선정해야 한다.

2) 상품의 유형

상품은 핵심상품, 유형상품, 확장상품 등 3개로 나뉜다.

① 핵심상품은 상품의 기능부분으로서 고객의 요구사항을 반영한 것으로 공급자 측에서는 기업의 핵심인 부분이며 기업의 존재이유이다.

② 유형상품은 핵심상품을 공급하는 데 있어서 함께 제공되어지는 상품을 말한다.

③ 확장상품은 핵심상품과 유형 상품에 부가적으로 제공되는 서비스와 편익으로서 인테리어와 예약 서비스 등을 말한다.

3) 상품개발

시장이 세분화되면서 새로운 상품들이 대거 등장하고 다양화되고 있다. 창업자들은 창업 시 아이템 개발을 계기로 창업 성공을 위한 포석을 마련한다. 그러나 시장에서는 기존 상품이 있기 때문에 이에 대응할 수 있는 신선한 상품이 무엇보다 중요하다. 상품개발전략은 시장침투전략, 장기개발전략, 신상품개발전략, 다각화전략 등 4가지 유형이 있다.

① 시장침투전략

새로운 시장을 개척하거나 새로운 상품을 개발하기보다는 기존 상품과 기존 시장에서 높은 시장점유율을 얻고자 하는 전략이다.

② 장기개발전략

기존 상품을 가지고 새로운 시장을 개발하는 전략이다.

③ 신상품개발전략

상품 시장에 새롭게 진입하여 공략하는 전략이다.

④ 다각화전략

새로운 시장에서 새로운 상품을 개발하는 전략이다.

4) 상품생명주기

새로운 신상품을 시장에 도입한 후 경영자는 상품 수명이 길고 더 많은 수익을 기대한다. 이익을 최대로 하기 위해서는 상품 생명주기를 시장과 환경조건에 따라 지속적으로 변경시켜야 한다. 상품수명주기는 제품개발단계, 도입단계, 성장단계, 성숙단계, 쇠퇴단계 등으로 나뉜다.

① 도입단계

매출액이 적고 신상품을 소비자에게 알리기 위해 유통 및 판매 촉진비용이 늘어나기 때문에 가격이 비교적 높게 설정되는 경향이 있다.

② 성장단계

매출액이 상승하고, 시장점유율은 높아진다. 성장단계를 오래 지속시키기 위해는 제품을 개량하고, 새로운 세분시장의 진출, 가격인하, 제품에 신념을 확립하는 광고를 실행한다.

③ 성숙단계

매출액의 성장 둔화에 의해 공급이 수요를 초과하게 되면서 경쟁이 심화된다. 경쟁자는 가격을 인하하기 시작하고, 광고와 판매 촉진 비율을 늘린다. 이때 경영자는 표적시장과 상품 마케팅 믹스의 수정을 고려하여 경쟁력 있는 제품을 만들기 위한 노력을 해야 한다.

④ 쇠퇴단계

기술적인 진보, 소비자의 기호변화, 경쟁 심화 등의 요인들로 인해 매출액이 감소한다. 경영자는 쇠퇴하는 제품을 유지할 것인가, 생산 중단을 할 것인가를 결정해야 한다.

Chapter 7

창업의 아이디어

1. 아이디어의 원천에 관한 연구
2. 창업아이디어 개발 시 고려사항
3. 창업 아이디어 선정 절차

1. 아이디어의 원천에 관한 연구[40]

창업의 아이디어는 쉽게 얻어지는 것이 아니기 때문에 현장경험, 신상품의 발명, 취미, 우연한 발견, 적극적인 제안 등 끊임없는 노력이 필요하다. 새로운 창업아이디어는 예비 창업자들에게는 여러 가지의 경로를 통해 창업의 동기가 부여되어지는데 이러한 창업아이디어의 원천은 어디에서 유래되고 어떻게 접촉되는지를 선행연구를 통해 살펴보고자 한다.

1) 베스퍼(Vesper)의 창업 아이디어 원천에 관한 연구

베스퍼는 창업 아이디어의 원천을 8가지로 분류하였다. 전체적으로 베스퍼는 창업 아이디어는 어느 순간에 갑자기 예상치 않는 상황에서 발생하는 것이며 계획적으로 창업 아이디어를 찾고자하거나 어떤 특별한 방법으로 획득하게 되는 것이 아니라고 주장하고 있다. 즉, 창업의 기회 제공에 있어서도 일반적으로 창업 아이디어를 얻게 되는 많은 경우는 보통 평범한 삶을 통하여 이루어지며 생활 속에서 우연히 아이디어와 접하게 된다는 것이다.

① 권유에 의한 창업이다.

예를 들어 우리나라 농약제조업계에서 높은 매출을 이루고 있는 (주) H그룹의 창업자인 K회장의 창업 아이디어 원천이 바로 권유에 속한다. K회장은 친구에게 얼마간의 돈을 빌려주었다가 채무자가 지불을 미루던 차에 인천의 조그만 공장을 부채 대신 상환 받는 제의를 받고 어쩔 수 없이 그것을 허락하였다. 처음에는 그냥 다시 공장을 판매하려고 시도했으나 판매는 용의 하지 않고 공장에 세금만 부과되는 것이 아까워 현상유지만을 목적으로 공장을 운영하게 된 것이 계기가 되어 계속적인 발전을 거듭하며 H그룹으로 성장했다. 이렇게 새롭게 시작하는 창업 아이디어는 권유에 의한 제안이나 청원의 형태로 시작되는 경우가 많다.

② 전직의 경험에 의한 창업이다.

전직의 경험에 의한 창업의 가장 많은 사례는 업무변경(spin-off)으로 이것은 자신의 이전 직업을 경험 삼아 창업을 하는 경우이다. 즉, 기존의 창업 경험이 있었던 사람이 다시 새로운 아이템을 가지고 재창업을 하는 방법 등으로 창업 경험이 있었던 사람은 다른 예비창업자들 보다 경험을 바탕으로 쉽게 재창업할 수 있다.

③ 권리의 보유의 의한 창업이다.

아이디어(특허)를 개발권자로부터 권리 이양을 받아 창업하는 것으로 그 아이디어는 제품, 서비스의 아이디어를 개발한 소유자로부터 위임받는 것이다. 창업 아이디어를 위임받는 방법으로는 직장, 타기업, 개발권자, 정부기관 등에서 얻을 수 있다.

④ 자기체험에 의한 창업이다.

어떤 사업을 시작하여 이와 연관되어 이어지는 다른 사업의 기회를 얻게 되는 원천을 말한다. 즉, 건설업 공사를 하다가 부속적인 임대나 분양 사업의 연이은 새로운 창업의 원천을 맞이하게 되는 경우가 그렇다고 할 수 있다. 다른 표현으로는 옆길효과(side-street effect)라고도 한다.

⑤ 취미에 의한 창업이다.

여행을 좋아하는 사람의 경우 여행을 다니다 여행사를 창업하거나 취미로 골프를 즐기다가 운동에 빠져 골프채의 단점을 보완할 수 있는 아이디어를 얻어 직접 공장을 차리는 경우이다.

⑥ 사회적 만남에 의한 창업이다.

우연한 만남에서부터 시작되어, 지연 혹은 학연 등의 관계로 이어져 사회적인 만남을 통해 창업 원천을 얻는 것이다.

⑦ 평범한 관찰에 의한 창업이다.

사회적 환경이나 일상생활 속에서의 관찰을 통해 순간적인 착안으로 창업 아이디어를 얻는 것이다. 예를 들어 기두석씨는 병따개 겸용 다목적 라이터를 일생생활에서 발견했다. 1985년 야외에서 병따개가 없어 겪은 불편함을 없애기 위해 늘 갖고 다니던 물건에 병따개를 더하면 어떨까하고 생각한 끝에 창업에 성공한 케이스이다. 1988년부터 수작업으로 만든 이 병따개겸용 다목적 라이터는 1989년 초에 회사 설립으로 이어졌고, 판매량이 꾸준히 늘어나 한 달 평균 30만개가 팔려 나갔다. 이처럼 일상생활에서의 아이디어가 창업에 중요한 원천이 되었다.

⑧ 심사숙고에 의한 창업이다.

계획적인 창업으로 처음부터 창업의 의지를 갖고 세심한 준비와 의도된 과정 속에서 창업을 이루는 과정이다. 즉, 개인판단에 의한 원천, 틈새시장에 의한 원천, 부업을 위한 원천 등이 있다.

2) 론지니커와 무어의 창업 아이디어 원천에 관한 연구

론지니커와 무어는 창업자가 무엇을 생산할 것인가라는 문제를 창업 아이디어에 가장 큰 변수라고 보았다. 창업 기업의 생산품은 발명품일 수도 있고, 이미 시장에 나와 있는 기존의 상품일 수도 있으며, 국내 시장에 처음 소개되는 외국상품일 수도 있다. 창업 아이디어는 창업의 시발점이기 때문에 아이디어를 둘러싼 환경문제에 특별한 관심을 기울여야 한다고 보았다.

① 현장경험이다.

현재 또는 최근의 경험을 통해 현장 종사자들은 기존 제품이나 서비스의 개선, 새로운 공장입지의 조성 등에 관한 아이디어를 제공할 수 있다. 예를 들어 가구 판매원이 새로운 도시로 진출하여 새로운 사업을 진행할 때 기존 업체의 사업 전략을 그대로 답습할 수도 있고, 반대로 차이점을 특징으로 내세워 상품 시장을 넓혀 나갈 수도 있다.

② 신상품의 발명이다.

창업자는 각종 연구소, 대학의 연구기관 등을 통해 발명 아이디어를 획득하여 상품화함으로써 신선한 신상품을 개발 할 수 있다.

③ 취미이다.

일상생활에서의 취미 생활이 그대로 연결되어 훌륭한 사업으로 정착될 수 있다. 예를 들어 미국의 팬시 엘렌 프로덕트사(Pansy ellen products)의 사장인 펜시 엘렌 에스만(pansy ellenessman)은 그녀의 손자를 돌보면서 손자가 엄마의 체온을 느낄 수 있는 어린이용 베개를 개발한 것이다. 이후 사업은 번창하여 연간 1천억 달러의 어린이용 목욕기구를 생산 판매하고 있다.

④ 우연한 발견이다.

어떤 사람은 평범한 일상생활 속에서 뜻밖의 발견을 통해 창업 아이디어를 발견할 수 있다.

⑤ 적극적인 제안(심사숙고)이다.

짐플(Gimple)은 기업 내에서 먼저 기술을 개발하고 나서 그에 맞는 상품을 개발하는 내-외 접근법(inside-out approach)과 시장의 요구를 먼저 파악한 다음에 기술을 개발하는 외-내 접근법(outside in approach)이 있다고 주장했다. 즉, 탁월한 제안으로 창업에 성공할 수 있다고 보았다.

3) 드러커의 창업 아이디어 원천에 관한 연구

드러커는 혁신은 창업가의 무기이고, 변화를 사업의 발전 기회로 이용해야 하며, 체계를 잘 갖추어 이를 응용할 수 있어야 한다고 주장했다. 기업가들은 혁신의 원천을 의도적으로 찾아야 하고 성공적인 혁신을 위한 기회를 제시하는 변화와 징후도 살펴보아야하고, 성공적 혁신의 원리를 잘 알고 적용할 수 있어야 한다고 했다.

드러커는 창업 아이디어의 원천을 7가지로 분류했다.

① 예기치 못했던 것들이다. 예기치 못했던 성공, 예기치 못했던 실패, 예기치 못했던 외부의 변화 등이 있다.

② 부조화, 실제로 나타나는 현실과 그렇게 되리라고 생각했거나 또는 당연히 그렇게 되어야 할 현실과의 괴리이다.

③ 필수적인 절차, 공정상의 혁신이다.

④ 산업과 시장의 구조변화이다. 모든 사람들이 모르는 중에 불시에 찾아드는 구조의 변화이다.

⑤ 인구 구성의 변화이다.

⑥ 인식의 변화, 인간의 느낌, 기분 및 사고방식의 변화이다.

⑦ 새로운 지식, 과학적 및 비과학분야의 지식이다.

위에서 열거한 7가지 원천은 제 각기 독특한 특성을 가지고 있다. 이들에 대하여는 제각기 독립된 분석이 필요하다. 그러나 이들 중 어느 것이 본질적으로 더욱 중요하다거나 또는 더욱 생산성이 높다는 차이는 없다. 중요한 혁신이 징후의 변화를 분석하여 얻어질 수 있는 것처럼 위대한 과학적 발견에서 얻어진 지식을 대대적으로 응용하여 창업을 이룰 수도 있다.

드러커는 성공적인 기업가는 영감의 여신이 찾아와서 굉장한 아이디어를 줄 때까지 기다리지 않고 스스로 노력한다고 했다. 단시간 내에 큰 기업체를 만드는 아이디어를 갖고 출발하는 기업가는 실패한다. 성공적인 창업가는 개인적인 동기가 무엇이든 가치를 창조하고 인류에 공헌하기 위하여 노력한다.

2. 창업 아이디어 개발 시 고려사항[41]

1) 업종의 선택

사업 준비를 위해서는 무슨 사업을 할 것인지 업종을 결정해야 한다.

① 업종에 따른 타이밍에 업종

제품 수명 주기는 도입기, 성장기, 성숙기, 쇠퇴기이다. 시작하는 사업에 좋은 타이밍은 도입기, 성장기에 막 접어든 업종이다. 성장기의 아이템은 성숙하기까지 꾸준하고 안정된 매출을 보장한다. 창업하고자 하는 업종이 성숙기에 있는 것보다는 도입기나 성장기에 있을 때 창업하는 것이 유리하다.

② 경력과 적성에 맞는 업종

창업자의 경험, 지식, 기술, 특성 등과 결합한 업종이 성공할 확률이 높다. 특히 전 직장에서 몸소 배우고 익힌 경험, 지식, 기술, 특성 등이 창업 성패의 분기점이 될 수 있다. 아무리 좋은 아이템이라도 창업자가 잘 모르는 사업 분야라면 경영대응능력이 부족하고 경영전략 수립에도 한계가 있기 때문에 비전문분야의 창업은 삼가는 것이 좋다.

③ 자금능력에 맞는 업종

아무리 좋은 업종이라도 자금규모가 맞지 않으며, 성공하기 어렵다. 창업 초기에는 의외의 자금지출 요인이 발생하여 당초의 계획보다 상회하는 것이 일반적이므로 여유 있는 자금조달 계획을 수립해야 한다.

2) 사업 규모 결정

성공적인 창업을 위해서 창업자 자신이 충분히 감당할 수 있는 적정 규모의 창업이 바람직하다.

① 업종에 따른 사업규모

업종에 따른 점포의 입지, 시설 및 면적 등이 사업에 중요한 요인이 될 수 있다. 그러므로 업종의 특성을 잘 파악하여 시설규모와 입지를 체크하고 창업을 진행해야 한다.

② 시설규모

점포창업의 경우 시설 투자금은 시설 장치비, 인테리어공사비, 간판설치비, 임차보증금, 점포권리금 등으로 구성되는데 이에 대한 소요 자금 계산 및 조달능력의 분석이 필요하다. 고정자금은 유동성이 낮기 때문에 자금조달 과정에서부터 장기적 운용이 가능한 자기자본과 장기차입금에 의한 조달이 필요하다.

③ 자본의 규모

일반적으로 시설자금에 대해서는 예상액을 계산하여 적정한 가격의 시설 리스트를 작성할 수 있다. 그러나 운용 자금에 대해서는 소요예산을 소홀히 하는 경우가 많다. 즉, 창업이후 시장 개척, 점포 홍보, 고객 확보 등 정상적인 영업활동을 위해서는 많은 시간이 필요하기 때문에 예비 예산을 확보해야 한다.

3) 기업형태

기업은 개인기업과 법인기업으로 나뉜다.

① 개인기업

사업주 개인이 출자자인 동시에 경영자로서 직접 경영에 참여하는 기업형태이다. 자신의 능력으로 경영 성과가 성공적일 경우에는 그 수익이 모두 개인에게 돌아간다는 장점이 있지만 결과가 부실할 경우에는 기업주 개인이 부담하므로 위험을 분산하거나 경감시킬 수 없다.

② 법인기업

일반적으로 다소 규모가 큰 기업들은 법인 기업의 형태로 운영되는 경우가 많다. 법인기업은 많은 주주, 출자자를 통해 자본조달을 용이하게 할 수 있으며 주식회사의 경우 출자금액 한도 내에서만 책임을 지는 유한책임이 있다. 전문경영인을 영입하여 효율적인 경영을 할 수 있으며, 대외공신력이 비교적 높다. 반면 설립절차가 복잡하고 의사결정체계가 복잡하고, 개인 기업에 비해 세금부담이 적으나 세무 처리를 잘못하면 개인 기업보다 가산세 및 추가징수액이 많다.

3. 창업 아이디어 선정 절차

1) 제품 서비스와 시장의 필요성

(1) 제품 서비스의 필요성

고객의 욕구인 가격, 기능, 품질, 동질화 및 차별화, 감정, 서비스에 대한 욕구사항을 정확하게 파악하여 그 필요성을 인식해야 한다.

① 가격에 대한 욕구

소비자는 비슷한 제품과 서비스일 때 가격이 낮은 제품과 서비스를 선택한다. 가격을 낮추기 위해 알맞은 아이디어 선정이 중요하다.

② 기능에 대한 욕구

소비자들은 필요한 기능을 많이 가진 상품을 선호한다. 예를 들어 핸드폰에 카메라, 음악 및 동영상 재생, 인터넷 검색, 네비게이션, 녹음, 위치추적 등의 가치 있는 새로운 아이디어를 추가하는 것이다.

③ 품질에 대한 욕구

소비자들은 동일한 가격이라면 좋은 품질의 상품을 구매하고 싶어 한다. 품질 개선을 위하여 아이디어를 개발한다.

④ 동질화 및 차별화 욕구

소비자는 동조 욕구와 구별 욕구를 동시에 가지고 있다. 소비자는 남들과 유사한 스타일을 선택하면서도 동시에 남들과 똑같은 선택을 싫어한다.

⑤ 감성에 대한 욕구

제품간 품질의 차이가 거의 없어지는 추세에 따라 소비자들은 디자인, 색상, 포장 등의 감각적인 면에서 뛰어난 상품을 선호한다. 시각적으로 멋스러워 보이는 디자인, 색상을 차별화하는 아이디어가 필요하다.

⑥ 서비스에 대한 욕구

소비자는 구매 전후에도 지속적으로 추가적인 서비스를 받고자 하는 욕구가 있다. 더 좋은 서비스를 제공하기 위해 노력하는 과정에서 새로운 창업 아이디어가 나올 수 있다.

(2) 시장의 필요성

기존 시장에 대한 탐색이 필요하다.

① 기존 제품에 대한 관찰

이미 존재하고 있는 제품을 모방 및 변형하여 소비자의 욕구를 충족시킬 수 있는 시장을 찾아야 한다.

② 해외 동향조사

해외의 상품을 접하여 새로운 경험을 하고 창업의 기회를 찾을 수 있다.

③ 신기술 연구

해당 분야의 전문 기술자가 아니더라도 신기술 개발에 따른 그 결과를 예측하고 이때 발생하는 소비자의 욕구를 포착하여 이를 만족시키는 방법을 개발한다.

④ 지리적 시장 탐색

지역 소비자 욕구의 차이점을 발견하고, 이에 적절히 대응하는 방법과 지리적으로 자사 제품이 새롭게 진출할 곳을 탐색하는 방법이다.

⑤ 새로운 표적시장의 탐색

자사 제품을 사용하지 않는 새로운 표적시장을 찾아 시장을 확대한다.

2) 아이디어의 내 · 외적 탐색

① 내적 탐색

창업자는 과거의 경험과 지식 등으로 습득된 정보를 가지고 저장되어 있는 정보를 자연스럽게 회상한다. 즉, 자기가 소유하고 있는 정보 내에서 문제 해결을 위한 탐색을 한다.

② 외적 탐색

자신의 내적 정보가 문제해결에 충분치 못하다고 판단될 때에는 외부에서 추가적인 정보를 탐색한다. 예를 들어 전문가에게 문의하거나 신문 및 잡지 등의 언론매체를 통해 정보를 얻는다.

3) 아이디어에 대한 구체적 정보수집

사업의 성장성과 창업자의 적성 여부 등을 고려하여 가족, 지인, 전문가들의 의견을 신중히 청취한다. 이때 사업 업종을 2~3종으로 하여 예비 선별과정을 순위를 결정한다. 예비선별 제품에 대한 사업성 분석을 철저하게 진행한다.

4) 사업 타당성 분석

사업 타당성을 분석할 때 고려해야 할 점은 사업 아이템의 적합도, 기술적 요구도, 시장성 및 판매 전망, 수익성 및 성장성 등이다.

5) 창업 아이디어 선정

사업 타당성 분석 후 자기 사업에 가장 적정한 업종과 아이템을 선정한다. 선정된 아이템의 업종과 유사한 우량 기업을 벤치마킹한다.

Chapter 8
창업기업의 본질[42]

1. 창업기업의 정의
2. 창업기업의 특징
3. 창업기업의 문제점

1. 창업기업의 정의

1) 일반적인 창업

창업은 개인이나 법인이 돈을 버는 것을 목적으로 새로 기업을 만드는 일 또는 창업자가 사업 아이디어를 갖고 자원을 결합하여 시장에 제품을 판매하는 활동을 시작하는 일이다.[43] 창업에 대한 정의는 획일적이지 않고, 지원하는 법규 및 내용에 따라 다르게 규정 및 적용된다.

2) 중소기업창업 지원법상의 창업

「중소기업창업 지원법」 창업에 대한 정의는 다음과 같다.

① 창업은 중소기업을 새롭게 설립하는 것이다.

② 재창업은 중소기업을 폐업하고 중소기업을 새로 설립하는 것이다.

③ 창업자는 중기업을 창업하는 자와 중소기업을 창업하여 사업을 개시한 날부터 7년이 지나지 아니한 자를 말한다.

④ 재창업자는 중소기업을 재창업하는 자와 중소기업을 재창업하여 사업을 개시한 날부터 7년이 지나지 아니한 자를 말한다.

⑤ 초기창업자는 창업자 중에서 중소기업을 창업하여 사업을 개시한 날부터 3년이 지나지 아니한 자를 말한다.

⑥ 중소기업은 「중소기업기본법」에 따른 중소기업을 말한다.

⑦ 중소기업 창업투자회사는 창업자에게 투자하는 것을 주된 업무로 하는 회사이다.

⑧ 창업기획자(액셀러레이터)는 초기창업자 등의 선발 및 투자, 전문보육을 주된 업무로 하는 자이다.

이 법규에서는 창업 촉진을 위해 중소벤처기업부장관이 다음과 같은 시책을 수립하고 시행할 수 있도록 했다.

① 유망한 예비창업자의 발굴·육성 및 그에 대한 지원한다.

② 창업자의 우수한 아이디어 사업화에 대한 지원한다.

③ 기업, 창업 관련 단체 등을 통한 예비창업자 또는 창업자의 발굴·육성한다.

④ 예비창업자 또는 창업자의 해외 진출 지원한다.

3) 조세특례제한법상의 창업

(1) 적용 대상 업종

「조세특례제한법」상 창업중소기업과 창업벤처중소기업의 범위는 다음과 같다.

광업, 제조업, 건설업, 음식점업, 출판업, 영상·오디오 기록물 제작 및 배급업(비디오물 감상실 운영업 제외), 방송업, 전기통신업, 컴퓨터 프로그래밍, 시스템통합 및 관리업, 정보서비스업(뉴스제공업 제외), 연구개발업, 광고업, 그 밖의 과학기술서비스업, 전문디자인업, 전시·컨벤션 및 행사대행업, 창작 및 예술관련 서비스업(자영예술가 제외), 대통령령으로 정하는 엔지니어링사업, 대통령령으로 정하는 물류산업, 「학원의 설립·운영 및 과외교습에 관한 법률」에 따른 직업기술 분야를 교습하는 학원을 운영하는 사업 또는 「근로자직업능력 개발법」에 따른 직업능력개발훈련시설을 운영하는 사업, 「관광진흥법」에 따른 관광숙박업, 국제회의업, 유원시설업 및 대통령령으로 정하는 관광객이용시설업, 「노인복지법」에 따른 노인복지시설을 운영하는 사업, 「전시산업발전법」에 따른 전시산업, 인력공급 및 고용알선업, 건물 및 산업설비 청소업, 경비 및 경호 서비스업, 시장조사 및 여론조사업, 사회복지서비스업, 보안시스템 서비스업 등이 있다.

(2) 창업으로 보지 않는 경우

① 합병·분할·현물출자 또는 사업의 양수를 통하여 종전의 사업을 승계하거나 종전의 사업에 사용되던 자산을 인수 또는 매입하여 같은 종류의 사업을 하는 경우이다.

다만, 종전의 사업에 사용되던 자산을 인수하거나 매입하여 같은 종류의 사업을 하는 경우 그 자산가액의 합계가 사업 개시 당시 토지·건물 및 기계장치 등 대통령령으로 정하는 사업용자산의 총가액에서 차지하는 비율이 100분의 50 미만으로서 대통령령으로 정하는 비율 이하인 경우와 사업의 일부를 분리하여 해당 기업의 임직원이 사업을 개시하는 경우로서 대통령령으로 정하는 요건에 해당하는 경우에는 제외한다.

② 거주자가 하던 사업을 법인으로 전환하여 새로운 법인을 설립하는 경우이다.

③ 폐업 후 사업을 다시 개시하여 폐업 전의 사업과 같은 종류의 사업을 하는 경우이다.

④ 사업을 확장하거나 다른 업종을 추가하는 경우 등 새로운 사업을 최초로 개시하는 것으로 보기 곤란한 경우이다.

2. 창업기업의 특징

창업은 누구라도 쉽게 할 수 있으나, 아무나 성공할 수 없다. 매일 창업하고 도산하는 경우가 반복적으로 나타나고 있다. 즉, 창업 결정은 기본적으로 위험이 따르는 전형적인 불확실성에서 이루어지는 의사결정이기 때문에 어떤 사람이라도 빈틈없이 완벽하게 창업 준비를 하더라도 성공의 결실을 확신할 수가 없다.

왜냐하면 단지 창업 아이디어가 훌륭해서 수요가 저절로 창출되는 것은 아니기 때문이다. 또한 늘 새로운 사업을 추진하는 과정에서 예상치 못한 문제가 발생하거나 과정에서 부득이하게 쓸데없는 자원을 보유하기도 하기 때문이다. 그러므로 창업은 그 결과를 예측하기 어렵고 불확실할 수밖에 없는 특이성을 지니고 있다.

창업은 다양한 신규 물적·인적자원이 투입될 때 시작되는 것이므로 처음부터 어느 정도 위험부담을 안고 출발한다. 이러한 투자자원에 대한 결실은 장기간에 걸쳐서 이루어지며, 크기도 불확실하기 때문에 수많은 위험이 수반되는 특징을 가지고 있다. 그렇기 때문에 창업은 기본적으로 진취적이고 창조적이며 모험적인 성격을 가지고 있다. 이는 본래 창업이 갖고 있는 불확실성과 위험성 때문이기도 하나, 성공적인 창업은 주로 외부변화를 잘 감지할 줄 알며, 상상력과 창의력이 뛰어나고 결단력이 있는 기업가 정신이 필요하다.

창업의 이러한 특성으로 인하여 창업가는 기업을 창업하여 사업을 시작하기 전에 충분한 분석을 통해 신중하게 창업에 접근해야 한다.

3. 창업기업의 문제점

1) 우리나라 창업환경의 문제점

우리나라는 대부분 기술창업이 주된 창업동기이다. 그만큼 창업환경이 많이 개선되고 있지만 경영 성과가 그 기대에 미치지 못하고 있다는 인식으로 일부 부문에 있어서 기업의 애로사항이 계속 나타나고 있다. 특히, 신설 법인은 자금부문에서 불이익을 경험하거나 판로 확보에 어려움을 겪고 있다.

현재 중소기업의 지원제도의 활용은 첫째 자금지원, 둘째 인력지원, 셋째 창업지원 순으로 나타나고 있지만 만족 부문에서는 첫째 인력지원, 둘째 판로지원, 셋째 기술지원 순으로 나타났다. 즉, 만족도가 제일 낮은 것은 자금부문의 지원제도에 대한 상대적 활용도 문제이다. 그렇기 때문에 제일 중요한 창업환경의 과제는 신용보증 지원 및 자금지원 확대 등을 통해 자금확보를 할 수 있도록 해야 한다.

2) 창업 애로사항

우리나라에서는 회사 및 공장 설립절차, 소요비용 등 정책적 개선 노력에 비해 정책에 대한 현장의 체감은 비교적 낮은 것으로 나타났다. 중소기업중앙회에서 2002년 이후 창업기업을 대상으로 조사한 바에 따르면 전체적인 창업 환경이 창업 당시보다 악화되었다는 답변이 높게 나타났다. 자금 문제, 과도한 규제로 인한 공장부지 확보의 어려움, 공장 설립의 인·허가를 위한 행정 비용 순으로 애로 느끼고 있는 것으로 파악되고 있다. 자금부문에서는 담보 부족 등 전형적인 애로가 여전한 것으로 조사되었고, 창업활성화 방안으로 정책자금 규모 및 세금감면 확대, 입지 환경 개선 순으로 나타났다.

Chapter 9

창업 절차[44]

창업사업 구상	- 창업자 분석 - 사업아이템 분석 - 특허 검색 - 소비자(시장) 환경 검토 - 시장성 검토
사업계획 수립	- STP - 실행요약문, 수행조직, 비즈니스 모형, 재무분석 구성 - 환경분석 - 수행 로드맵 - 위험분석 - 결론, 증빙
사업인허가 회사 설립	- 사업인허가 등록 - 관할법인/등기소에 설립 등기 - 세무서에서 법인설립 신고 - 세무서에서 사업자등록증
공장설립 자금조달	- 공장설립 기본계획 - 창업사업계획서 신청 - 공장입지 선정 - 설비설계, 시설발주 - 융자, 자금조달 - 공장설립 보고
개업 준비	- 공급회사 협약 - 직원채용훈련 - (생산, 관리, 영업 등) 경영 전략 수립 - 상품 인도 - 상품매입진열 - 사업개시

▲ **그림 9-1** 창업절차

창업의 기본적인 절차는 창업사업 구상, 사업계획 수립, 계획수행을 위한 사업인·허가 획득과 회사설립, 영업장 또는 공장 구축과 관련 소요자금 조달, 조직 확보 및 개업 준비 순으로 구성된다.

1. 창업사업의 구상절차

창업사업 구상은 창업예비 분석, 사업목적 정의, 업종 및 아이디어 결정, 아이디어의 사업성 분석 등으로 이루어진다.

① 창업예비 분석

창업자 자신의 자질 및 적성을 파악하여 적합한 능력 및 역량을 준비하고, 소요 자원을 확보할 수 있는 창업 시기를 결정한다.

② 사업목적 정의

사업목적은 창업자의 창업 이념으로 업종과 기업 활동을 선택하는 창업의 기본적인 이유와 사업 운영 방향에 대해 명확하게 설정한다.

③ 업종 및 아이디어 결정

시장조사를 통해 유망한 시장 여건을 확인하고, 창업자에게 적절하게 차별적인 상품을 제공할 수 있는 아이디어와 사업수행에 적합한 업종을 선택하여 제품, 서비스, 활동 및 아이디어의 형태를 결정한다.

④ 사업성 분석

사업성 분석은 시장성, 기술성, 수익성 측면에서 이루어져야 하며, 목표 사업이 공익성과 관계될 경우에는 공익성의 분석을 추가하여 실시한다.

2. 창업가 자질과 자기분석

창업을 위해서는 새로운 경영감각과 신뢰받을 수 있는 경영자로서의 인격, 자질과 불확실한 경영환경 변화에 대한 통찰력과 판단력, 탁월한 창의력과 추진력, 위기에 도전하는 능동적인 대처능력이 기업가 정신으로 함양되어야 한다.

이러한 창업가 자질 및 기업가 정신을 토대로 창업 아이디어를 찾고, 창업 후 어떤 상품을 생산하고 서비스할 것인지, 어떤 경로를 통해 자금을 조달하고, 판매활동을 할 것인지에 관한 아이디어를 구상할 전략 계획역량이 필요하다. 그리고 계획에 따라 자원공급 및 효과적 운용을 위한 인프라가치 구축과 운영능력이 있어야 한다.

창업 수행자로 성공하기 위해 지켜야 기초적인 절차는 다음과 같다.

① 사업수행의 이유와 장기 목표를 명확히 한다.

사업을 하는 이유가 무엇이며, 달성하려는 결과가 무엇인지에 대해 다음 이유들에 따라 진술해야 한다. 독자성, 자립정신, 성취동기, 경제적 이익, 재산, 사명, 시장기회, 사교성 및 공동체, 혁신, 창조성 등이다.

② 자신의 기업가적 개성을 파악한다.

자신이 누구인지, 자신의 존재를 알리는 것이 무엇인지를 알아야 한다. 성공한 창업가는 상업 지향적 방침으로 실리적 수익성을 추구하고 개념 형성적이어서 지속적으로 기회를 탐색한다. 이때 경험 및 실험에서 적극적으로 학습하는 학습자, 성과지향적이면서 열성적이고 야망을 갖고 위험에 대해 수용하는 정신을 지니고 있다.

③ 자신의 기량과 경험을 보여준다.

자신이 할 수 있는 일과 자신이 알고 있는 일을 보여준다. 선택한 창업분야와 관련이 있는 전문적·기술적 경험, 판매 및 마케팅 경험, 리더십 경험, 전반적인 사업 단련 및 노출, 과거 사업경험, 역경 극복사례 등이다.

④ 자신의 관계와 자원을 이용하여 투자한다.

자신을 누가 도울 수 있는지와 사용할 수 있는 자산들은 무엇인지를 파악해야 한다. 예를 들어 자신의 관계를 분석하여 누가 도와줄 수 있는지, 핵심관계는 무엇인지, 각 핵심관계의 상태는 무엇인지, 확고하지 않은 관계를 확고하기 위한 방안은 무엇인지를 결정한다. 또한, 자신의 자원을 규명해야 하고 어떤 자산을 이용할 수 있는지 파악한다.

⑤ 높은 성과를 달성하도록 자신의 위치를 설정한다.

최상의 노력, 에너지, 성과를 가져올 최적의 입장과 최상의 결과에 필요한 사항을 알아야 한다. 예를 들어 자금 소요액과 목표, 주변지인의 도움과 협력, 이용 가능 시간과 몰입, 건강과 개인능력, 변화 등의 관점에서 알아야 한다.

3. 기업가정신과 기업가 특성

기업가정신은 위험과 불확실성 여건에서 이익이나 성장을 얻기 위해 혁신적인 경제조직을 창조하도록 자원을 규명, 획득, 결집시켜 배치하고 관리하는 마음가짐이나 방식이다. 기업가 특성의 필수적인 자질은 열정, 돈에 대한 관심, 창조적 경향, 계산된 위험감수능력이다.

① 근면성과 활력이다.

기업가들은 파급력이 있는 일을 실현하는 열정을 가진 사람들이다. 성공적인 기업가들은 어려운 일을 피하지 않고, 자신의 창의력과 에너지를 적용하여 기업을 설립한다.

② 돈에 대한 관심이다.

전형적으로 타고난 기업가는 어릴 적에 직장을 갖고 당연히 돈의 가치와 자원으로써 돈 사용방법을 파악한다.

③ 장애에 대한 창의적 태도이다.

장애에 직면하는 경우에, 전형적인 기업가들은 장애를 극복하는 새로운 방식을 찾는다. 하지만 대부분 사람들은 조심스러워서 변화가 발생하는 것을 좋아하지 않고, 생활이 습관이 되길 원한다.

④ 기업가들은 위험 감수 능력을 가지고 있다.

기업가들은 이용된 자원들을 이용하며, 현실적으로 평가된 위험사업들을 취급한다. 위험을 제한시키고 보수가 실질적으로 큰 입장을 확보하려고 한다. 기업가들은 위험 대비 수익률을 검토하는 경향이 있다. 최상의 기업가는 위험 및 보수의 파악결과를 기초로 자금을 조달한다. 기업가들은 창업회사가 아주 높은 위험을 가진다는 것을 인식하여, 투자자를 모집하기 위해서 아주 높은 수익률의 기회를 제공한다.

:: **표 9-1** 기업의 역량과 인적 및 정보자원 관리능력

자원	관련 특징	핵심 지표
재원	• 기업의 차입능력 • 내부자금 생성 • 회복력 • 투자능력	• 부채, 자기자본 비율 • 각 자금흐름 • 잉여(자유)현금흐름 • 신용등급
실물자원	• 기업의 생산가능성집합을 제한하고, 원가 지위에 영향을 주는 자원 - 공장 및 시설의 크기, 입지, 기술적 정교화, 신축성 - 토지 및 건축물 입지와 용도 - 원료 비축량	• 고정자산 시장가치 • 공장 규모 • 고정자산 신축성
기술자원	• 지적 재산권, 특허권, 저작권, 영업비밀 • 혁신자원, 연구설비, 기술 및 과학 전문 직원	• 특허권의 수와 중요성 • 특허권 및 저작권 라이센싱 수입 • 직원 중 R&D직원 비중 • 연구시설의 수와 입지
명성	• 브랜드와 등록상표 소유권을 통한 고객에 대한 명성, 고객과 확립된 관계, 기업 제품 및 서비스의 품질 및 신뢰성에 관한 명성 • 공급회사(부품공급회사, 은행, 금융업자, 직원, 직원 후보 등을 포함), 정부 및 정부기관, 공동체에 대한 기업의 명성	• 브랜드 인식 • 브랜드 자산 • 반복구매 비중 • 상품성과 비교의 객관적 측정치 • 회사명성의 표본조사 결과
인적자원	• 기업이 이용 가능한 숙련도에 영향을 주는 직원들의 교육, 훈련, 경험 • 기업의 전략적 유연성에 기여하는 직원들의 적응 능력 • 인적자원을 조직 장래성으로 전환시키는 기업 능력을 결정하는 직원들의 사교 및 협력적 노련함 • 경쟁우위 달성 및 유지 능력에 영향을 주는 직원들의 몰입 및 충성도	• 직원들의 교육, 기술, 전문 자격 • 산업 평균에 대한 보수 비중 • 조업중단 및 산업 분쟁을 통해 상실된 일자들의 비중 • 결근 비율 • 직원 이직률

4. 사업 아이디어 선정 및 검토

1) 사업 아이디어 선정

성공적인 창업자는 열정적 창업가이면서 고객에게 애착을 갖는다. 즉, 사업 아이디어 및 업종 선정을 위해 성장가능성, 이용 가능한 자신 또는 파트너의 경험·지식·기술, 초기비용부담, 자기자본 규모, 투자수익률, 투자 회수기간 및 잔존가치, 확장가능성, 대기업 참여 가능성, 아웃소싱 가능성, 정부 규제 또는 지원제도, 유연성 요인 등을 고려한다. 특히 시장의 수요 및 공급 여건 분석, 기술분석, 재무분석을 통해 사업 타당성을 확인한다.

2) 신상품 채택과정

신상품 개발의 원인은 새로운 기술, 새롭거나 변천되는 구매자 필요, 새로운 산업부문의 등장, 투입물 비용 및 입수 가능성 변천, 정부 규제변화 등이다. 신상품을 개발하고 출시하는 수단으로서 혁신은 소비자 채택 행위를 조건으로 이해할 필요가 있다. 소비자들은 다음과 같은 단계를 거쳐 새로운 아이디어, 서비스, 상품을 채택한다.

① 신상품 인식이다.
② 신상품에 대한 정보 검색이다.
③ 신상품에 대한 우호적 태도 개발이다.
④ 직접 또는 간접적 방식으로 신상품을 시험해본다.
⑤ 시험을 통해 만족도 확인한다.
⑥ 지속 사용 또는 구매 패턴에서 해당 상품 채택한다.

3) 사업 아이디어 결정의 유의사항

자신의 사업 개념에 강렬히 몰입되면 이익도 있지만 위험도 함께 초래된다. 애착은 일을 추진할 수 있도록 용기, 에너지, 낙관 등을 주지만, 도움이 되는 자료와 아이디어를 보지 못하고, 듣지 못하게 되는 경우가 생긴다. 이런 애착함정은 새로운 많은 모험을 하지 못하게 하는 너무나 실감나는 현상이다. 자신의 창업 아이디어에 깊게 관심을 기울이는 사람들은 애착함정의 덫에 빠지게 된다. 노련한 창업가와 성공적 투자자들은 모두 억제되지 않거나 잘못 지시된 애착에 의한 피해를 인지할 수 있다. 애착함정은 사업의 요구사항을 중대하게 과소평가하게 하고, 초기의 고객 관심을 과대 추정하고, 입증되지 않은 개념들에 대해 몰입하고, 너무나 많이 실패전략을 고수하는 중대한 계산착오, 실책, 실수를 초래하는 믿음, 선택, 행동의 양상이다.

애착함정의 가장 위험한 측면 중 하나는 이해하기 힘든 환상적 방식에 사로잡히는 것이다. 표면적으로 애착함정은 각종 창업 성공을 부채질하는 영웅담으로 나타날 수 있다.

열정적인 기업 소유주들은 배짱, 몰입, 명확한 목적을 보여주고 있다. 그러나 창업자가 어떤 아이디어에 너무 감정적으로 애착을 느끼면, 배짱은 오만으로 전환될 수 있고 몰입은 어떤 종류의 터널 형식으로 좁혀질 수 있다. 대화에서도 객관성이 빠져버린다. 이런 부정적 효과는 창업자보다는 보통 시간이 지나 늦게 나타난다.

애착함정의 중심에는 기존 믿음을 보강하고 반박 증거를 무시하거나 또는 완전히 놓치게 하는 정보를 인식하고 수용하도록 열광적인 창업자의 문서화 입증 경향이 있다. 이러한 선택적 여과과정은 창업자의 무의식에서 작용하는 이해하기 힘들지만 강력한 인지적 편향들에 의해 지배된다. 이처럼 창업자는 사업 아이디어를 결정할 때 애착함정에 빠지지 않도록 노력해야 한다.

4) 사업의 타당성 분석

모든 사업은 시작하기 전에 어떤 형태로든지 사업을 통하여 발생될 수 있는 손해와 이익에 대해 분석해야 한다. 이와 같은 사업의 타당성 분석은 시장성, 기술성, 수익성, 공익성 등의 측면에서 이루어져야 한다. 보다 신뢰할 수 있는 사업성 분석을 위해서는 기존 사업 사례를 참조하고 희망 사업 분야의 총투자 및 비용 규모, 예상입지 및 상권분석에 대한 정보를 확보한다.

① 시장성은 상품이 구입 및 판매되는 가능성에 대한 척도이다. 유사한 상품이 판매되는 가격에 대한 상대적 용이함을 의미한다. 이러한 시장성은 전반적인 시장환경과 경쟁관계, 상권 입지 특성, 고객, 상품 차별성 및 관련 브랜드 자산에 반영된다.

② 기술성은 상품이나 서비스의 생산에 적용된 기술적 적합성 및 효율성을 의미한다. 기술성 관점에서는 시장 고객에 대해 제공하려는 제품 및 서비스 가치 제안에 대해 개발 가능성 및 생산 기술능력 요인, 차별화 요인, 생산능력 요인, 생산관리 요인을 고려해야 한다.

5. 사업계획서 작성[45]

1) 사업계획서 개념

사업계획서는 계획사업의 내용, 계획 제품시장의 구조적 특성, 소비자의 특성, 시장 확보의 가능성과 마케팅 전략, 계획제품에 대한 기술적 특성, 생산시설, 입지조건, 생산계획 및 향후 수익전망, 투자의 경제성, 계획사업에 대한 소요자금 규모 및 조달계획, 차입금의 상환계획, 조직 및 인력계획 등 창업과 관련된 모든 사항을 객관적이고 체계적으로 기술한 문서이다.

사업계획서는 사업의 성공을 위해 필요한 사항을 체계적으로 검토하게 하며 계획된 사업의 강점과 약점을 재인식할 수 있는 기회를 제공한다. 창업 과정에서 단계적으로 달성해야 할 이정표를 제시하며 순차적인 행동의 가이드라인을 제공한다.

따라서 사업계획서를 수립하면 다음과 같은 장점이 있다.

① 비전을 제시하여 조직에 희망과 활력을 부여한다.

② 시의 적절한 대응을 하지 못해 생기는 경영상의 비효율적인 비용 발생을 줄일 수 있다.

③ 창업 기업 전반에 대한 학습과 재평가를 할 수 있는 논리적이고 실천적인 이정표를 제공한다.

④ 점진적으로 입수되는 확실한 경영정보의 기반을 두어서 다양한 기획을 할 수 있는 방법론을 제시한다.

2) 사업계획서의 필요성

(1) 외부자원의 획득

① 투자자, 동업자, 후원자를 모집할 수 있는 자료

혼자만의 힘으로 사업을 추진하기 어려운 상황에서 투자자, 동업자, 후원자를 찾아야 하는데 이를 위해 단순히 말로서가 아닌 구체적인 사업계획서가 제공되면 효과적이고 설득력이 있다.

② 인·허가의 자료

관계 기관으로부터 인·허가를 받을 때 제출하는 양식이다. 예를 들어 공장설립 및 공업단지 입주 시 관할 시·군·구에 사업계획서를 제출해야 한다.

③ 유능한 인재 영입자료

창업 기업은 능력 있는 인재를 구하는데 어려움을 겪고 있다. 도전정신과 창의성을 가진 유능한 인재의 영입을 위해 사업계획서를 활용하여 기업의 장래성과 비전을 제시하는 것이다.

④ 대외 홍보자료

사업계획의 경제 효과, 고용 효과 등을 설득력 있게 홍보함으로써 사업 추진을 원만히 할 수 있다.

(2) 내부적 성과 향상

① 창업의 시행착오를 줄여준다.

사업계획서를 작성하며 미처 깨닫지 못한 사업의 결점을 발견하게 된다. 전체적인 사업 계획을 통해 사업의 전반적 강점과 약점을 알게 되고 효과적 대처 방안을 강구하게 되어 창업의 시행착오를 줄여준다. 또한 계획하고 있는 사업의 타당성을 검토할 수 있는 기회를 제공한다.

② 창업 초기 지침서이다.

사업계획서는 사업추진의 기본방향을 제시해주는 유용한 행동지침이다. 사업계획서는 창업 기업의 비전과 목표를 담고 있으므로 관리자와 종업원을 위한 안내자의 역할을 할 수 있다.

③ 창업자의 자기평가 기회를 제공한다.

아이디어는 타당성이 있는가, 제품화가 가능한가, 고객은 누구인가, 고객의 욕구를 만족시키는가, 경쟁자의 모방에 대한 방어 장치는 있는가, 사업을 운영할 능력은 있는가 등에 대한 부분을 사업계획서 작성을 하면서 자체 평가할 수 있다.

3) 사업계획서의 작성요령

(1) 사업의 개요

가장 핵심적인 부분인 사업의 목표, 전망, 전반적인 사업전략 등을 간략하게 서술한다. 상대방으로 하여금 호기심과 관심을 유발하여 끝까지 읽도록 유도하여야 하며, 개요부분만 읽어도 사업에 대한 전반적인 사항을 파악할 수 있도록 한다. 일관성 있고 간략하게 표현하여 읽는 사람들이 편하게 이해할 수 있도록 한다.

(2) 인력계획

투자자들은 사업계획서를 받을 때 구성원의 이력서를 먼저 본다. 이를 통해 창업 멤버의 지식, 창업자의 인지도를 평가한다.

(3) 수익계획의 명확성

사업계획서에는 수익을 얻을 수 있는 방법을 명시하고 경쟁사와 비교하여 경영 전반에 대한 차별적 우위요소를 명확하게 제시한다.

(4) 외부환경분석

사업계획서에는 외부환경과 관련된 각종 근거를 제시해야 한다. 즉, 시장조사를 통해 기업의 고객층을 파악하고 경쟁관계에 있는 경쟁 기업들에 대한 분석을 실시한다.

(5) 위기관리 대책

사업계획서에서 발생 가능한 문제점과 위험 등에 대한 해결방법을 제시하여 기업을 유지하고 발전시킬 수 있다.

4) 사업계획서의 내용

1. 사업분석
   1) 미래의 추세
   2) 경쟁자 분석
   3) 시장 세분화

2. 사업설명서
   1) 제품
   2) 서비스
   3) 사업규모
   4) 사무실 장비, 인적자원
   5) 창업자의 인적사항

3. 생산계획
   1) 제조공정
   2) 공장부지
   3) 기계화 설비
   4) 원자재 공급자의 이름

4. 마케팅계획
 1) 가격정책
 2) 유통정책
 3) 촉진
 4) 통제

5. 조직계획
 1) 소유형태
 2) 동업자, 주요 주주의 신상명세서
 3) 경영자의 권한
 4) 관리팀의 인적사항
 5) 조직구성원의 역할과 책임

6. 위험의 평가
 1) 사업의 약점 평가
 2) 신기술의 등장 가능성
 3) 대처방안의 제시

7. 재무계획
 1) 이전의 수입상태
 2) 현금 흐름
 3) 과거의 재무제표
 4) 손익계산 분석
 5) 자금의 원천

Chapter 10
경영전략[46]

1. 핵심역량
2. 경영전략
3. 경영성과
4. 창업전략

1. 핵심역량

1) 핵심역량 개념

경영전략의 일환인 핵심역량에 대한 학자들의 정의는 다음과 같다.

프라할라드와 하멜(Prahalad & Hamel)은 "핵심역량은 고객에게 가치를 높이거나 그 가치가 전달되는 과정을 더 효율적으로 할 수 있는 특정한 방법의 능력을 나타내며, 이러한 능력은 기업이 신규산업으로 진출할 수 있는 능력이 된다."고 하였다. 디어릭스와 쿨(Dierickx & Cool)은 "핵심역량은 기업이 경쟁사보다 더 나은 성과를 거두기 위해 자원을 조달, 개발, 배분할 수 있도록 해 주는 동태적이고 비정형적인 메커니즘이다."라고 하였다. 워너펠트(Wernerfelt)는 "핵심역량은 자원을 기업의 강점 또는 약점으로 정의할 수 있는 모든 것이다." 라고 하였다. 장세진은 "핵심역량은 기업의 여러 가지 경영자원 중 경쟁기업에 비하여 훨씬 우월한 능력, 즉 경쟁우위를 가져다주는 기업의 능력이다."라고 하였다.

이러한 핵심역량 경영은 조직 내에서 이루어지는 공동학습에 초점을 맞추기 때문에 다양한 기술, 지식을 조화시키고 통합시켜 전략을 이끌어 가느냐에 달려있다. 그리고 핵심역량은 변화하는 기업환경에 대응하기 위해 조직 내·외의 자원을 통합하고, 이러한 변화에 조직을 적응시키는 전략적 관리 측면에서 매우 중요한 의미를 가지고 있다.

또한 핵심역량은 기업의 경영관리와 전략적인 산업인프라 구축, 전략적 제휴 및 네트워크 구축을 위하여 중요하며, 기업은 핵심역량 없이는 경쟁적 우위를 유지할 수 없다. 뿐만 아니라 기업의 핵심역량은 새로운 영역에 적용할 수 있는 인적, 기술적, 지식적 자원이 서로 상호 작용함으로서 이루어지기 때문에 새로운 기회로 연결시켜 줄 핵심역량을 사전에 개발하여 경쟁전략화하여야 한다.

2) 핵심역량 유형

기업의 핵심역량 파악을 위해서는 경영자원을 이해하고 측정 여부를 파악해야 한다. 이는 기업이 보유하고 있는 경영 자원이 아무리 우수하다하더라도 이를 잘 결합하고 조직화하지 못한다면 성과를 달성할 수 없기 때문이다.

따라서 자원의 질보다는 자원을 결합할 수 있는 능력이다. 그러므로 기업의 핵심역량이 어떠한 유형으로 구성되는지를 살펴보는 것은 기업 경영의 차원에서 중요한 요소이다. 학자마다 핵심역량 유형을 다음과 같이 정의했다.

스노우와 레비니악(Snow & Hrebiniak)는 일반관리, 재무관리, 마케팅 및 판매관리, 시장조사, 연구개발, 엔지니어링, 생산관리, 유통관리, 법률적 업무, 인사관리 등으로 분류했다. 히트와 아일랜드(Hitt & Ireland)는 생산관리, 운영관리, 엔지니어링, 연구개발, 마케팅, 재무관리, 인적자원관리, 공중·정부관계 관리로 분류했다. 포터(Porter)는 기업의 총체적인 생산 활동을 주 활동과 보조 활동으로 구분하고 주 활동에는 투입, 운영(생산), 판매 및 마케팅, 사후 서비스 활동으로, 보조 활동에는 조달, 인적자원관리, 기술개발, 기업하부구조로 분류했다. 바니(Barney)는 자원기반 관점에서 내부역량을 구분하여 물적자원, 인적자원, 조직자원으로 분류했다. 챈들러와 행크스(Chandler & Hanks)는 창업벤처기업을 대상으로 핵심역량을 기업가역량, 기술역량, 생산역량, 마케팅역량, 재무역량으로 분류했다. 오르테가(Ortega)는 핵심역량을 운영적 역량, 마케팅 역량, 기술 역량으로 구분하고, 기업의 역량은 생산성 향상을 위해 재배치하는 것으로 보았다. 이석규(1997)는 핵심역량을 핵심활동과 지원활동으로 나누었다. 핵심활동은 인사관리, 재무관리, 생산관리, 마케팅관리 등으로, 지원활동은 자재관리, 회계관리, 연구 개발관리, 정보관리 등으로 분류했다. 장세진(2000)은 핵심역량을 기능별 능력과 조직상의 능력으로 구분했다. 기능별 능력은 생산기술, 연구개발, 마케팅, 브랜드 등 특정 기능별 분야의 능력이라고 했고, 조직상의 능력은 기업조직 내에서 그 기업이 갖고 있는 여러 가지 기능별 부서의 능력을 조합하여 새로운 조합을 이루어서 활용할 수 있는 능력이라고 했다. 최이규·이수형(2001)은 기업의 핵심역량을 마케팅 능력, 제품개발력, 제품신뢰력, 경쟁대응력으로 분류했다. 이처럼 기업의 핵심역량으로서 가장 중요한 요소로 마케팅 역량과 기술 역량을 제시했는데 그 뜻은 다음과 같다.

① 마케팅 역량

고객에 대한 정보를 수집하고 고객을 만족 시킬 수 있는 능력이다. 이는 기업의 재무적 성과를 분석할 경우 시장 기반의 역량이 매우 중요하기 때문이다. 따라서 마케팅역량은 재무성과의 핵심요인이다. 즉, 기업에서 마케팅 역량이 운영역량이나 기술개발역량보다 기업의 성과에 미치는 영향이 더 크다고 할 수 있다. 이러한 마케팅 역량은 제품의 개발, 가격 정책, 마케팅 커뮤니케이션 등을 포함하며, 마케팅 전략의 개발 및 실행 과정과 관련된 것이다. 그리고 시장정보에 초점을 맞추어 얼마나 신속히 기업 전략을 수립하고 실행하는가를 의미하는 반응성인 시장정보의 처리와 학습에 중점을 두고 있으며, 시장정보를 실제 기업의 행위로 전환시키기 위해서는 전략 계획 수립과 의사결정과정에 활용되어야 한다.

② 기술역량

기존 기술지식을 이해하거나 활용할 수 있는 능력이며, 새로운 기술을 창출할 수 있는 능력이다. 그리고 조직 내·외부의 자원과 프로세스를 융합하여 새로운 자원과 프로세스를 형성하는 능력으로 동태적 역량이라 할 수 있다. 여기에 새로운 기술적 가능성을 만들어 내고 이를 경영활동에 이르도록 수행하는 능력이다.

2. 경영전략

1) 경영전략의 개념

전략에 대한 연구자들의 관점은 다음과 같다.

챈들러(Chandler)는 "전략은 기업의 장기적인 목표를 결정하고 그 목표를 달성하는데 필요한 활동 절차의 선택이며 자원을 배분하는 것이다."라고 하였다. 퀸(Quinn)은 "전략은 기업 조직의 주요 목표, 정책, 행위들을 하나의 응집체로 통합시키려는 계획이다."라고 하였다. 글룩(Gluck)은 "전략은 기업이 기본 목적을 달성하기 위하여 설계한 종합적이고도 통합된 계획의 일종이다."라고 하였다. 김영배(1986)는 "전략은 주어진 제품시장에서 경쟁우위를 확보하기 위해 환경으로부터의 기회와 위협을 조직의 가용자원들과 조화롭게 결합시키는 일련의 의사결정에서 나타나는 유형이다."라고 하였다. 이학종(1992)은 "전략은 환경 적응에의 방식과 지침, 목표달성을 위한 기업과 환경과의 미래지향적인 상관방식과 사람들의 의사결정의 지침이 되는 여러 방책의 조합이다."라고 하였다.

이러한 전략의 학술적 접근 방법은 두 가지의 관점이 있다.

① 과정적 접근방법과 내용적 접근방법이다.

과정적 접근방법은 전략수립 과정과 전략수행 과정으로 분류할 수 있다. 전략수립의 과정에서는 환경분석과 기업내부의 강·약점분석을 포함하며, 전략수행의 과정에서는 선택된 전략을 수행하기 위한 조직구조, 통제체제, 자원배분 등에 초점을 맞추고 있다. 전자의 경우는 기업의 경영성과에 직접적인 영향을 미치는 독립변수로 파악하는 반면, 후자의 경우는 조직적 상황에 영향을 미치거나 조직적 상황을 통하여 기업의 경영성과에 영향을 미치는 외재적 변수로 파악하고 있다.

한편, 내용적 접근방법은 여러 환경 조건하에서 대처하기 위해 기업이 실제로 취하는 의사결정이나 행동의 구체적인 유형으로 간주하는 것이다.

② 조직수준에 따른 접근방법이다.

기업경영의 전략은 의사결정이 이루어지는 기업 내부의 조직수준에 따라 크게 전사적 수준, 사업부 수준, 기능별 수준으로 구분한다. 먼저 전사적 수준의 전략은 장기적인 이익을 극대화하기 위하여 기업의 성장과 발전을 적절하게 관리해 나가는 것이며, 이는 기업의 최고경영층에 의해 이루어진다. 이 수준의 전략은 기업이 활동할 사업과 시장을 결정해 나가는 것을 주 내용으로 한다. 다음으로 사업부 수준의 전략은 기업이 어떻게 동일한 사업 또는 산업 내에서 경쟁하는 구체적인 전략을 결정한다. 기업들은 성과를 최대화하기 위해 소비자 욕구, 소비자 집단, 차별역량이라는 3가지 결정요인을 기반으로 사업부 전략을 결정한다. 이러한 사업부 전략은 환경으로부터의 기회와 위협을 기업 내부의 강점과 약점에 얼마나 조화시키는가에 그 성공이 달려 있다고 할 수 있다. 마지막으로 기능별 수준의 전략은 생산, 마케팅, 재무, 인사 ,연구개발 등 주요 기능부문들에 있어 가용자원의 이용을 극대화하기 위한 전략을 의미한다. 이 수준에서의 의사결정은 사업부 수준에서 결정된 전략을 실천하는 것과 직접 관련되어 있다. 따라서 이 전략은 사업부 수준에서의 전략들과 일관성을 가져야 한다.

앞서 밝힌 것처럼 3가지의 전략들은 상호 연계되어 있고, 각 차원의 전략들이 기업의 경영성과에 상당한 영향을 미치고 있으므로 어느 차원의 전략이 특별히 중요하다고 볼 수 없다.

이러한 경영전략에 대해 앤드류(Andrews)는 "기업이 성취하고자 하는 목적, 목표, 정책 그리고 계획들과 기업이 참여하고자 하는 제품 시장의 영역 그리고 결정된 제품-시장영역에서의 경쟁방식 등을 결정하는 의사결정의 유형이다."라고 하였다. 장행수(2008)는 "산업 내에서 유리한 경쟁적 지위를 확보하기 위한 기업이 추구하는 경영활동이며, 기업의 장기적인 목표의 결정과 그 목표를 달성하기 위한 행동을 결정하고 경영자원을 배분하는 것이 경영전략이다."라고 하였다. 김영태(2003)는 "현재의 경쟁 상황에서 살아남는 것이며, 아직 존재하기 않는 미래의 시장이나 산업을 미리 예측하고 어떻게 우월한 경쟁적인 위치를 선점할 것인가에 관심을 기울여야 한다."고 하였다. 장세진(2010)은 "경영전략에 대하여 희소한 경영자원을 배분하여 기업에게 경쟁우위를 창출하고 유지시켜 줄 수 있는 주요한 의사결정으로 정의하고 이에 대해 상대방 경쟁자의 강점에 비추어 어떻게 하면 기업의 강점을 가장 효율적으로 사용할 수 있는가를 파악하는 것이다."라고 하였다.

2) 경영전략 유형

(1) 제품 · 시장 전략

기존 제품을 탐색하는 방법은 이미 존재하는 제품을 가지고 기존 시장에서 새로운 수요를 창출하거나 새로운 시장에 접근하는 방법이며, 신제품을 탐색하는 방법은 기존의 제품과 다른 새로운 제품을 개발하여 기존 형성되어 있는 시장이나 새로운 시장을 공략하는 방법이다. 제품 · 시장 전략은 표 10-1과 같은 특징을 갖고 있다.

:: **표 10-1 제품 · 시장 전략**

제품 / 시장	기존제품	신제품
기존시장	시장 침투	제품 개발
신시장	시장개발	다각화

① 시장 침투 전략이다.

시장 침투는 기존의 제품 시장 분야에서 매출액이나 시장 점유율을 신장시키려는 전략이다. 즉, 현재 자사제품을 사용하지 않는 고객들에게 자사 제품을 사용하도록 하거나 기존 고객의 제품사용빈도와 사용률을 높이는 방법이다.

② 시장개발 전략이다.

현재 제품 라인을 새로운 용도에 적응시키려는 것이다. 지리적으로 시장의 범위를 확대하는 방법으로 새로운 시장 점포를 개설하거나 새로운 수출시장을 개척하는 것이다.

③ 제품개발 전략이다.

기존 시장에서 신제품과 변경제품을 생산하거나 판매하는 사업 아이디어를 찾는 방법이다. 제품의 기능을 추가하는 방법이나 제품계열을 확장하는 방법, 차세대 제품을 개발하는 방법 등이 있다.

④ 다각화 전략이다.

신시장에 신제품을 개발하여 시장점유율을 증대시키는 전략이다. 이 전략은 마케팅 기능이나 제품의 연구 개발 능력 면에서 볼 때, 새롭게 진출하려는 분야와 기존의 활동 영역과 관련성이 낮기 때문에, 새로운 기술 개발을 위하여 새로운 설비 투자와 광범위한 조직 변경을 필요로 한다.

(2) 고객관계관리 전략[47]

소비자들의 수요를 충족시키기 위하여 기업들은 시장에 새로운 상품들을 지속적으로 출시한다. IT기술의 발달로 인하여 소비자들은 더욱 좋은 품질의 제품을 더 낮은 가격에 구입하려는 정보를 공유하면서 기업들은 더욱 치열하게 경쟁을 하고 있다. 제품 및 서비스의 질과 가격은 제품의 구매를 결정하는데 중요한 요인이 되지만 이 두 가지의 요인만으로는 절대적인 경쟁력이 확보되지 않는다. 낮은 가격과 좋은 품질은 일시적으로 경쟁 우위를 갖지만 제품의 라이프 사이클이 빨라지면서 장기적으로 유지되기는 힘들다.

이에 기업들은 수익 발생의 관점에서 새로운 패러다임을 생각했다. 즉, 불특정 다수의 고객에게 제품과 서비스를 제공함으로써 수익을 얻는데 한계를 느끼고, 장기적인 이용과 재구매를 통해서 기업의 지속적인 수익을 유도하는데 관심을 두기 시작했다. 기업은 고객의 니즈(Needs)에 대한 정확한 파악과 고객과의 관계 및 고객 정보의 중요성을 인식하고 기업의 수익을 증대하려는 시도와 연구들을 활발하게 진행하고 있다.

이처럼 고객관계관리 중심의 패러다임으로 전환되면서 기업 경영에서 고객의 중요성이 점차 증대되었고, 충성 고객 확보와 유지를 위해 차별화 서비스 제공을 핵심전략으로 추진하고 있다. 고객관계관리는 고객에 대한 정확한 정보를 파악하고 고객과의 최적 채널을 구축하여 고객관리에 초점을 맞춘 마케팅기법이다. 최근 새로운 데이터와 테크놀로지의 발달로 고객의 데이터 확보, 분석 및 관리가 용이해졌고 기업의 지식자산, 고객과의 관계 및 고객 정보 등의 무형 자산이 기업 경쟁력의 핵심으로 대두되었다.

고객관계관리는 고객만족과 고객유지를 목적으로 일대일 마케팅(one-to-one marketing), 대량 고객화(mass customization), 교차판매(cross-selling), 상향판매(up-selling), 시장세분화(segmentation) 등을 실현하는 솔루션을 공급하고, 전사적인 관점에서 구매, 생산, 마케팅, 연구개발 등의 핵심 기능을 통합하는 방향으로 발전해 왔다.

고객관계관리의 등장 원인은 다음과 같다.

① 기업마케팅의 영역에서 공급자와 소비자간 관계의 변화이다.

② 급격한 환경의 변화에 따라 필요성이 증대된 고객관리에 대한 연구의 결과이다.

③ 관계마케팅의 개념을 실현 가능하도록 한 인터넷과 정보통신의 발달이다.

고객관계관리의 6가지 특징은 다음과 같다.

① 고객관계관리는 고객 지향적이다. 고객에게 필요한 상품과 서비스는 물론 차별화된 보상 등 적절한 혜택을 제공하는 고객중심적(customer-centric)인 경영방식이다.

② 고객관계관리는 고객의 생애 전체에 걸쳐 단계를 구축하고 관계를 강화시켜 장기적인 이윤을 추구한다. 고객관계관리는 일회적이거나 단기적인 이윤 추구가 아니라, 장기적으로 지속적인 이윤을 추구하는 동적인 경영방식이다.

③ 고객관계관리는 기본적으로 개별 고객의 생애에 걸쳐 거래를 유지하거나 늘려나가고자 한다. 그러므로 고객과 기업 사이의 상호적인 혜택과 신뢰를 바탕으로 하는 윈-윈(win-win)의 결과를 위한 쌍방향의 관계를 형성하고, 지속적으로 발전시켜야 한다.

④ 고객관계관리는 정보기술에 기반으로 한 과학적인 제반 환경을 활용한다. 고객관리를 위한 고객 데이터를 분석하는 경영 효율의 측정을 통해 차별적인 타킷 마케팅(target marketing)을 실시한다. 즉, 여러 마케팅 활동의 전반적인 효율을 통합적으로 제고하여야 한다.

⑤ 고객관계관리는 고객과의 직접적인 접촉을 통한 쌍방향 커뮤니케이션을 지속한다. 특히 멀티채널의 경우에 통합적이고 일관성 있는 메시지와 커뮤니케이션을 구사함으로써 고객과의 관계를 강화시켜 나간다. 이러한 상호작용적 고객접촉을 활용하여 기업은 고객의 니즈(Needs)를 자세히 파악할 수 있고 더욱 능동적으로 대처할 수 있다.

⑥ 고객관계관리는 단순한 마케팅에 역점을 두는 것이 아니라 기업의 모든 내부 프로세스의 통합한다. 표준화된 업무 프로세스, 조직의 역량이나 훈련, 기술적인 하부구조 등의 부문에서도 균형 잡힌 향상을 꾀하는 경영방식이다.

(3) 아웃소싱 전략[48]

아웃소싱(outsourcing)은 기업의 기능이나 활동의 전부 또는 일부를 계약에 의해 외부기관에 위탁하는 것이다. 기업 외부의 전문가에게 단순한 내부 업무를 맡기는 일부터 내부의 기능 전체를 제3자가 맡아서 수행하는 것까지 포함한다.

보다 광범위한 의미에서는 외부의 인적자원에 의한 업무대행에서부터 항공기, 선박, 중장비 등 직접 구매하기 부담되는 고가의 자산이나 컴퓨터 등과 같이 제품 순환주기가 짧은 자산 등 비인적 자산 또는 자원에 대한 임대 사용도 아웃소싱의 한 분야로 포함될 수 있다.

이에 따라 아웃소싱은 제품의 제조, 유통, 판매 등과 관련된 기능이나 활동의 일부를 외부기관에 위탁하는 것, 또는 외부로부터 조달하는 것으로 정의될 수 있다.

결국 아웃소싱은 각 기업이 전략적으로 중요하면서도 가장 수준이 높은 핵심부문으로 자사의 모든 역량과 자원에 집중시키고 나머지 업무분야들의 기획부터 운영까지 일체의 과정을 해당 분야의 전문기업에게 위탁하여 비용을 절감하고 자사의 경쟁력을 제고시키는 경영활동이라 할 수 있다.

아웃소싱을 도입하는 목적은 10가지이다

① 핵심역량의 강화이다.

비효율 고비용 부분과 주변 업무를 아웃소싱하고 핵심 분야에 내부의 경영자원을 집중시킴으로써 경쟁사와의 차별성을 더욱 부각시켜 주력 업무의 전문성과 품질향상을 도모할 수 있다. 아웃소싱을 통해 인력 혹은 자금이라는 경영자원의 적절한 재배분이 가능해진다.

② 위험의 분산이다.

아웃소싱을 통해 시장, 경쟁 환경, 기술 등의 변화가 기업 경영에 미치는 영향을 최소화할 수 있다. 자사의 핵심적 능력만 보유하고 생산 및 영업을 아웃소싱한다면 고정비가 변동비화되기 때문에 고정비일 때보다 그 위험도가 감소하게 되고 기업의 유연성이 강화될 수 있다.

③ 조직의 슬림화이다.

아웃소싱을 활용하여 단순하고 반복적인 업무를 외부화함에 따라 조직이 슬림화된다. 따라서 유연성 있는 고용형태와 직무급 등의 급여 체제 실현도 가능하다.

④ 새로운 부가가치의 창출이다.

아웃소싱으로 공급측과 활용 간 파트너십을 구축하여 시너지효과를 유도하여 새로운 부가가치를 창출한다.

⑤ 비용의 절감이다.

여러 기능이 비대화되어 있고 전문 인력이 부족한 기업에서 해당분야 전문 기업에게 아웃소싱함으로서 적은 비용으로 효율적인 업무추진이 가능하다.

⑥ 경기 변동의 대응이다.

사내에서 부담하고 있는 생산, 판매, 관리 등의 경비를 외부화하여 고정적인 인건비가 변동비화되면서 위험 분산이 가능해 경기 변동에 강한 기업 체질이 구축될 수 있다.

⑦ 혁신의 가속화이다.

아웃소싱은 비효율적인 부분의 재구축 등 구조 조정과 기존의 비즈니스 프로세스를 수정하는 리엔지니어링(reengineering)의 수단으로 활용될 수 있다. 이를 통해 기업혁신을 가속화시킬 수 있다.

⑧ 전문성의 확보이다.

총무, 인사, 경리 등 관리 부분의 업무를 전문 기업에게 아웃소싱하여 업무 신속성 및 전문성을 향상시킬 수 있다. 특히, 정보시스템, 디자인 등 고도의 전문성을 요구하는 업무는 기업 내부에서 독자적 수행이 어렵기 때문에 아웃소싱을 통해 관련 업무의 전문성 확보할 수 있다.

⑨ 정보 네트워크의 확대이다.

아웃소싱을 활용할 경우 외부 전문 기관이 보유하고 있는 다양한 정보 네트워크와 기업 간 네트워크를 형성할 수 있게 된다. 이와 같은 정보 네트워크를 통해 기업 경영에 유효한 외부 정보를 입수하게 되면 자사제품을 고도화시킬 수 있고 이를 통해 더 큰 부가가치를 창출할 수 있게 된다.

⑩ 복지 후생의 강화이다.

종업원의 건강관리, 사택, 휴양소 관리, 연금 및 보험업무의 처리, 종업원 식당의 운영 등 복지 후생분야에서 전문성이 높은 외부 서비스를 이용하는 것이 경비절감 뿐만 아니라 자사 종사자의 만족도를 증가시킬 수 있다.

3. 경영성과

1) 경영성과 개념

경영성과는 경영활동의 효과성과 효율성을 측정하는 과정으로 매출액, 순이익률, 투자수익률, 시장점유율 등의 수익성을 계량화된 자료로 나타내는 방법이다. 기업의 외형인 매출액 등을 중시하는 대성장전략을 구사하는 경우에는 측정하기 쉽고 가시적으로 경영수준을 표현할 수 있는 매출액을 성과평가로 삼고 있다.

하지만 재무적인 측면에서만 이루어진 성과 측정은 기업의 잠재적 가능성을 평가하기 어렵다. 재무적인 측면 이외에 기업의 경제적 가치를 장기적으로 창출하게 해주는 요인을 식별하고, 이를 관리하는 것이 필요하며 기존의 평가 방법은 과거의 매출과 이익 위주의 재무적 성과 평가에 근거한 것이므로 단기적이고 과거 지향적이며 조직의 미래 경쟁력을 정확히 표현하지 못하는 문제점을 가지고 있다.

따라서 기업의 규모가 증대되고 환경이 복잡해지면서 더 이상 재무적인 성과의 측정만으로는 기업의 성과를 제대로 평가 할 수 없게 되어 점차 비재무적인 성과에 대한 측정과 평가에 관심을 기울이고 있다.

따라서 기업의 경영성과는 조직의 목표달성도, 조직이 필요로 하는 자원획득을 위한 환경의 개척능력, 변화하는 환경에 대한 적응 및 생존능력, 인적자원개발과 구성원의 욕구를 충족시킬 수 있는 조직능력, 기업의 생산성 또는 수익성 등 객관적인 지표인 재무적 지표와 비재무적 지표를 사용하고 있다.

2) 경영성과의 유형

(1) 재무적 경영성과

재무적 경영성과는 기업의 단기 성과측정으로 사용되고 있는 이익, 판매이익률, 투자이익률 등의 수익성으로 표시된다. 재무에 대한 분석은 유동성, 안정성, 활동성, 생산성 등을 기반으로 한 재무분석 이외에 기업의 재무활동 전반, 즉 자본조달 결정, 투자결정 등에 따른 위험과 수익성 분석도 포괄하고 있다. 재무적 성과지표에 의한 성과측정은 객관적인 장점이 있지만, 기업마다 서로 다른 회계처리 방법을 적용하고 있기 때문에 단순한 성과치의 비교는 문제가 있다.

그렇기 때문에 재무적 경영성과 지표의 문제점은 다음과 같다.

① 재무적 경영성과의 측정치들은 고객 및 경쟁측면을 무시하고 있다. 그동안 고객들이 우리 사회를 어떻게 보는지에 대한 아무런 정보도 제공해 주지 못했다. 즉, 고객의 입장에서 최대 관심사인 품질, 시간, 원가, 서비스 등의 정보와 경쟁자에 관한 정보를 제공해 주지 못하고 있다.

② 재무적 측정치는 투입 지향적이지 못하고 산출 지향적이다. 조직 운영 수준과의 연계성이 부족하다. 기업의 최고경영자가 기업의 한계 상황을 정확히 이해하지 못해 기업의 전략 수행을 효과적으로 이행하지 못한다. 종사자는 기업의 비전이나 전략수행에 얼마나 기여하고 있는지를 알지 못한다.

③ 재무적 측정치는 미래 이익창출의 원동력이 되는 연구개발, 종사자의 교육훈련 및 기타 단기적 재무성과에 반하는 모든 지출을 억제함으로써 궁극적으로는 기업의 미래 경쟁력을 떨어뜨리는 원인이 된다.

(2) 비재무적 경영성과

캐플런과 노턴(Kaplan & Norton)은 기존의 재무측정지표의 단점을 보완하며 종합적인 관점에서 경영성과를 측정할 수 있는 비재무적 경영성과인 균형성과지표를 개발하였다. 하지만 한편으로 객관화되기가 쉽지 않다는 단점과 범위가 광범위하여 단기적 성과를 나타내기에는 부적합한 것으로 인식되고 있다. 그러나 기업의 장기적 성과를 나타내는 비재무적 지표는 조직을 중심으로 관련된 모든 이해집단의 여러 기준에 의해 성과가 측정되므로 종합적이고 포괄적으로 조직성과의 많은 부분을 설명할 수 있는 장점이 있다. 즉, 종합적인 관점에서 경영성과를 측정할 수 있는 균형성과 지표를 개발하면서 4가지 관점으로 고객관점, 내부 프로세스 관점, 학습 및 성장관점, 재무적 관점을 제시했다. 이 중 고객관점, 내부 프로세스 관점, 학습 및 성장관점은 조직의 인력관리에 밀접한 연관성을 맺고 미래의 경영성과에 영향을 준다고 하였다. 비재무적 측정지표를 살펴보면 표 10-2와 같다.

:: **표 10-2** 비재무적 경영성과 측정지표

관점	특성
고객 관점	• 고객만족도 증가율, 시스템 접근 편리성 • 고객유지율, 시장 점유율 • 시스템 안정성, 시스템 응답기간
내부 프로세스 관점	• 데이터 처리속도 증가율, 업무자동화율 • 제품의 정확도 향상율, 업무량 감소율 • 정보공유 향상율
학습 및 성장관점	• 타 시스템과의 통합정도, 업무프로세스의 간소화 정도 • 업무프로세스의 표준화 정보, 전략 정보의 활용도 • 조직에 수용된 비율, 종업원 교육비 투자율 • 직원 만족도

4. 창업전략[49]

1) 창업전략

① 창업 시 거시적인 기업환경변화를 주목하여야 한다.

현대는 산업사회로부터 정보사회로 전환하고 있기 때문에 정보, 고학력 및 고품질 인적자원의 중요성이 증대되고, 가치관의 다양성과 다원성의 증가, 정보통신과 교통수단의 발달에 따른 지리적 개념의 퇴조, 새로운 조직과 관리체계의 도입이 요청되고 있다. 이와 같이 정보화 사회로 이행되면서 지식이 중요한 기업창출의 요소가 되고 있다. 또한 다변화·다양화시대에서는 목표시장을 세분화하여 상품 자체를 수요자의 욕구에 따라 전문화하거나 차별화하여 기술이나 서비스 능력을 가지고 대응할 수 있어야 한다. 시장동향을 예측하고, 변화하는 고객욕구에 신속하게 반응하며, 새로운 제품을 창출하는 빠른 대응력을 갖추고 창업해야 한다.

:: **표 10-3** 거시적 환경

구분	특성
인구관련 환경	• 핵가족화 • 도시 집중화 현황 • 저출산 고령화 사회
사회적 환경	• 직장 여성의 증가 • 러시아워 • 대형 소매점포 • 레저시간의 증대 • 24시간 편의점 • 인터넷 쇼핑몰
경제적 환경	• 소득수준의 변화(소비구조의 변화) - 외식, 교통통신, 문화비 등 비중 증가 • 현대화된 시스템의 백화점, 편의점, 대형 슈퍼마켓 등장
법률적 환경	• 정부의 금융 및 조세에 관한 법률 • 소비자보호법 • 환경규제법 • 공정거래법
기술적 환경	• IT부분 강화 - 컴퓨터 이용한 정보 생산, 수집, 처리, 가공기술, 통신관련 기술의 급속한 발달과 보급
자연적 환경	• 환경오염, 공해문제, 자연고갈, 새로운 에너지 개발문제

② 창업의 시기를 잘 포착해야 한다.

지금 국경과 거리의 의미가 없고 언어와 이데올로기를 넘어서 지구를 하나의 시장으로 생각하여 경쟁상대를 파악하고 창업해야 하며, 사업의 시기를 세계적인 변화 추세에 맞추어 선택해야 한다. 시대가 필요로 하는 업종, 자기 자본규모에 적합한 업종으로 수요자의 다양성과 변화를 정확히 파악해야 한다. 즉, 경기 순환과 수요자의 욕구의 흐름을 읽고, 동업종, 제품의 성숙기 보다는 도입기나 성장기에 창업시기가 적절하다.

③ 창업자의 자질과 경영능력을 냉철히 판단해야 한다.

창업자는 학문과 지식, 경험, 신용 및 도덕성, 의지력, 모험심, 리더십 등이다. 또한 경제적 환경 적응력과 분석판단능력, 창업자 주변의 인간관계, 가정적 안정, 가능성에 대한 집념도 필요하다. 현대사회 창업은 의식주를 해결하는 차원이 아닌 개인의 직업관에 따라 자아실현의 장으로 활용할 수 있어야 긍지를 가질 수 있고, 기업의 이해관계자로부터 협조와 지원을 받을 수 있다.

④ 사업계획의 철저한 준비와 타당성을 점검해야 한다.

창업자들이 대부분 경영자원이나 경영요소에 대해 철저히 고려하지 않아 실패하는 경우가 있다. 즉, 대부분 제품에 대한 특성만 고려할 뿐 자금관리, 마케팅체계, 시장특성, 관리능력의 미숙으로 인해 경영의 어려움을 경험한다. 창업자는 계획상품의 시장규모, 라이프사이클, 목표이익, 경쟁상품의 시장 진입 가능성, 사업의 준비기간을 여유있게 가져야 한다.

2) 창업 시기

① 철저하고 신중하게 사업을 추진한다.

새로운 사업을 시작할 때 보다 철저한 사업계획을 수립하여야만 실패의 두려움을 이겨낼 수 있다. 이런 관점에서 사전에 꾸준한 준비를 해 온 예비창업자라면 창업 시기에 상관없이 어느 시기든 창업의 적기가 될 수 있다.

② 주변 여건이 창업하기에 매우 좋다.

불경기에 제조업을 창업할 때 기존 기업의 부도로 금융기관들이 보유하고 있는 공장, 기계 등 기존 설비 활용도가 높고 법원 경매를 통해 호황기때의 절반수준이면 좋은 입지와 시설을 골라 사업장을 취득할 수 있다. 도·소매업이나 서비스업의 경우에도 목이 좋은 곳에 점포와 사무실을 얻을 수 있는 장점도 있고, 임대료도 저렴하며 좋은 조건으로 계약할 수도 있다.

이 외에도 대부분의 업종에서 경쟁자가 많지 않기 때문에 업종 선택이 비교적 용이하며 금융기관에 대한 자금 수요가 적어서 자금조달이 쉽고, 종업원의 충원이 용이할 수 있다. 그러나 주의할 사항은 사전에 충분한 준비가 없었던 예비창업자가 단순히 불경기나 비수기에 사업을 시작하는 이점만 믿고 실행에 옮겨서는 안 된다. 갑작스런 퇴직이나 일시적 충동에 의해 사업을 시작하는 경우에는 오히려 호경기에 사업을 시작하는 것이 바람직할 수도 있다.

3) 창업 유형

일반적으로 연령별 창업유형은 모험창업, 선택창업, 기반창업, 전문창업, 안전창업 등으로 구분할 수 있는데, 각 유형에 따른 연령 및 판단기준은 다음과 같다.

① 모험창업의 연령은 20대이다.

이 연령층은 자기의 전공이나 기업과 관계없이 어떤 분야를 선택하여 창업하더라도 성패의 결과는 크게 달라지지 않고, 재기의 가능성이 높다.

② 선택창업의 연령은 31세부터 35세까지이다.

자신의 적성에 맞는 분야를 찾아서 자기의 적성과 업무와의 상관관계를 고려하여 사업아이템을 발굴해야 한다.

③ 기반창업의 연령은 36세에서 40세까지이다.

사회생활 및 일정분야에서자기가 닦아 놓은 기반을 최대한 활용하여 사업아이템을 찾아야 성공할 수 있는 유형이다.

④ 전문창업의 연령은 41세에서 50세까지이다.

학력을 불문하고 자기의 업무분야에서는 최고의 실무전문가인 점을 십분 활용하여 자기의 전문분야를 최대한 살려 창업을 해야 한다.

⑤ 안전창업은 51세 이상의 연령이다.

사회경륜과 전문지식이 두루 갖추고 있으며, 행동보다 생각을 깊게 하기 때문에 모험성이 전혀 없는 안전한 사업분야를 창업한다.

이와 같이 연령에 적합한 사업 성공 유형은 절대적인 것은 아니지만 이런 원칙을 지킬 때 사업실패를 최소화할 수 있고, 사업을 성공으로 진행할 수 있다.

4) 창업 자금 조달 원칙 및 방법

자금 조달의 원칙은 다음과 같다.

① 예상 업종에 따라 소요 자금을 예측한다.

아무리 작은 소규모 사업이라도 거기에 맞는 자금을 예측하고 계획대로 집행하는 일은 중요하다. 일반적으로 창업에 필요한 자금은 창업 준비자금, 시설자금, 운전자금 등으로 나눈다. 창업 준비자금은 업종과 입지를 정하고 본격적으로 사업을 개시하기 이전까지의 상담 및 사업성 분석 시 지출자금, 점포소개비, 개점행사비, 선전물 준비비 등이 있다. 창업이후에 드는 자금은 시설자금과 운전자금이 있다. 시설자금은 점포에 드는 비용으로 점포 임대비, 신축비, 구입비, 점포 인테리어비, 바닥, 도색, 조명, 벽, 집기, 외부준비, 입구, 간판, 진열비 등이다. 운전자금은 월 임대료, 종업원 인건비, 재고부담, 광고비, 접대비와 각종공과금 등이다.

② 장기자금을 형성해놓는다.

자금 조달은 사업운영 과정에서 적자가 발생하지 않는 이상 어렵지 않게 해결할 수 있다. 그러나 점포가 오래되어 인테리어가 현재의 감각에 맞지 않아 새롭게 내부시설을 단장할 필요가 있거나, 취급하는 상품이 조만간에 가격이 오르거나 품귀현상이 예견될 때 사업주의 입장에서 많은 상품을 확보해야 한다. 이와 같이 일상적인 지출이 아닌 일시적인 지출이 필요할 때, 자금의 여유가 없는 사업주는 사채를 빌리거나 은행대출을 이용하게 되면서 차입금 이자라는 또 하나의 원가상승 요인이 발생하여 경쟁력이 약해질 수 있다. 그렇기 때문에 인테리어의 교체나 점포의 확장 등 어느 정도 예견이 되는 자금소요를 대비해 장기자금을 쌓아둘 필요가 있다. 장기자금을 형성할 때 가장 쉽고 기본적인 것은 금융기관을 통한 적금의 형태가 가장 이상적이다.

③ 창업자금은 1.5배 이상 준비한다.

창업자금은 사업을 위해 마련한 자기자금과 타인으로부터 빌려 쓰는 타인자금이 있다. 이 중 자기자금은 상관없지만 금융기관을 통해 타인자금 형성은 상당히 어렵다. 소자본 창업을 꿈꾸다가도 자금마련과정에서 사업을 포기하는 사람들도 많다. 문제는 창업을 꿈꾸었을 때부터 사업자금계획을 함께 수립하여 차근차근 준비해나가야 한다. 대부분 자금조달에 어려움을 겪는 사람일수록 사업 시작에 임박해서 모자라는 자금을 구하기 때문에 실패하는 것이다. 몇 년 후의 사업 계획을 세워놓고 자금마련을 위한 준비를 한다면 아무리 개인적인 여건이 좋지 않다고 해도 점포 개업에 필요한 자금 조달의 방법은 나오게 되어 있다.

또한 필요한 자금 규모를 너무나 빠듯하게 준비했다가 어려움을 당하는 경우도 있다. 실제로 사업을 시작해보면 미처 생각지도 않았던 비용지출이 발생하고 정상화되기까지의 시간이 길어지면 어느 정도의 여유자금이 필요하다. 이러한 어려움을 당하지 않기 위해서는 약간 넉넉한 정도의 자금을 예측하고 준비할 필요가 있다. 한번 자기 사업을 펼친 경험이 있는 사람의 대부분이 준비하는 자금규모는 업종에 따라 다르지만 필요자금의 1.5배 정도는 준비해야 한다.

④ 최소한 사업장의 임대는 자기자금으로 한다.

매월 지출되는 사업장 임대료에 사업장을 얻기 위해 빌린 돈의 이자 부담까지 더 해진다면 이익을 내기가 쉽지 않다. 여기에 운전자금까지 남의 돈을 빌려야 한다면 사업은 더 어려워진다. 사업을 처음 시작하는 사람이 과다한 차입을 하는 것은 바람직하지 못하다. 소상공인이 창업을 시작할 때 최소한 사업장의 임대는 자기자금으로 조달해야 이자부담을 줄일 수 있다. 그래야 사업이 안정기를 맞이할 때까지 자금에 대한 부담을 가지지 않을 수 있고, 그 기간이 길어진다 하더라도 어려움을 견디어 낼 저항력을 가질 수 있다.

다음으로 조달방법이다. 창업자가 사업자금을 조달 하는 방법은 개인의 능력에 따라 다양하게 나타날 수도 있겠으나 크게 스스로 보유한 자금으로 충당하는 자기자금이 있고, 대외적인 신용을 밑천으로 외부로부터 조달하는 타인자금이 있다.

따라서 창업자는 사업을 개시할 때 필요한 자금이 얼마 정도인가를 산정하고, 자기가 준비할 수 있는 자금이 어느 정도인가를 검토한 후 형제 · 친척 · 친구 등으로부터 얼마나 조달할 수 있는가를 검토한다. 마지막으로는 금융기관에서 얼마를 빌려야 하는지, 빌리기 위해 어떻게 해야 하는지를 검토한다.

:: 표 10-4 창업자금 조달 방법

자기자금	창업자자금	예 · 적금, 퇴직금, 유가, 증권, 부동산 매각자금
	현물출자금	창업자 · 투자가가 보유한 현물(사업장, 차량)
	투자가자금	후원금, 주주출자금, 동업자자금, 기관투자가 자금
타인자금	정책 금융	정부 창업지원 자금, 소상공인 창업 및 경영개선 자금
	일반 금융	은행, 보험사, 신용금고, 리스
	사채	친 · 인척, 동료, 사채

Chapter 11

벤처기업의 창업[50]

1. 벤처기업의 성장요건
2. 벤처기업의 발전과정
3. 사업타당성 분석

1. 벤처기업의 성장요건

벤처기업의 성장은 시장 환경 속에서 경쟁과 선별이 이루어지는 과정에서 가능한 것이며, 벤처기업의 창업환경, 벤처기업의 경제·사회·문화적 활동여건, 벤처기업 경영자원의 공급여건이라는 세 가지 관점에서 살펴 볼 수 있다.

1. 벤처기업의 창업 환경

- 기업가정신
- 과학기술의 발전수준
- 산학연계
- 사업타당성 검증시스템
- 창업보육
- 창업교육
- 창업절차

2. 벤처기업의 경제/사회/문화적 활동 여건

- 경제체제, 경제 질서(독과점 정도, 신뢰 및 평판, 공정거래풍토 등)
- 경제 지리적 여건(벤처기업 집적의 정도 등)
- 경제적 인프라 존재(직접금융시장의 활성화 정도 등)
- 사회/문화적 요인
- 교육 환경
- 법/제도(산업재산권 보호, 규제완화, 진입 및 퇴출 장벽, M&A 등)

3. 벤처기업 경영자원의 공급여건

- 자금(엔젤, 벤처캐피탈, 벤처펀드, 신용보증 등)
- 입지(집적시설, 단지 등)
- 기술
- 인력(경영인력, 기술인력 등)
- 정보(정보네트워크 등)
- 시장(내수시장의 규모, 공공부문의 수요, 해외시장 등)
- 기업지원 서비스(경영, 회계, 법률서비스 등)

▲ **그림 11-1** 벤처기업의 성장요건

1) 벤처기업의 창업환경

벤처기업의 창업환경은 벤처기업이 활발하게 창업할 수 있는 제반 여건으로 기업가 정신, 과학기술의 발전수준, 산학연계, 사업타당성 검증시스템, 창업보육, 창업교육, 창업절차 등을 의미한다.

2) 벤처기업의 경제 · 사회 · 문화적 활동여건

벤처기업이 활동할 수 있도록 간접적으로 영향을 미치는 제반환경을 의미한다. 안정적이고 양호한 경제체제, 경제 질서인 독과점의 정도, 신뢰 및 평판, 공정거래 풍토 등과 경제적 인프라의 존재인 직접 금융시장의 활성화 정도 뿐 만 아니라 사회 · 문화적 요인, 교육 환경, 법 · 제도인 산업재산권 보호, 규제 완화, 진입 및 퇴출 장벽 등을 의미한다.

3) 벤처기업 경영자원의 공급여건

벤처기업이 성장과정에서 요구되는 다양한 경영자원이 얼마나 원활하게 공급되는가를 의미한다. 구체적으로 자금(엔젤, 벤처캐피탈, 벤처펀드, 간접금융, 신용보증), 입지(집적시설[51], 단지), 기술, 경영인력 및 기술인력, 시장(내수시장의 규모, 공공부문의 수요, 해외시장), 정보 네트워크, 기업지원 서비스인 경영, 회계, 법률서비스 등이 있다.

2. 벤처기업의 발전과정

벤처기업의 창업과 성장과정에서는 각 단계별 위험요소가 있고, 이에 대한 대처방안에 따라 기업의 성패가 결정된다. 따라서 기존 벤처기업의 발전과정에 관한 모형을 중심으로 벤처기업의 성장과정상의 특성을 살펴보고자 한다.

1) 웹스터(Webster)의 모형

웹스터(Webster)는 벤처기업의 성장을 6단계로 구분하였다.

① 벤처사업의 아이디어를 탐색하고 평가하며 특허권 등의 권리를 협상하는 준비단계이다.

② 창업 요원들이 사업수행에 필요한 업무를 조직하는 조직단계이다.

③ 벤처기업은 초기 운영상 자금수요가 많지만 수입은 적은 재정적 곤란기인 재정적 위기단계이다.

④ 제품을 시장에 출하하나 계속되는 자금부족을 수반하는 제품도입단계이다.

⑤ 도입된 신제품의 판매 확장을 위해 창업자가 의욕적으로 활동하는 확장단계이다.

⑥ 기업의 성패가 결정되는 결과단계이다.

2) 밴디밴(Van de Van)의 모형

밴디밴(Van de Van)은 벤처기업의 성장을 5단계로 구분하였다.

① 사업형성단계

창업의 기반이 되는 기술과 경험을 습득한다.

② 설계단계

창업자가 벤처기업의 설립에 필요한 모든 결정사항과 준비를 마치고 벤처기업의 운영이 시작되는 시점이다.

③ 계약서비스단계

실질적으로 영업을 하는 단계로 상품을 생산하고 계속적인 홍보와 상품의 판매에 주력하는 시기이다.

④ 전매품단계

계약단계에서 전매품을 개발하고 이 제품을 마케팅을 하는 과정과 판매경로를 찾기 시작하는 시기이다.

⑤ 다제품단계

기업의 성과에 따라서 나타나는 단계로 벤처기업의 폭넓은 연구개발을 통해 새로운 제품을 개발하는 단계이다.

3) 루크카와 위용(Ruhnka & Yuong)의 모형

루크카와 위용(Ruhnka & Yuong)은 벤처기업의 성장을 4단계로 구분하였다.

① 시작단계

아이디어, 제품의 개발이 진행되고 있는 중으로 아직 개발이 완료되지 않은 상태이다.

② 창업단계

제품개발 후 시장조사와 함께 사업계획이 이미 완료된 상태로서 이 단계에서는 제품을 시장에 출하하고 소비자의 반응을 평가하는 것을 목표로 하고 있다.

③ 제품시장 진입단계

손익분기점에 도달하는 것을 목표로 하는 시기이며 경영자의 경영능력과 이에 대한 지원의 정도에 따라 기업의 성패가 결정된다.

④ 확장단계

매출액이 증가하고 있는 단계로 이에 따라 벤처기업이 이익을 내기 시작하는 시기이다. 이 단계에서는 매출액의 증가에 따른 경영 체계의 확립이 필요하고 경쟁제품의 출현이 위험요소로 나타날 수 있다.

3. 사업타당성 분석

1) 개요

사업타당성분석은 신규 사업아이디어에 사업자가 투자하여 수익을 발생시킬 수 있을지를 조사 및 분석하는 것이다. 이러한 사업 타당성을 분석하는 이유는 다음과 같다.

① 객관적이고 체계적인 타당성분석을 통하여 창업의 성공 가능성을 증대시킬 수 있다.

② 분석과정을 통해 사업의 모든 요소에 대한 정확한 이해로 효율적인 창업 수행할 수 있다.

③ 창업에 대한 수행 능력, 기술성, 시장성, 재무 분석 등을 통해 미처 파악치 못한 세부사항을 인지하고 사업운영 설계도의 역할을 할 수 있다.

④ 사업구성요소를 정확하게 파악하여 경영능력 향상, 필요지식, 보완사항의 확인 및 조치를 할 수 있다.

⑤ 사업 실행이전에 사업의 문제점 및 잠재적 위험요소를 파악하고 이에 대한 대응책 및 바람직한 의사결정 수립활용을 할 수 있다.

이런 사업타당성 분석은 창업의 실패 가능성을 감소시켜주는 안전장치이고, 주관적인 사업구상을 객관적이고 체계적인 분석에 의한 성공 가능성 증대시키는 역할을 수행하는 경영분석 방법이다.

:: **표 11-1** 사업타당성 분석 세부내용

구분	실시 업무	세부내용	비고
1	아이디어 개발	• 아이디어 개발 • 아이디어 선별	
2	아이템 선별	• 제품 탐색법 • 욕구 탐색법	아이템 방향
3	환경 분석	• 외부환경분석 • 내부역량분석	SWOT분석
4	사업 타당성 검토	• 시장성 분석 • 기술성 분석 • 수익성 분석	추정재무제표
5	사업모델 수립	• 고객 모델 • 전략 모델 • 운영 모델 • 수익 모델	
6	사업계획서 작성	• 소개 • 분석 • 전략/ 계획 • 이익/ 자금	용도별 사업계획서

2) 분석 절차

사업타당성 분석 절차는 사업 경제 환경의 파악, 시장성 분석, 기술성 분석, 수익성 분석 후 사업계획서를 작성으로 이루어져 있다.

각 절차별 수행 목적에서 사업수행 능력은 창업자가 "창업기업에 대한 사업수행 능력"이 있는지를 분석하고, 시장성 분석은 "계획제품 또는 서비스의 판매 가능 여부"를 분석하고, 기술성 분석은 "계획제품 또는 서비스의 생산이 기술적 실현가능성 여부", 수익성 분석은 "창업을 위해서 필요한 자금 규모"와 "창업의 수익성" 여부를 분석한다.

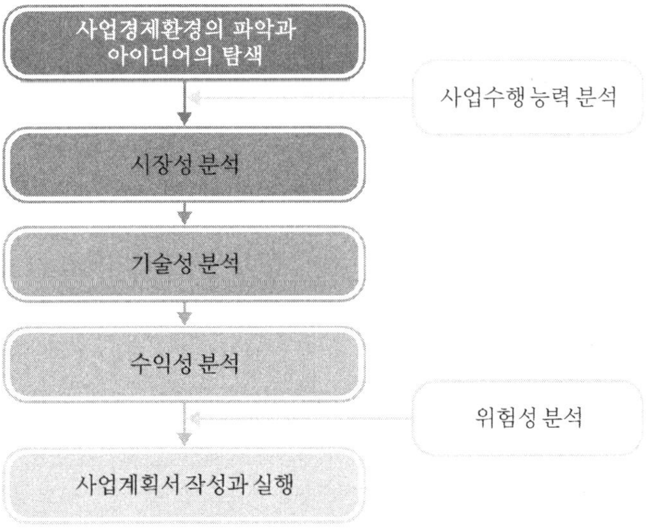

▲ **그림 11-2** 사업타당성 분석 절차

3) 분석의 항목

(1) 사업수행 능력

신규창업의 경우 창업자의 새로운 창업 수행능력 및 해당 사업에 대한 경험, 지식 등 추진 주체인 창업자의 역량이 매우 중요하다. 따라서 창업자의 기업 수행능력과 해당업종과의 적합성 분석이 필요하다. 구체적인 분석항목은 적성과 자질, 경험과 지식, 업무수행 능력 등이며 한국경영기술컨설턴트협회에서는 표 11-2와 같이 세부평가요소를 마련했다.

:: **표 11-2** 사업수행 능력 세부 평가요소

평가요소	세부 평가요소
적성과 자질	• 모험심 • 가능성에 대한 집념 • 스케일 • 리더십 • 의지력 • 기타 성격, 체질, 소질
경영과 지식	• 창업관련 경험 • 학문과 지식 • 사회적 지위와 신용 • 창업환경간의 인과관계 • 교제인물의 폭과 깊이
업무수행능력	• 가정유지능력 • 창업멤버 구성 및 통제능력 • 서비스 및 기술혁신 능력 • 환경적응 및 경영분석, 판단능력

(2) 시장성 분석

시장성 분석은 계획제품 또는 서비스의 판매 가능 여부를 분석하여 창업 제품에 대한 판매 예측을 통해 사업수행 여부를 결정하는 것이다. 또한 판매예측을 통해 사업성이 있다는 가정 하에 판매방법의 타당성을 분석하는 업무도 포함되어 있다. 분석항목으로는 전반적인 시장동향, 제품성 분석, 경쟁적 지위 분석, 제품의 채산성 분석, 수요 예측, 시장 및 제품 환경 분석, 판매 전략 등이 있다.

:: **표 11-3** 시장성 분석 세부 분석 내용

분석요소		세부 분석 내용
전반적인 시장동향	시장규모 분석	• 판매영역별, 고객별 잠재수요 분석 - 국내 동제품, 대체 및 유사제품에 대한 수급 실적 분석 - 동제품, 대체 및 유사제품에 대한 수출입실적 분석
	시장의 특성	• 시장의 일반적 성격 - 주요 수요처 - 고객 수용가능성 분석 - 유통구조 및 특성 - 동업계의 일반적 판매조직 - 동제품, 대체 및 유사제품의 일반적 판촉전략
	소비자분석	• 제품 소비형태, 소비단위 - 구매동기 및 소비자 니즈 - 소비자 구성분포 및 변화추세 분석
제품성 분석	제품의 강약점 분석	• 잠재 수요자에 의한 제품이미지 조사 - 제품의 특성, 품질 비교 - 제품의 강·약점 분석
	제품 라이프사이클 및 보급률 분석	- 제품 라이프사이클 분석 - 경쟁제품 및 유사제품의 보급률 추정 및 향후 전망
경쟁적 지위분석	재무상태 비교	- 자사 및 경쟁사의 재무상태 비교
	생산능력 및 실적 비교	- 사업장 규모 비교 - 생산능력 및 실적 비교
	주요 경쟁요소 비교	- 제품라인 구성내용, 주력제품, 주력상권, 설비특성 - 제품기획력, 가격정책, 판매방법 - 가격경쟁력 - 제품에 대한 기술수준, 신제품 개발능력
제품 채산성[52] 분석	제품원가, 마케팅코스트 등	• 제품원가 분석 - 마케팅코스트 등의 분석
	마진율 분석	• 마진율 - 공장도가, 소매가

구분	항목	내용
수요예측	시장점유율 분석	- 국내외 주요 경쟁업체의 시장점유율 분석 - 최근 3년간 주요 경쟁업체의 점유율 변동추이 분석 - 시장점유율 확보가능성 분석
수요예측	판매량 증감요인 분석	- 소비자 성향 변화추이 분석 - 대체상품의 동향 및 출현가능성 - 경쟁사와의 광고전략 비교
수요예측	판매전망	- 각 판매영역에 있어서 제품별 판매가능량 추이 - 연도별 판매전망
수요예측	불황적응도 및 계절성 분석	- 불황기의 수요변동 예측 - 계절성상품의 수급대책
시장 및 제품 환경 분석	자원 환경요인	- 인적자원 확보의 용이성 - 원재료 수급 용이성 및 입수가능성 - 에너지 및 에너지 대체자원의 수급
시장 및 제품 환경 분석	기술적 환경요인	- 보유 제품에 대한 전반적 기술수준 - 신기술 및 신제품개발능력과 전망
시장 및 제품 환경 분석	마케팅 환경요인	- 판매방법 및 전략 - 판매대금의 회수방법 - 외상매출금 및 외상매입금의 효율적 관리방안 - 어음, 수표 관리 및 부실채권의 예방대책
판매전략	판촉 및 광고전략	- 경쟁사의 판촉 및 광고전략 비교 - 광고 등의 판매량 증대효과 분석
판매전략	영업전략	- 효율적인 영업전략 수립 - 판매 및 영업조직의 효율성 제고방안

(3) 기술성 분석

기술성 분석은 창업제품 또는 서비스의 생산이 기술적 실현가능성 여부, 생산하는 비용의 타당성 여부, 경쟁사와 비교하여 경쟁력이 있는가를 판단을 하는 것이다.

:: **표 11-4** 기술성 분석 세부 내용

분석요소	세부내용
제품개발 가능성 및 기술능력	- 기술인력 현황(학력분포, 연구개발업적 등) - 핵심기술의 내역(핵심기술의 정의, 개발진척 정도, 향후 전망 등) - 기술도입 및 협력가능성(외부로부터의 기술이전계획, 타 기업과의 공동개발, 협력가능성 등) - 연구개발 과정 및 개발 일정
제품의 특성 및 경쟁력	- 유사제품과 비교한 계획제품 기술의 우수성 - 가격경쟁력 - 대체기술의 출현가능성 - 기존의 특허현황 - 해외기술의 도입가능성 - 기술변화 사이클
공장시설 확보의 정도 및 계획	- 적정 기계설비 구입 및 배치 - 원·부자재 조달의 안정성 - 원·부자재 가격의 안정성 - 생산인력조달상의 문제점 - 생산계획 및 원가추정

(4) 수익성 분석

수익성 분석은 창업을 위해서 필요한 자금 규모와 창업기업의 수익성 여부를 분석한다.

:: **표 11-5** 기술성 분석 세부 내용

분석요소	세부내용
소요자금 파악	- 고정자금 - 운전자금 - 초기 준비비용
경쟁성 분석	- 자본조달 비용 추정 - 수익성 추정 - 손익분기점 도달시기 추정
유동성 분석	- 민감도 분석 - 부채비율 - 유동비율

Chapter 12

소자본창업[53]

1. 소자본창업 구성요소
2. 소자본창업의 특성

1. 소자본창업 구성요소

소자본창업은 창업 자금이 부족한 창업자가 투자비용을 적게 투입하여 안정적인 매출을 올리려는 소규모 창업을 말한다. 소자본창업을 위한 구성요소는 다음과 같다.

① 창업자를 포함한 인적자원이 최소한 1인 이상이 필요하다.

기본적으로 인적자원은 한 사회 또는 국민경제가 필요로 하는 재화와 용역의 생산에 투입될 수 있는 인간의 노동력을 말한다. 거시적 관점으로는 나라의 경제활동인구의 규모에 의해 결정되는 것이고, 미시적 관점으로는 생산적인 재능, 기술, 지식을 갖춘 노동자의 수에 의해 그 양(量)이 결정되는 것이다.

소자본창업에서 가장 기본적인 구성요소인 인적자원은 창업의 주체인 창업자를 중심으로 생산, 서비스, 판매 등의 창업 조직을 담당할 근로자를 지칭한다.

소자본창업의 인적자원에서 필수적인 요소인 창업자는 대표, 기업가, 설립자, 소유주, 회장, 사장 등의 넓고 다양한 개념으로 혼용하여 사용하고 있다. 창업자는 반드시 창업의 흐름을 주도적으로 계획하여 모든 재정과 위험의 책임을 맡아야 한다.

또한 기업의 중심역할을 수행하며, 운영기획을 바탕으로 사업목적을 확립하는 핵심 업무를 이행하는 창업자이외에 창업자를 지원하여 세부적인 제품의 품질, 서비스를 생산·판매하는 여러 명의 인적 근로자도 필요하다.

이때 근로자는 기업과 계약을 통해 창업자를 대신하여 맡은 업무를 수행하고 작업이 완료되면 급여를 받는다. 구체적으로 근로자는 생산 업무를 담당하는 기사 및 기술관리자, 생산관리직, 아르바이트생 등이 있다. 여기에 제품을 판매하는 영업사원과 일반사무업무를 담당하는 관리자 및 직원도 필요하다. 이런 구조 하에 개별 구성원들의 능력이 완벽하게 발휘되는 것은 아니다. 사회·문화적, 교육적 배경의 차이로 구성원 자질과 능력이 달리질 수 있다.

따라서 창업자는 인적자원의 근로자의 업무능력을 향상시킬 능력과 아우를 수 있는 통합적 소통능력이 필요하다. 여기에 근로자들의 요구를 먼저 알고 파악할 수 있는 안목이 필요하다.

② 사업 계획서 및 사업 목표를 위한 창업자금이 필요하다.

소자본창업자의 경우 창업과 동시에 매출 증대의 기대심리로 인해 무리한 홍보를 통해 외부로부터 자금조달을 과다하게 사용하기도 한다. 창업자는 창업 초기부터 무리한 투자로 인해 예상치 못한 상황이 발생될 수 있기 때문에 현실적으로 실용성 있게 운영자금을 이용해야 한다.

대체적으로 대출시 자기자본비율을 70~80% 이상으로 끌어올린다. 자기자본 비율이 낮고 예비비가 부족한 상태에서 매출이 떨어지면 마음이 조급해져 고객에 대한 서비스의 질이 떨어지고, 매출 부진의 악순환으로 이어지기 쉽다. 자기자본으로 창업하고, 손익분기점까지 운영자금으로 가능하면 20% 정도의 예비비를 남겨 두는 것이 불황기의 안전창업이다. 소자본창업을 운영하다 보면 뜻하지 않은 곳에서 자금 수요가 일어나는 경우가 많다. 그렇기 때문에 창업을 시작하기 전에 은행과 금융기관의 자금 및 다양한 정부 지원을 통해 자금 확보를 할 수 있는 정보를 마련해 놓고 수지 계획을 세워두는 노력이 필요하다.

③ 경쟁력을 갖추기 위해 차별화된 아이디어와 아이템 선정이 필요하다. 창업아이템은 창업자가 사업 계획을 수립하고 무엇을 생산하고 판매할 것인가를 의미한다. 창업자의 아이템 선정에 있어 고려해야 할 사항은 다음과 같다.

1) 소비자의 만족여부에 대한 시장성 조사를 실시한다. 시장성 조사를 통해 아이템 선정을 최대하게 유리하게 한다. 2) 창업하기 전에 동종업계의 아이템을 분석한다. 경쟁사 아이템과는 다른 차별화를 가질 수 있도록 해야 하고 초기 생산에서 원활한 판매가 되도록 아이템 분석에 차질이 없어야 한다. 3) 수익성을 발생시켜 기업의 목적을 원활하게 달성시킬 수 있어야 한다. 4) 창업아이템은 반드시 창업자가 잘 할 수 있는 분야, 전문성을 갖춘 분야를 선택해야 한다.

따라서 사업아이템의 존재와 그 아이템의 평가가 새로운 사업에 대한 의사결정과정에서 매우 중요한 부분을 차지한다. 창업아이템은 아이템을 창출할 수 있는 현장 경험, 신상품의 발명, 취미, 우연한 발견, 적극적인 제안 등 끊임없는 노력이 필요하다.

④ 사업을 영위하기 위해 필요한 인·물적 설비를 갖춘 사업장이 필요하다. 사업장 선택 시 고려해야 할 사항은 다음과 같다. 1) 유동 인구가 많다고 해서 매출 수익성이 당연히 높은 것이 아니다. 2) 각 지역마다 상권이 다르기 때문에 유동인구의 연령별·성별·소비성향별 특색을 정확하게 파악해야 한다. 3) 동종 또는 유사업종의 점포수를 파악하는 것이다. 한 상권에 동일한 업종의 점포수가 과다하게 많아지면 수익률이 정체 상태에 머물게 되고 점차적으로 쇠퇴할 수 있다.

경쟁력을 갖춘 차별화된 창업을 위해 창업과 동시에 다양한 마케팅 전략을 통하여 사업장의 위치를 알려야 한다. 그리고 처음 방문하는 고객의 마음을 사로잡기 위해 디자인의 영역인 인테리어에 신경을 써야 한다.

⑤ 사업의 정체성을 담은 디자인요소가 필요하다. 디자인은 의상, 공업 제품, 건축 등의 실용적인 목적을 가진 조형 작품의 설계나 도안을 의미한다. 디자인은 사업 아이템과 사업장의 가치를 설정하고 매출에 지대한 영향을 미치는 요소이다. 창업을 포함한 경제 활동에서의 디자인 중 로고디자인이 가장 중요하다. 우선 로고(logo)는 로고타이프(logotype)이라고도 하며 다음과 같은 원칙이 있다. 1) 광고주 또는 제품이 지니는 이미지를 쉽게 전해야 한다. 2) 인상이 깊고 기억에 남아야 한다. 3) 모든 매체에 이용할 수 있어야 한다. 4) 대중에게 호감을 줄 수 있어야 한다.

2. 소자본창업의 특성

소자본창업은 한 명의 창업자로 운영되는 개인 사업체 및 영세규모로 시작하기 때문에 사회경제기구의 성격을 지니고 있다. 그러므로 개인 기업의 경영특성을 가지고 있다. 소자본창업은 소기업으로 발전하기 위한 단계이며 소자본창업의 수는 국가경제의 중요한 역할을 하고 있다. 소자본 창업이 내포하는 경제 및 사회 특성은 다음과 같다.

① 경제적으로 소자본창업은 창업을 하는 모든 가구들의 생계를 영위하는 수단이다. 매년 자영업자의 수가 급격하게 줄어들고 있다. 즉, 창업자의 위기는 국가 경제와 직접적인 연관이 있기 때문에 국가 안정을 위해서는 경제적·사회적인 측면으로 정부 지원이 절실하다. 따라서 소자본창업의 중요성을 인식하고 소자본창업자가 자생력을 가질 수 있도록 활성화시켜야 한다.

② 소자본창업은 사업자등록증과 함께 평균 1~4명의 근로자 내에서 운영하는 경우가 많다. 국가 경제차원에서 일자리 제공에 크게 기여하는 역할을 하고 있다.

③ 소자본창업은 소규모 자금으로 창업을 시작하기 때문에 투자하는 총 자본이 평균 1억 원 미만이다. 연령대별 창업자들은 대부분이 자본금 규모가 열악한 형태이다.

부록

1. 중소기업창업 지원법
2. 중소기업창업 지원법 시행령
3. 중소기업창업 지원법 시행규칙
4. 기타 취창업 법률

1. 중소기업창업 지원법[54]

제1조(목적)

이 법은 중소기업의 설립을 촉진하고 성장 기반을 조성하여 중소기업의 건전한 발전을 통한 건실한 산업구조의 구축에 기여함을 목적으로 한다.

제2조(정의)

이 법에서 사용하는 용어의 뜻은 다음과 같다.

1. "창업"이란 중소기업을 새로 설립하는 것을 말한다. 이 경우 창업의 범위는 대통령령으로 정한다.

1의2. "재창업"이란 중소기업을 폐업하고 중소기업을 새로 설립하는 것을 말한다. 이 경우 재창업의 범위는 대통령령으로 정한다.

2. "창업자"란 중소기업을 창업하는 자와 중소기업을 창업하여 사업을 개시한 날부터 7년이 지나지 아니한 자를 말한다. 이 경우 사업 개시에 관한 세부 사항은 대통령령으로 정한다.

2의2. "재창업자"란 중소기업을 재창업하는 자와 중소기업을 재창업하여 사업을 개시한 날부터 7년이 지나지 아니한 자를 말한다. 이 경우 사업 개시에 관한 세부 사항은 대통령령으로 정한다.

2의3. "초기창업자"란 창업자 중에서 중소기업을 창업하여 사업을 개시한 날부터 3년이 지나지 아니한 자를 말한다.

3. "중소기업"이란 「중소기업기본법」 제2조에 따른 중소기업을 말한다.

4. "중소기업창업투자회사"란 창업자에게 투자하는 것을 주된 업무로 하는 회사로서 제10조에 따라 등록한 회사를 말한다.

4의2. "창업기획자"(액셀러레이터)란 초기창업자 등의 선발 및 투자, 전문보육을 주된 업무로 하는 자로서 제19조의2에 따라 등록한 자(이하 "액셀러레이터"라 한다)를 말한다.

5. "중소기업창업투자조합"이란 창업자에게 투자하고 그 성과를 배분하는 것을 주된 목적으로 하는 조합으로서 제20조에 따라 등록한 조합을 말한다.

6. "중소기업상담회사"란 중소기업의 사업성 평가 등의 업무를 하는 회사로서 제31조에 따라 등록한 회사를 말한다.

7. "창업보육센터"란 창업의 성공 가능성을 높이기 위하여 창업자에게 시설·장소를 제공하고 경영·기술 분야에 대하여 지원하는 것을 주된 목적으로 하는 사업장을 말한다.

제3조(적용 범위)

이 법은 창업에 관하여 적용한다. 다만, 다음 각 호의 어느 하나에 해당하는 업종의 중소기업에 대하여는 적용하지 아니한다.

1. 금융 및 보험업. 다만, 정보통신기술을 활용하여 금융서비스를 제공하는 업종으로서 대통령령으로 정하는 업종은 제외한다.
2. 부동산업
3. 그 밖에 대통령령으로 정하는 업종

제4조(창업지원계획의 수립 등)

① 중소벤처기업부장관은 창업을 촉진하고, 창업자의 성장·발전을 위한 중소기업 창업지원계획을 세워 고시하여야 한다.

② 정부는 창업자 및 대통령령으로 정하는 창업지원에 관한 사업을 하는 자에 대하여 필요한 자금을 투자·출연·보조·융자하거나 그 밖에 필요한 지원을 할 수 있다.

③ 중소벤처기업부장관은 제1항의 창업지원계획을 수립하기 위하여 관계 중앙행정기관의 장 및 지방자치단체의 장에게 관련 자료의 제공을 요청할 수 있다.

제4조의2(창업촉진사업의 추진 등)

① 중소벤처기업부장관은 중소기업의 창업을 촉진하고 창업자의 창업 성공률을 향상시키기 위하여 다음 각 호의 사업을 추진하거나 필요한 시책을 수립·시행할 수 있다.

1. 유망한 예비창업자(중소기업을 창업하려는 자를 말한다. 이하 같다)의 발굴·육성 및 그에 대한 지원
2. 창업자의 우수한 아이디어 사업화에 대한 지원
3. 기업, 창업 관련 단체 등을 통한 예비창업자 또는 창업자의 발굴·육성
4. 예비창업자 또는 창업자의 해외 진출 지원
5. 그 밖에 창업교육 및 창업 기반시설 확충 등 대통령령으로 정하는 사업

② 중소벤처기업부장관은 제1항에 따른 사업을 추진하는 경우에는 대통령령으로 정하는 예비청년창업자 또는 청년창업자를 우대할 수 있다.

③ 중소벤처기업부장관은 제1항에 따른 사업을 추진하기 위하여 필요하다고 인정하는 경우에는 예산의 범위에서 대학, 연구기관, 공공기관, 창업 관련 단체, 중소기업 및 예비창업자에게 해당 사업을 수행하는 데에 드는 비용의 전부 또는 일부를 출연하거나 보조할 수 있다.

④ 제3항에 따른 출연 및 보조의 절차 및 방법 등에 관한 사항은 대통령령으로 정한다.

제4조의3(재창업지원 및 성실경영 평가)

① 중소벤처기업부장관은 재창업을 활성화하고, 재창업자의 사업 성공률을 높이기 위하여 재창업자의 특성을 고려한 중소기업 재창업지원계획을 수립할 수 있다.

② 중소벤처기업부장관은 제1항에 따른 계획에 따라 창업 후 폐업 또는 파산 등으로 재창업을 하려는 자에 대하여 재창업지원에 필요한 다음 각 호의 사업을 추진할 수 있다.

1. 우수한 기술과 경험을 보유한 재창업희망 중소기업인의 발굴 및 재창업 교육
2. 재창업에 장애가 되는 각종 부담 및 규제 등의 제도개선
3. 조세·법률 상담 등 재창업을 위한 상담 지원
4. 교육센터의 지정·운영 등 재창업지원 시설의 확충
5. 재창업에 필요한 자금 지원 및 금융 정책 관련 정보 제공
6. 재창업 교육 및 상담을 위한 전문가 양성
7. 그 밖에 재창업지원과 관련하여 중소벤처기업부장관이 필요하다고 인정하는 사업

③ 중소벤처기업부장관은 제1항에 따른 계획의 수립을 위하여 필요한 경우에는 관계 중앙행정기관의 장 및 지방자치단체의 장에게 관련 자료의 제공을 요청할 수 있다.

④ 중소벤처기업부장관은 재창업을 하려는 자 및 재창업을 한 자가 재창업 전의 기업을 분식회계, 고의부도, 부당해고 등을 하지 아니하고 성실하게 경영하였는지 여부 등을 평가(이하 "성실경영 평가"라 한다)하여 출연, 보조, 융자 등 재정지원을 제한하거나 지원 대상자 선별에 활용할 수 있다.

⑤ 중소벤처기업부장관은 성실경영 평가에 필요한 경우 본인의 동의를 받아 관계 행정기관의 장에게 다음 각 호의 자료의 제공을 요청할 수 있다.

1. 「형의 실효 등에 관한 법률」 제5조의2제2항에 따른 범죄경력자료 및 수사경력자료(기업경영과 관련된 범죄경력자료 및 수사경력자료에 한정한다)
2. 「근로기준법」 등 노동관계 법령 위반사실에 관한 자료
3. 그 밖에 심사를 위하여 필요한 자료로서 대통령령으로 정하는 자료

⑥ 중소벤처기업부장관은 성실경영 평가에 필요한 기준을 정하여 고시할 수 있다.

제4조의4(지역특화산업 창업의 지원)

① 중소벤처기업부장관은 지역의 고용창출 및 지역경제 활성화를 위하여 지역특화산업에 속하는 업종의 창업을 촉진하는 계획을 수립할 수 있다.

② 지방자치단체의 장은 제1항에 따른 계획에 따라 해당 지방자치단체의 지역특화산업의 기술과 경험을 보유한 예비창업자 또는 창업자의 발굴·육성 및 그에 대한 지원 등의 사업을 추진할 수 있다.

③ 중소벤처기업부장관은 제1항에 따른 계획의 수립을 위하여 필요한 경우에는 지방자치단체의 장에게 관련 자료의 제출을 요청할 수 있다.

제5조(창업 정보의 제공)

정부는 창업자에 대하여 창업 및 중소기업의 성장과 발전에 필요한 자금, 인력, 기술, 판로, 입지 등에 관한 정보를 제공하기 위하여 필요한 시책을 강구하여야 한다.

제6조(창업보육센터사업자의 지정 등)

① 창업보육센터를 설립·운영하는 자(설립·운영하려는 자를 포함한다. 이하 "창업보육센터사업자"라 한다)로서 이 법에 따른 지원을 받으려는 자는 다음 각 호의 요건을 갖추어 중소벤처기업부장관의 지정을 받아야 한다.

1. 다음 각 목의 시설을 갖출 것
   가. 창업자가 이용할 수 있는 시험기기나 계측기기 등의 장비
   나. 10인 이상의 창업자가 사용할 수 있는 500 m^2 이상의 시설
2. 경영학 분야의 박사학위 소지자, 「변호사법」에 따른 변호사, 그 밖에 대통령령으로 정하는 전문 인력 중 2명 이상을 확보할 것
3. 창업보육센터사업을 수행하기 위한 사업계획 등이 중소벤처기업부령으로 정하는 기준에 맞을 것

② 국가는 「국유재산법」 및 그 밖의 다른 법령에도 불구하고 창업의 성공가능성을 높이기 위하여 필요한 경우 창업보육센터에 입주한 자(이하 "입주자"라 한다)에 대하여 국유재산의 사용료를 감면할 수 있다.

③ 국가가 제2항에 따라 국유재산의 사용료를 감면하는 경우 입주자에 대한 국유재산의 연간 사용료는 해당 재산가액에 100분의 1 이상을 곱한 금액의 범위에서 대통령령으로 정하는 금액으로 한다.

④ 국유재산을 사용 허가하는 경우 그 기간은 「국유재산법」 제35조에서 정하는 바에 따른다.

⑤ 지방자치단체는 「공유재산 및 물품 관리법」 및 그 밖의 다른 법령에도 불구하고 입주자에게 공유재산의 사용료를 대통령령으로 정하는 바에 따라 감면할 수 있다.

제7조(창업 교육)

중소벤처기업부장관은 창업 저변을 확충하기 위하여 청소년, 대학생 및 창업자 등에게 창업 교육을 할 수 있다.

제7조의2(대학 내 창업지원 전담조직의 설립·운영 등)

① 대학은 대학 내 창업촉진사업을 수행하기 위하여 학교규칙으로 정하는 바에 따라 창업지원업무를 전담하는 조직(이하 "창업지원 전담조직"이라 한다)을 둘 수 있다.

② 중소벤처기업부장관은 창업지원 전담조직의 운영에 필요한 경비를 출연하거나 그 밖에 필요한 지원을 할 수 있다.

③ 창업지원 전담조직이 이 법에 따른 지원을 받으려면 그 회계를 수입과 지출 내역이 명백하도록 대학 내 다른 회계와 구분하여 처리하여야 한다.

④ 창업지원 전담조직의 업무 및 제3항에 따른 회계 운영에 필요한 사항은 대통령령으로 정한다.

제8조(창업대학원의 지정 등)

① 중소벤처기업부장관은 「고등교육법」 제29조제1항에 따른 대학원 중에서 창업 분야 전문 인력 양성을 목적으로 하는 대학원(이하 "창업대학원"이라 한다)을 지정하여 예산의 범위에서 그 운영 등에 필요한 경비를 출연하거나 그 밖에 필요한 지원을 할 수 있다.

② 중소벤처기업부장관은 창업대학원의 지정·지원 등에 관하여 필요한 사항을 고시하여야 한다.

제9조(기금의 우선 지원)

「중소기업진흥에 관한 법률」 제63조에 따른 중소기업창업 및 진흥기금(이하 "중소기업창업 및 진흥기금"이라 한다)을 관리하는 자는 중소기업창업투자회사 또는 중소기업창업투자조합에 대하여 중소기업창업 및 진흥기금을 지원할 때 투자 실적 등이 대통령령으로 정하는 기준에 해당하는 자에게 먼저 지원할 수 있다.

제9조의2(창업지원정책협의회)

① 창업촉진 및 재창업지원 정책에 관하여 필요한 사항을 관계 중앙행정기관 및 창업지원기관과 협의하기 위하여 중소벤처기업부에 창업지원정책협의회를 둔다.

② 제1항에 따른 창업지원정책협의회의 구성, 기능, 운영 및 그 밖에 필요한 사항은 대통령령으로 정한다.

제9조의3(중소기업창업투자회사 전문 인력 육성 등)

중소벤처기업부장관은 중소기업창업투자회사의 원활한 운영과 창업자 및 벤처기업에 대한 투자를 촉진하기 위하여 다음 각 호의 사업에 대하여 지원을 할 수 있다.

1. 제10조제2항제3호에 따른 중소기업창업투자회사 전문 인력 육성
2. 외국인 투자자금 유치
3. 그 밖에 창업자 및 벤처기업에 대한 투자를 촉진하기 위하여 대통령령으로 정하는 사업

제10조(등록)

① 다음 각 호의 어느 하나에 해당하는 사업을 영위하는 회사로서 이 법에 따른 지원을 받으려는 자는 중소벤처기업부령으로 정하는 바에 따라 중소벤처기업부장관에게 중소기업창업투자회사로 등록하여야 한다. 중소기업창업투자회사가 등록한 사항 중 회사명과 소재지 등 중소벤처기업부령으로 정하는 중요 사항을 변경하려는 경우에도 또한 같다.

1. 창업자에 대한 투자
2. 「벤처기업육성에 관한 특별조치법」에 따른 벤처기업에 대한 투자

2의2. 「중소기업 기술혁신 촉진법」 제15조 및 제15조의3에 따른 기술혁신형·경영혁신형 중소기업에 대한 투자
3. 중소기업창업투자조합 및 「벤처기업육성에 관한 특별조치법」 제4조의3에 따른 한국벤처투자조합의 결성과 업무의 집행
4. 해외 기업의 주식 또는 지분 인수 등 중소벤처기업부장관이 정하는 방법에 따른 해외투자
5. 중소기업이 개발 또는 제작하며, 다른 사업과 회계의 독립성을 유지하는 방식으로 운영되는 사업에 대한 투자
6. 제1호, 제2호, 제2호의2, 제3호부터 제5호까지의 사업에 딸린 사업으로서 중소벤처기업부장관이 정하는 사업

② 중소기업창업투자회사는 다음 각 호의 요건을 모두 갖추어야 한다.
1. 「상법」에 따른 주식회사로서 납입자본금의 규모와 차입 비중이 대통령령으로 정하는 요건을 충족할 것
2. 임원이 다음 각 목의 어느 하나에 해당하지 아니하는 자일 것. 이 경우 사목과 아목은 대표이사에게만 적용한다.
가. 미성년자·피성년후견인 또는 피한정후견인
나. 파산 선고를 받고 복권되지 아니한 자
다. 금고 이상의 실형을 선고받고 그 집행이 끝나거나(집행이 끝난 것으로 보는 경우를 포함한다) 집행이 면제된 날부터 5년이 지나지 아니한 자
라. 금고 이상의 형의 집행유예를 선고받고 그 유예기간 중에 있는 자
마. 「유사수신행위의 규제에 관한 법률」이나 그 밖에 대통령령으로 정하는 금융 관련 법령을 위반하여 벌금 이상의 형을 선고받고 그 집행이 끝나거나(집행이 끝난 것으로 보는 경우를 포함한다) 집행이 면제된 날부터 5년이 지나지 아니한 자
바. 이 법에 따라 등록이 취소된 중소기업창업투자회사의 취소 당시의 임원이었던 자(그 등록취소 사유의 발생에 관하여 직접 책임이 있거나 이에 상응하는 책임이 있는 자 또는 창업 투자 업무에 적합하지 아니하다고 판단되는 자로서 각각 대통령령으로 정하는 자만 해당한다)로서 등록이 취소된 날부터 5년이 지나지 아니한 자
사. 금융거래 등 상거래에서 약정한 날짜 이내에 채무를 갚지 아니한 자로서 대통령령으로 정하는 자
아. 다른 중소기업창업투자회사의 대주주(대통령령으로 정하는 출자자를 말한다. 이하 이 조에서 같다) 또는 임직원
자. 제12조에 따라 말소하기 전에 제43조에 따른 취소 사유가 있었던 경우에는 그 말소 당시의 임원(제43조에 따른 등록취소 사유에 직접 책임이 있거나 이에 상응하는 책임이 있는 자로서 대통령령으로 정하는 자만 해당한다)에게 그

사유를 통보한 후 그 통보를 받은 날부터 5년(등록 말소일부터 7년을 초과하는 경우에는 등록 말소일부터 7년으로 한다)이 지나지 아니한 자

차. 제42조제1항제1호에 따라 면직 또는 해임된 날부터 5년이 지나지 아니한 자

2의2. 대주주가 대통령령으로 정하는 사회적 신용을 갖출 것

3. 대통령령으로 정하는 기준에 따른 상근하는 전문 인력과 시설을 보유할 것

4. 창업투자회사와 투자자 간, 특정 투자자와 다른 투자자 간의 이해상충을 방지하기 위한 체계를 갖출 것

③ 제2항제2호의2에서 정한 요건을 갖추지 못한 자가 새로 주식을 취득하여 대주주가 된 경우에는 해당 취득 주식에 대하여 의결권을 행사할 수 없다.

④ 중소벤처기업부장관은 제2항제2호의2에서 정한 요건을 갖추지 못한 자가 새로 주식을 취득하여 대주주가 된 경우에는 6개월 이내의 기간을 정하여 해당 취득 주식의 처분을 명할 수 있다.

제11조(권리 · 의무의 승계)

① 중소기업창업투자회사가 그 영업을 양도하거나 합병을 하면 그 영업을 양수한 자 또는 합병한 후 존속하는 법인이나 합병으로 설립되는 법인은 이 법에 따른 중소기업창업투자회사로서의 지위를 승계한다. 다만, 그 영업을 양수한 자 또는 합병한 후 존속하는 법인이나 합병으로 설립되는 법인이 제10조제2항 각 호의 요건을 모두 갖추지 아니한 경우에는 그러하지 아니하다.

② 제1항에 따라 중소기업창업투자회사로서의 지위를 승계한 자는 승계한 날부터 30일 이내에 중소벤처기업부령으로 정하는 바에 따라 중소벤처기업부장관에게 이를 신고하여야 한다.

제12조(신청에 따른 등록의 말소)

① 중소기업창업투자회사는 제10조제1항 각 호의 사업을 영위하기가 불가능하거나 어려운 경우에는 중소벤처기업부령으로 정하는 바에 따라 그 등록의 말소를 신청할 수 있다.

② 중소벤처기업부장관은 중소기업창업투자회사가 제1항에 따른 등록 말소신청을 하면 지체 없이 그 등록을 말소하여야 한다.

제13조(등록 등의 공고)

중소벤처기업부장관은 중소기업창업투자회사가 다음 각 호의 어느 하나에 해당하면 지체 없이 그 내용을 관보에 공고하고 컴퓨터 통신 등을 이용하여 일반인에게 알려야 한다.

1. 제10조제1항에 따라 등록을 한 경우
2. 제12조제2항에 따라 등록을 말소한 경우
3. 제43조제1항에 따라 등록을 취소한 경우

제14조(중소기업창업투자회사의 공시)

① 중소기업창업투자회사는 다음 각 호의 사항을 공시(公示)하여야 한다.

1. 조직과 인력에 관한 사항
2. 재무와 손익에 관한 사항
3. 중소기업창업투자조합의 결성 및 운영 성과에 관한 사항
4. 제42조의2제3항에 따른 경영개선 조치를 요구받은 경우와 제43조제6항에 따른 업무정지, 시정명령 또는 경고를 받은 경우 그 조치에 관한 사항

② 제1항에 따른 공시의 시기 및 방법 등에 필요한 사항은 중소벤처기업부장관이 정한다.

제15조(중소기업창업투자회사의 행위 제한)

① 중소기업창업투자회사는 다음 각 호의 어느 하나에 해당하는 행위를 하여서는 아니 된다. 다만, 중소기업창업투자회사의 자산 운용의 건전성을 해칠 우려가 없는 경우로서 대통령령으로 정하는 경우에는 그러하지 아니하다.

1. 제3조 단서에 따른 업종을 영위하는 기업에 투자하는 행위
2. 「독점규제 및 공정거래에 관한 법률」 제9조에 따른 상호출자제한기업집단에 속하는 회사에 투자하는 행위
3. 대통령령으로 정하는 금융기관의 주식을 취득하거나 소유하는 행위
4. 창업보육센터 등 대통령령으로 정하는 범위의 업무용 부동산을 제외한 부동산(이하 "비업무용부동산"이라 한다)을 취득하거나 소유하는 행위. 다만, 담보권의 실행으로 비업무용부동산을 취득하는 경우에는 그러하지 아니하다.
5. 그 밖에 설립 목적을 해치는 것으로서 대통령령으로 정하는 행위

② 중소기업창업투자회사는 제1항제4호 단서에 따라 담보권의 실행으로 비업무용부동산을 취득한 경우에는 1년의 범위에서 중소벤처기업부령으로 정하는 기간에 이를 처분하여야 한다.

제15조의2(대주주의 행위제한)

① 중소기업창업투자회사의 대주주(대통령령으로 정하는 그의 특수관계인을 포함한다. 이하 같다)는 중소기업창업투자회사의 이익에 반하여 대주주 자신의 이익을 얻을 목적으로 다음 각 호의 어느 하나에 해당하는 행위를 하여서는 아니 된다.

1. 중소기업창업투자회사에 부당한 영향력을 행사하기 위하여 외부에 공개되지 아니한 자료 또는 정보의 제공을 요구하는 행위. 다만, 「상법」 제466조에 따른 권리의 행사에 해당하는 경우에는 그러하지 아니하다.
2. 경제적 이익 등 반대급부의 제공을 조건으로 다른 주주와 담합하여 중소기업창업투자회사의 투자활동 등 경영에 부당한 영향력을 행사하는 행위
3. 중소기업창업투자회사로 하여금 위법행위를 하도록 요구하는 행위

4. 금리, 수수료, 담보 등에 있어서 통상적인 거래조건과 비교하여 해당 중소기업창업투자회사에 현저하게 불리한 조건으로 대주주 자신이나 제3자와의 거래를 요구하는 행위
5. 그 밖에 제1호부터 제4호까지에 준하는 행위로서 대통령령으로 정하는 행위

② 중소벤처기업부장관은 중소기업창업투자회사의 대주주가 제1항을 위반한 행위가 있다고 인정되는 경우에는 중소기업창업투자회사 또는 대주주에게 필요한 자료의 제출을 요구할 수 있다.

제16조(중소기업창업투자회사의 투자 의무)

① 중소기업창업투자회사는 등록 후 3년이 지난날까지 납입자본금의 100분의 50의 범위에서 대통령령으로 정하는 비율의 금액 이상을 제10조제1항제1호, 제2호, 제2호의2, 제3호 및 제5호의 사업에 사용하여야 한다. 이 경우 같은 항 제1호, 제2호, 제2호의2 및 제5호의 사업에 사용한 금액을 산정할 때 신규로 발행되는 주식 또는 무담보전환사채의 인수 등 중소벤처기업부령으로 정하는 용도로 사용한 금액에 한하여 이를 포함하여 산정한다. 다만, 중소기업창업투자회사가 대통령령으로 정하는 일정 규모 이상의 중소기업창업투자조합을 결성하여 운영하는 경우에는 그러하지 아니하다.

② 중소기업창업투자회사는 등록 후 3년이 지난 날 이후에도 제1항에 따른 투자의무비율을 유지하여야 하며, 중소기업창업투자회사가 투자회수·경영정상화 등 중소벤처기업부장관이 인정하는 사유로 제1항에 따른 투자의무비율을 유지하지 못하면 중소벤처기업부장관은 1년 이내의 범위에서 투자의무 이행 유예기간을 줄 수 있다.

③ 제1항에도 불구하고 중소기업창업투자회사가 개인 또는 「벤처기업육성에 관한 특별조치법」 제13조에 따른 개인투자조합이 3년 이상 보유한 창업자의 주식(신규로 발행하는 주식을 인수한 경우에 한정한다)을 인수한 경우에는 해당 인수 금액을 제1항에 따른 투자의무비율 금액에 포함하여 산정한다.

제17조(중소기업창업투자회사의 해외투자 요건)

① 중소기업창업투자회사는 납입자본금의 100분의 10 이상의 금액을 제16조제1항에 따라 중소벤처기업부령으로 정하는 용도로 제10조제1항제1호, 제2호 및 제2호의2에 따른 사업에 사용한 경우에는 그 사업에 사용한 금액의 범위에서 같은 항 제4호에 따른 해외투자를 할 수 있다. 다만, 등록한 지 3년이 지난 중소기업창업투자회사는 제16조제1항에 따른 중소기업창업투자회사의 투자의무비율을 달성한 경우에 해외투자를 할 수 있다.

② 제1항에 따른 해외투자 한도는 납입자본금의 100분의 40의 범위에서 대통령령으로 정하는 비율로 한다.

제18조(자금의 차입 등)

① 중소기업창업투자회사는 그 사업 수행을 위하여 필요하면 정부, 정부가 설치한 기금, 국내외 금융기관, 외국정부 또는 국제기구로부터 자금을 차입할 수 있다.

② 중소기업창업투자회사는 그 사업 수행에 필요한 재원을 충당하기 위하여 자본금과 적립금 총액의 10배의 범위에서 사채를 발행할 수 있다.

제19조(결산 보고)

중소기업창업투자회사는 대통령령으로 정하는 바에 따라 회계연도마다 결산서를 중소벤처기업부장관에게 제출하여야 한다.

제19조의2(액셀러레이터의 등록 등)

① 제19조의3과 제19조의4에 해당하는 사업을 영위하는 자로서 이 법에 따른 지원을 받으려는 자는 중소벤처기업부령으로 정하는 바에 따라 중소벤처기업부장관에게 액셀러레이터로 등록하여야 한다. 액셀러레이터가 등록한 사항 중 법인명과 소재지 등 중소벤처기업부령으로 정하는 중요 사항을 변경하려는 경우에도 또한 같다.

② 액셀러레이터는 다음 각 호의 요건을 모두 갖추어야 한다.

1. 다음 각 목의 어느 하나에 해당하는 법인으로서 해당 각 목의 요건을 갖출 것
   가. 「상법」에 따른 회사 : 납입자본금이 대통령령으로 정하는 금액 이상일 것
   나. 「민법」 등에 따른 비영리법인 : 제19조의3과 제19조의4에 해당하는 사업에 출연한 재산이 대통령령으로 정하는 금액 이상일 것. 이 경우 비영리법인은 해당 사업의 수입과 지출이 명백하도록 「법인세법」 제113조에 따라 비영리법인 내 다른 사업과 각각 별개의 회계로 기록하여야 한다.
2. 임원이 다음 각 목의 어느 하나에 해당하지 아니하는 자일 것
   가. 미성년자·피성년후견인 또는 피한정후견인
   나. 파산 선고를 받고 복권되지 아니한 자
   다. 금고 이상의 실형을 선고받고 그 집행이 끝나거나(집행이 끝난 것으로 보는 경우를 포함한다) 집행이 면제된 날부터 5년이 지나지 아니한 자
   라. 금고 이상의 형의 집행유예를 선고받고 그 유예기간 중에 있는 자
   마. 「유사수신행위의 규제에 관한 법률」이나 그 밖에 대통령령으로 정하는 금융 관련 법령을 위반하여 벌금 이상의 형을 선고받고 그 집행이 끝나거나(집행이 끝난 것으로 보는 경우를 포함한다) 집행이 면제된 날부터 5년이 지나지 아니한 자
3. 제19조의3과 제19조의4에 해당하는 사업을 수행하기 위한 사업계획 등이 중소벤처기업부령으로 정하는 기준에 맞을 것
4. 대통령령으로 정하는 기준에 따른 상근 전문 인력과 시설을 보유할 것

제19조의3(초기창업자의 선발 및 투자)

① 액셀러레이터는 지원할 초기창업자를 선발하여 대통령령으로 정하는 금액 이상을 투자하여야 한다.

② 액셀러레이터가 제1항에 따라 초기창업자를 선발할 때에는 창업자 선발대회 또는 그 밖의 공정한 방법에 따라야 한다.

제19조의4(초기창업자에 대한 전문보육 등)

① 액셀러레이터는 초기창업자의 성공 가능성을 높이기 위하여 대통령령으로 정하는 기간 이상 다음 각 호에 해당하는 사항을 지원(이하 이 장에서 "전문보육"이라 한다)하여야 한다.

1. 사업 모델 개발
2. 기술 및 제품 개발
3. 시설 및 장소의 확보
4. 그 밖에 중소벤처기업부령으로 정하는 지원

② 액셀러레이터는 전문보육의 성과를 제고하기 위하여 초기창업자에 대하여 다음 각 호에 해당하는 사항을 추가적으로 지원할 수 있다.

1. 투자자와의 제휴
2. 초기창업자 홍보
3. 다른 기업과의 인수·합병
4. 초기창업자의 해외 진출
5. 그 밖의 중소벤처기업부령으로 정하는 지원

제19조의5(개인투자조합의 결성 등)

① 액셀러레이터는 초기창업자에 투자할 목적으로 「벤처기업육성에 관한 특별조치법」 제13조에 따른 개인투자조합을 결성할 수 있다.

② 제1항에 따른 개인투자조합의 운용 등에 관하여는 「벤처기업육성에 관한 특별조치법」 제13조제2항부터 제11항까지와 제13조의2 및 제13조의3을 준용한다. 이 경우 제13조제5항과 제13조의2에서의 "벤처기업과 창업자"는 "초기창업자"로 본다.

제19조의6(창업보육센터의 액셀러레이터 전환 지원)

중소벤처기업부장관은 제6조제1항에 따른 창업보육센터가 액셀러레이터로 전환할 경우 필요한 비용의 전부 또는 일부를 지원할 수 있다.

제19조의7(액셀러레이터 육성 시책 수립·시행)

정부는 국제적 역량을 갖춘 액셀러레이터를 육성하기 위하여 필요한 시책을 수립·시행할 수 있다.

제19조의8(민관 공동 창업자 발굴·육성)

① 중소벤처기업부장관은 창업자의 성장·발전을 위하여 액셀러레이터와 공동으로 창업자를 발굴·육성하기 위한 사업을 시행할 수 있다.

② 중소벤처기업부장관은 제1항에 따른 창업자 발굴·육성 사업을 효율적으로 추진하기 위하여 액셀러레이터 중에서 다음 각 호의 어느 하나에 해당하는 자를 해당 사업의 운영자(이하 이 장에서 "사업 운영자"라 한다)로 선정할 수 있다.

1. 「벤처기업육성에 관한 특별조치법」 제2조의2에 따른 벤처기업
2. 「벤처기업육성에 관한 특별조치법」 제4조의9에 따른 전담회사
3. 제2조제4호에 따른 중소기업창업투자회사
4. 대기업(「중소기업기본법」 제2조에 따른 중소기업이 아닌 기업을 말한다)
5. 그 밖의 중소벤처기업부장관이 정한 기준에 해당하는 자

③ 중소벤처기업부장관은 사업 운영자가 발굴한 창업자 중에서 유망한 자에 대하여는 연구개발비 또는 창업사금 등을 우선하여 지원할 수 있다.

④ 제2항에 따른 사업 운영자 선정에 관한 세부기준은 중소벤처기업부장관이 정한다.

제19조의9(준용)

액셀러레이터의 등록, 운영 등에 관하여 제19조의2부터 제19조의8까지에서 정한 사항을 제외하고는 제11조부터 제14조까지를 준용한다. 이 경우 제11조부터 제14조까지에서 "중소기업창업투자회사"는 "액셀러레이터"로, 제11조제1항에서 "제10조제2항"은 "제19조의2제2항"으로, 제12조제1항에서 "제10조제1항 각 호"는 "제19조의3 및 제19조의4"로, 제14조제1항제3호에서 "중소기업창업투자조합"은 "제19조의5에 따른 개인투자조합"으로 본다.

제20조(조합의 결성 등)

① 다음 각 호의 어느 하나에 해당하는 자와 그 외의 자가 출자하여 중소기업창업투자조합을 결성하는 경우에는 대통령령으로 정하는 바에 따라 중소벤처기업부장관에게 등록하여야 한다. 등록 사항을 변경하는 경우에도 또한 같다.

1. 중소기업창업투자회사
2. 「여신전문금융업법」 제41조에 따른 신기술사업금융업자
3. 「벤처기업육성에 관한 특별조치법」 제4조의3제1항제3호에서 규정한 유한회사 또는 유한책임회사로서 중소벤처기업부장관이 정한 요건을 모두 충족한 회사

② 중소기업창업투자조합은 조합의 채무에 대하여 무한책임을 지는 1인 이상의 조합원(이하 "업무집행조합원"이라 한다)과 출자액을 한도로 하여 유한책임을 지는 유한책임조합원으로 구성한다. 이 경우 업무집행조합원은 다음 각 호의 어느 하나에 해당하는 자로 하되, 그중 1인은 제1항 각 호에 해당하는 자이어야 한다.

1. 「벤처기업육성에 관한 특별조치법」 제4조의3제1항 각 호의 어느 하나에 해당하는 자
2. 「국가재정법」 제8조제1항에 따른 기금관리주체로서 같은 법 별표 2에 따른 기금을 관리·운용하는 자
3. 법률에 따라 공제 사업을 경영하는 법인
4. 그 밖에 대통령령으로 정하는 자

③ 제2항 전단에도 불구하고 제47조의2제1항에 따른 공모창업투자조합을 결성하는 경우 업무집행조합원은 1인으로 한다.

④ 중소기업창업투자조합의 업무집행조합원은 중소기업창업투자조합 운영 중에 제1항 각 호의 다른 회사로 변경할 수 없다.

⑤ 조합원은 조합 규약에서 정하는 바에 따라 출자금액의 전액을 한꺼번에 출자하거나 나누어 출자할 수 있다.

⑥ 중소기업창업투자조합의 출자금액, 조합원 수 및 존속 기간 등 등록 요건과 그 운영 등에 필요한 사항은 대통령령으로 정한다.

제21조(업무의 집행 등)

① 중소기업창업투자조합의 업무는 업무집행조합원이 집행한다.

② 업무집행조합원은 선량한 관리자의 주의로 제1항에 따른 업무를 집행하여야 한다. 이 경우 자기 또는 제삼자의 이익을 위하여 중소기업창업투자조합의 재산을 사용하여서는 아니 된다.

③ 중소기업창업투자조합은 등록 후 3년이 지난날까지 출자금의 100분의 50의 범위에서 대통령령으로 정하는 비율의 금액 이상을 제16조제1항 및 제3항에 따라 중소벤처기업부령으로 정하는 용도로 제10조제1항제1호, 제2호, 제2호의2 및 제5호에 따른 사업에 사용하여야 한다. 다만, 중소기업창업투자조합이 투자회수 등 중소벤처기업부장관이 인정하는 사유로 등록 후 3년이 지난날까지 대통령령으로 정하는 비율의 금액을 달성하지 못하면 중소벤처기업부장관은 1년 이내의 범위에서 투자의무 이행 유예기간을 줄 수 있다.

④ 업무집행조합원은 중소기업창업투자조합의 업무를 집행할 때 자금차입, 지급보증 또는 담보제공을 하여서는 아니 된다.

⑤ 업무집행조합원의 중소기업창업투자조합 업무의 집행에 관하여는 제15조를 준용한다. 이 경우 "중소기업창업투자회사"는 "중소기업창업투자조합"으로 본다.

⑥ 중소기업창업투자조합의 해외투자에 관하여는 제17조를 준용한다. 이 경우 "중소기업창업투자회사"는 "중소기업창업투자조합"으로, "납입자본금"은 "출자금"으로 본다.

제22조(중소기업창업투자조합 재산의 관리와 운용)

① 업무집행조합원은 중소기업창업투자조합 재산을 다음 각 호에서 정하는 바에 따라

관리하여야 한다.

1. 중소기업창업투자조합 재산의 보관을 「자본시장과 금융투자업에 관한 법률」에 따른 신탁업자에 위탁할 것
2. 신탁업자를 변경하는 경우에는 조합원 총회의 승인을 받을 것

② 제1항에 따른 수탁회사는 다음 각 호의 업무를 한다.

1. 중소기업창업투자조합 재산의 보관 및 관리
2. 업무집행조합원의 중소기업창업투자조합 재산 운용 지시에 따른 자산의 취득 및 처분의 이행

③ 업무집행조합원은 중소기업창업투자조합 재산으로 「자본시장과 금융투자업에 관한 법률」 제8조의2제4항제1호에 따른 증권시장으로서 중소벤처기업부장관이 정하는 시장에 상장된 법인의 주식을 취득하는 경우에 출자금 총액의 100분의 20을 초과하여 투자할 수 없다.

제23조(결산 보고)

제21조제1항에 따른 업무집행조합원은 대통령령으로 정하는 바에 따라 해마다 중소기업창업투자조합의 사업연도가 끝난 뒤 3개월 이내에 그 결산서를 중소벤처기업부장관에게 제출하여야 한다.

제24조(업무집행조합원의 탈퇴)

업무집행조합원은 다음 각 호의 어느 하나에 해당하는 경우가 아니면 중소기업창업투자조합에서 탈퇴할 수 없다.

1. 중소기업창업투자회사의 등록이 취소된 경우
2. 중소기업창업투자회사가 파산한 경우
3. 중소기업창업투자조합 조합원 전원의 동의가 있는 경우

제24조의2(조합원의 지분양도)

① 업무집행조합원은 다른 조합원 전원의 동의를 받지 아니하면 그 지분의 전부 또는 일부를 타인에게 양도하지 못한다.

② 유한책임조합원의 지분은 조합계약에서 정하는 바에 따라 양도할 수 있다.

③ 유한책임조합원의 지분을 양수한 자는 양도인의 조합에 대한 권리·의무를 승계한다.

제25조(해산)

① 중소기업창업투자조합은 다음 각 호의 어느 하나에 해당하는 사유가 있는 때에는 해산한다.

1. 존속기간의 만료
2. 유한책임조합원 전원의 탈퇴

3. 중소기업창업투자회사인 업무집행조합원 전원의 탈퇴
4. 중소기업창업투자회사인 업무집행조합원 전원의 등록의 말소
5. 그 밖에 대통령령으로 정하는 사유

② 중소기업창업투자조합에 제1항제3호 및 제4호에 해당하는 사유가 발생하면 유한책임조합원 전원의 동의로 대통령령으로 정하는 바에 따라 그 사유가 발생한 날부터 3개월 이내에 중소기업창업투자회사인 업무집행조합원을 가입하게 하여 중소기업창업투자조합을 계속할 수 있다.

③ 중소기업창업투자조합이 해산하는 경우에는 그 업무집행조합원이 청산인이 된다. 다만, 해당 조합의 규약에서 정하는 바에 따라 업무집행조합원 외의 자를 청산인으로 선임할 수 있다.

④ 중소기업창업투자조합의 해산 당시에 출자금액을 초과하는 채무가 있으면 업무집행조합원이 그 채무를 변제하여야 한다.

제26조(청산결과 보고와 등록의 말소)

① 제25조제3항에 따른 청산인이 청산사무를 끝마친 경우에는 중소벤처기업부령으로 정하는 바에 따라 지체 없이 그 결과를 중소벤처기업부장관에게 보고하여야 한다.

② 중소벤처기업부장관은 제1항에 따른 보고를 받으면 지체 없이 그 중소기업창업투자조합의 등록을 말소하여야 한다.

제27조(조합 재산의 보호)

중소기업창업투자조합 조합원의 채권자가 조합원에 대하여 채권을 행사할 때에는 「민법」 제704조와 제712조에도 불구하고 그 조합원이 중소기업창업투자조합에 출자한 금액의 범위에서 이를 행사할 수 있다.

제28조(수익처분)

중소기업창업투자조합은 업무집행조합원인 중소기업창업투자회사에 조합 규약에서 정하는 바에 따라 투자수익에 따른 성과보수를 지급할 수 있으며, 성과보수 지급을 위한 투자수익의 산정 방식 등에 필요한 사항은 대통령령으로 정한다.

제29조(조합의 공시)

업무집행조합원은 다음 각 호의 서류를 사무소에 갖추어 두고 누구든지 열람할 수 있도록 하여야 한다.

1. 해당 중소기업창업투자조합의 규약
2. 매 회계연도의 결산서
3. 그 밖에 조합의 운영에 관한 서류로서 중소벤처기업부장관이 고시하는 것

제30조(「민법」의 준용)

중소기업창업투자조합에 관하여 이 법에 규정한 것 외에는 「민법」 중 조합에 관한 규정을 준용한다.

제31조(중소기업상담회사의 등록)

① 다음 각 호의 사업을 영위하는 회사로서 이 법에 따른 지원을 받으려는 자는 중소벤처기업부령으로 정하는 바에 따라 중소벤처기업부장관에게 중소기업상담회사로 등록하여야 한다. 중소기업상담회사가 등록한 사항 중 회사명과 소재지 등 중소벤처기업부령으로 정하는 중요 사항을 변경하려는 경우에도 또한 같다.

1. 중소기업의 사업성 평가
2. 중소기업의 경영 및 기술 향상을 위한 용역
3. 중소기업에 대한 사업의 알선
4. 중소기업의 자금 조달·운용에 대한 자문 및 대행
5. 창업 절차의 대행
6. 창업보육센터의 설립·운영에 대한 자문
7. 제1호부터 제6호까지의 사업에 딸린 사업으로서 중소벤처기업부장관이 정하는 사업

② 제1항에 따른 중소기업상담회사는 다음 각 호의 요건을 모두 갖추어야 한다.

1. 「상법」에 따른 회사로서 납입자본금이 대통령령으로 정하는 금액 이상일 것
2. 임원이 다음 각 목의 어느 하나에 해당하지 아니하는 자일 것
   가. 미성년자·피성년후견인 또는 피한정후견인
   나. 파산선고를 받고 복권되지 아니한 자
   다. 금고 이상의 실형을 선고받고 그 집행이 끝나거나(집행이 끝난 것으로 보는 경우를 포함한다) 집행이 면제된 날부터 3년이 지나지 아니한 자
   라. 금고 이상의 형의 집행유예를 선고받고 그 유예기간 중에 있는 자
   마. 금융거래 등 상거래에서 약정한 날짜 이내에 채무를 갚지 아니한 자로서 대통령령으로 정하는 자
3. 대통령령으로 정하는 기준에 따른 전문 인력 및 시설을 보유할 것

제32조(용역비의 지원)

중소벤처기업부장관은 중소기업상담회사가 창업자에게 용역을 제공하면 대통령령으로 정하는 바에 따라 그 용역 대금의 일부를 지원할 수 있다.

제33조(사업계획의 승인)

① 제조업(「통계법」 제22조제1항에 따라 통계청장이 작성·고시하는 한국표준산업분류상의 제조업을 말한다)을 영위하고자 하는 창업자는 대통령령으로 정하는 바에 따

라 사업계획을 작성하고, 이에 대한 시장·군수 또는 구청장(자치구의 구청장만을 말한다. 이하 같다)의 승인을 받아 사업을 할 수 있다. 사업자 또는 공장용지의 면적 등 대통령령으로 정하는 중요 사항을 변경하려는 경우에도 또한 같다.

② 시장·군수 또는 구청장은 제1항에 따른 사업계획의 승인을 할 때에는 그 공장의 건축면적이 「산업집적활성화 및 공장설립에 관한 법률」 제8조에 따른 기준공장면적률에 적합하도록 하여야 한다.

③ 시장·군수 또는 구청장은 제1항에 따른 사업계획의 승인 신청을 받은 날부터 20일 이내에 승인 여부를 알려야 한다. 이 경우 20일 이내에 승인 여부를 알리지 아니한 때에는 20일이 지난날의 다음 날에 승인한 것으로 본다.

④ 중소벤처기업부장관은 창업에 따른 절차를 간소화하기 위하여 제1항에 따른 사업계획 승인에 관한 업무를 처리할 때 필요한 지침을 작성하여 고시할 수 있다.

제34조(사전 협의)

① 창업자는 제33조제1항에 따른 사업계획의 승인을 신청하기 전에 시장·군수 또는 구청장에게 사업계획의 승인 가능성 등에 관하여 사전 협의를 요청할 수 있다.

② 제1항에 따른 사전 협의 절차 등에 필요한 사항은 대통령령으로 정한다.

제35조(다른 법률과의 관계)

① 제33조제1항에 따라 사업계획을 승인할 때 다음 각 호의 허가, 인가, 면허, 승인, 지정, 결정, 신고, 해제 또는 용도폐지(이하 이 조에서 "허가등"이라 한다)에 관하여 시장·군수 또는 구청장이 제4항에 따라 다른 행정기관의 장과 협의를 한 사항에 대하여는 그 허가등을 받은 것으로 본다.

1. 「산업집적활성화 및 공장설립에 관한 법률」 제13조제1항에 따른 공장설립 등의 승인
2. 「사방사업법」 제14조에 따른 벌채 등의 허가와 같은 법 제20조에 따른 사방지(砂防地) 지정의 해제
3. 「공유수면 관리 및 매립에 관한 법률」 제8조에 따른 공유수면의 점용·사용허가, 같은 법 제17조에 따른 점용·사용 실시계획의 승인 또는 신고 및 같은 법 제28조에 따른 공유수면의 매립면허
4. 삭제
5. 「하천법」 제30조에 따른 하천공사의 허가와 같은 법 제33조에 따른 하천의 점용허가
6. 「산지관리법」 제14조 및 제15조에 따른 산지전용허가, 산지전용신고, 같은 법 제15조의2에 따른 산지일시사용허가·신고 및 같은 법 제21조에 따라 산지전용된 토지의 용도변경 승인과 「산림자원의 조성 및 관리에 관한 법률」 제36조제1

항 및 제4항에 따른 입목벌채 등의 허가와 신고

7. 「사도법」 제4조에 따른 사도(私道)의 개설허가
8. 「국토의 계획 및 이용에 관한 법률」 제56조제1항에 따른 개발행위의 허가, 같은 법 제86조에 따른 도시·군계획시설사업의 시행자 지정 및 같은 법 제88조에 따른 실시계획의 작성·인가
9. 「농지법」 제34조제1항에 따른 농지의 전용허가, 같은 법 제35조제1항에 따른 농지의 전용신고 및 같은 법 제40조제1항에 따른 용도변경의 승인
10. 「초지법」 제23조에 따른 초지의 전용허가 또는 전용 신고
11. 「국유재산법」 제30조에 따른 국유재산의 사용허가 및 같은 법 제40조에 따른 도로, 하천, 도랑 및 제방의 용도폐지
12. 「도로법」 제61조제1항에 따른 도로의 점용허가
13. 「환경영향평가법」에 따른 소규모 환경영향평가 협의
14. 「농어촌정비법」 제23조제1항 본문에 따른 농업생산기반시설의 사용허가
15. 「장사 등에 관한 법률」 제27조제1항에 따른 타인의 토지 등에 설치된 분묘 개장(改葬)의 허가
16. 「공유재산 및 물품 관리법」 제20조제1항에 따른 행정재산의 사용허가·수익허가 및 같은 법 제11조에 따른 행정재산의 용도폐지
17. 「부동산 거래신고 등에 관한 법률」 제11조에 따른 토지거래계약에 관한 허가

② 제33조제1항에 따라 사업계획의 승인을 받은 공장에 대해 「건축법」 제11조에 따른 건축허가를 할 때 해당 시장·군수 또는 구청장이 다음 각 호의 허가, 인가, 승인, 동의, 심사 또는 신고(이하 이 조에서 "승인등"이라 한다)에 관하여 제4항에 따라 다른 행정기관의 장과 협의를 한 사항에 대하여는 그 승인등을 받은 것으로 본다.

1. 「도로법」 제61조제1항에 따른 도로의 점용허가
2. 「하수도법」 제24조에 따른 점용허가와 같은 법 제27조제3항 및 제4항에 따른 배수설비의 설치신고
3. 「하수도법」 제34조제2항에 따른 개인하수처리시설설치의 신고
4. 「화재예방, 소방시설 설치·유지 및 안전관리에 관한 법률」 제7조제1항에 따른 건축허가등의 동의, 「소방시설공사업법」 제13조제1항에 따른 소방시설공사의 신고와 「위험물안전관리법」 제6조제1항에 따른 제조소등의 설치허가
5. 「대기환경보전법」 제23조, 「물환경보전법」 제33조, 「소음·진동관리법」 제8조 및 「가축분뇨의 관리 및 이용에 관한 법률」 제11조에 따른 배출시설의 설치허가 또는 설치신고
6. 「폐기물관리법」 제29조제2항에 따른 폐기물처리시설의 설치승인 또는 설치신고

7. 「수도법」 제52조와 제54조에 따른 전용수도설치의 인가
8. 「전기사업법」 제62조에 따른 자가용전기설비의 공사계획 인가 또는 신고
9. 「총포·도검·화약류 등의 안전관리에 관한 법률」 제25조제1항에 따른 화약류 간이저장소 설치의 허가
10. 「건축법」 제11조제1항에 따른 건축허가, 같은 법 제14조제1항에 따른 건축신고, 같은 법 제20조제1항과 제3항에 따른 가설건축물의 건축허가 또는 건축신고 및 같은 법 제83조제1항에 따른 공작물 축조의 신고
11. 「토양환경보전법」 제12조에 따른 특정토양오염관리대상시설 설치의 신고
12. 「액화석유가스의 안전관리 및 사업법」 제5조에 따른 가스용품 제조사업의 허가와 같은 법 제8조에 따른 액화석유가스 저장시설의 설치허가
13. 「고압가스 안전관리법」 제4조에 따른 고압가스의 제조허가와 고압가스저장소 설치의 허가, 같은 법 제5조제1항에 따른 용기, 냉동기 및 특정설비의 제조등록, 같은 법 제20조제1항에 따른 특정고압가스 사용신고
14. 「산업안전보건법」 제48조제4항에 따른 유해·위험방지계획서의 심사 및 같은 법 제49조의2제3항에 따른 공정안전보고서의 심사

③ 제33조제1항에 따라 사업계획의 승인을 받은 공장에 대하여 「건축법」 제22조에 따라 건축물의 사용승인을 할 때 해당 시장·군수 또는 구청장이 다음 각 호의 검사, 신고, 동의 또는 신청(이하 이 조에서 "검사등"이라 한다)에 관하여 제4항에 따라 다른 행정기관의 장과 협의를 한 사항에 대하여는 그 검사등을 받은 것으로 본다.

1. 「하수도법」 제37조에 따른 준공검사
2. 「화재예방, 소방시설 설치·유지 및 안전관리에 관한 법률」 제7조제1항에 따른 사용승인의 동의, 「소방시설공사업법」 제14조에 따른 소방시설공사의 완공검사와 「위험물안전관리법」 제9조에 따른 제조소등의 완공검사
3. 「폐기물관리법」 제29조제4항에 따른 폐기물처리시설 사용개시의 신고
4. 「대기환경보전법」 제30조제1항 및 「물환경보전법」 제37조에 따른 배출시설 등의 가동개시 신고
5. 「총포·도검·화약류 등의 안전관리에 관한 법률」 제43조에 따른 완성검사
6. 「먹는 물 관리법」 제23조제1항에 따른 먹는샘물 제조업의 조건부 영업허가
7. 「전기사업법」 제63조에 따른 자가용전기설비의 사용 전 검사
8. 「액화석유가스의 안전관리 및 사업법」 제36조제2항에 따른 저장시설 설치와 가스용품 제조시설의 완성검사
9. 「고압가스 안전관리법」 제16조제3항에 따른 고압가스의 제조, 저장소 설치, 용기 등의 제조시설 설치공사의 완성검사 및 같은 법 제20조에 따른 특정고압가스 시설의 완성검사
10. 「국토의 계획 및 이용에 관한 법률」 제62조제1항과 같은 법 제98조제2항에 따

른 준공검사

11. 「공간정보의 구축 및 관리 등에 관한 법률」 제64조제2항에 따른 토지 이동 등의 등록 신청

④ 시장·군수 또는 구청장이 제33조에 따른 사업계획의 승인 또는 「건축법」 제11조제1항 및 같은 법 제22조제1항에 따른 건축허가와 사용승인을 할 때 그 내용 중 제1항부터 제3항까지에 해당하는 사항이 다른 행정기관의 권한에 속하는 경우에는 그 행정기관의 장과 협의하여야 하며, 협의를 요청받은 행정기관의 장은 대통령령으로 정하는 기간에 의견을 제출하여야 한다. 이 경우 다른 행정기관의 장이 그 기간에 의견을 제출하지 아니하면 의견이 없는 것으로 본다.

제36조(법령 제정·개정 시의 협의)

관계 행정기관의 장은 제33조에 따른 사업계획의 승인, 창업자의 공장에 대한 「건축법」 제11조제1항의 건축허가나 같은 법 제22조제1항의 사용승인과 관련되는 사항을 법령으로 제정하거나 개정하려면 미리 중소벤처기업부장관과 협의하여야 한다.

제37조(사업계획 승인의 취소 등)

① 시장·군수 또는 구청장은 사업계획의 승인을 받은 자가 다음 각 호의 어느 하나에 해당하면 사업계획의 승인과 공장 건축허가를 취소하거나 해당 토지의 원상회복을 명령할 수 있다.

1. 사업계획의 승인을 받은 날부터 대통령령으로 정하는 기간이 지난날까지 공장의 착공을 하지 아니하거나 공장착공 후 대통령령으로 정하는 기간 이상 공사를 중단한 경우
2. 사업계획의 승인을 받은 공장용지를 「산업집적활성화 및 공장설립에 관한 법률」 제15조에 따른 공장설립 등의 완료 신고를 하기 전에 다른 사람에게 양도한 경우. 다만, 창업자에 양도한 경우에는 그러하지 아니하다.
3. 사업계획의 승인을 받은 공장용지를 다른 사람에게 임대하거나 공장이 아닌 용도로 활용하는 경우
4. 사업계획의 승인을 받은 후 대통령령으로 정하는 기간이 지난날까지 공장 건축을 끝내지 아니한 경우

② 시장·군수 또는 구청장은 제1항에 따른 원상회복명령을 위반하여 원상회복을 하지 아니하면 대집행(代執行)에 따라 원상회복을 할 수 있다.

③ 제2항에 따른 대집행의 절차에 관하여는 「행정대집행법」을 적용한다.

④ 시장·군수 또는 구청장은 제1항에 따라 사업계획의 승인을 취소하려면 청문을 하여야 한다.

제38조(창업민원처리기구의 설치)

① 정부는 민원인의 편의를 위하여 특별시·광역시·특별자치시·도·특별자치도 또는 시·군·구의 창업에 관련된 민원을 종합적으로 접수하여 처리할 수 있는 기구(이하 이 조에서 "중소기업창업민원실"이라 한다)를 설치할 수 있다.

② 중소기업창업민원실의 설치 및 운영에 필요한 사항은 대통령령으로 정한다.

제39조(창업진흥전담조직의 설치)

① 중소벤처기업부장관은 창업을 촉진하기 위한 업무를 전담하는 조직(이하 이 조에서 "전담조직"이라 한다)을 설치할 수 있다.

② 제1항에 따른 전담조직의 설치 및 운영 등에 필요한 사항은 대통령령으로 정한다.

제39조의2(청년기업가정신 재단법인에 대한 출연 등)

중소벤처기업부장관은 「민법」 제32조에 따라 중소벤처기업부장관의 설립허가를 받은 비영리법인으로서 청년 및 예비창업자 등을 대상으로 도전정신, 창의력, 혁신역량 등(이하 이 조에서 "기업가정신"이라 한다)을 함양하기 위하여 다음 각 호의 사업을 주요 목적으로 하는 재단법인에 대하여 예산의 범위에서 출연 또는 보조할 수 있다.

1. 기업가정신 활성화 사업의 기획, 개발 및 연구
2. 기업가정신의 실태조사 및 통계 구축·운영
3. 청년 및 예비창업자 등을 대상으로 하는 기업가정신 교육과정과 교재의 개발·보급, 교육사업의 관리·운영 지원
4. 기업가정신 모범사례의 발굴·전파 등 기업가정신을 확산하기 위한 분위기 조성 사업
5. 기업가정신 저해요인의 발굴·해소 및 재창업 여건 확충
6. 그 밖에 기업가정신의 함양 및 확산을 위하여 중소벤처기업부장관이 지정·위탁하는 사업

제39조의3(부담금의 면제)

① 제33조에 따라 사업계획의 승인을 받은 창업자에 대하여는 사업을 개시한 날부터 5년 동안 다음 각 호의 부담금을 면제한다.

1. 「농지법」 제38조제1항에 따른 농지보전부담금
2. 「초지법」 제23조제6항에 따른 대체초지조성비

② 「통계법」 제22조제1항에 따라 통계청장이 작성·고시하는 한국표준산업분류상의 제조업을 영위하기 위하여 중소기업을 창업하는 자에 대하여 사업을 개시한 날부터 3년 동안 다음 각 호의 부담금을 면제한다.

1. 「지방자치법」 제138조에 따른 분담금
2. 「농지법」 제38조제1항에 따른 농지보전부담금

3. 「초지법」 제23조제6항에 따른 대체초지조성비
4. 「전기사업법」 제51조제1항에 따른 부담금
5. 「대기환경보전법」 제35조제2항제1호의 기본부과금(대기오염물질배출량의 합계가 연간 10톤 미만인 사업장만 해당한다)
6. 「물환경보전법」 제41조제1항제1호의 기본배출부과금(1일 폐수배출량이 200m^3 미만인 사업장에 한한다)
7. 「자원의 절약과 재활용촉진에 관한 법률」 제12조제1항에 따른 폐기물부담금(연간 매출액이 20억 원 미만인 제조업자만 해당한다)
8. 「한강수계 상수원수질개선 및 주민지원 등에 관한 법률」 제19조제1항에 따른 물이용부담금
9. 「금강수계 물관리 및 주민지원 등에 관한 법률」 제30조제1항에 따른 물이용부담금
10. 「낙동강수계 물관리 및 주민지원 등에 관한 법률」 제32조제1항에 따른 물이용부담금
11. 「영산강·섬진강수계 물관리 및 주민지원 등에 관한 법률」 제30조제1항에 따른 물이용부담금
12. 「산지관리법」 제19조제1항에 따른 대체산림자원조성비

③ 제1항 및 제2항에 따른 부담금 면제의 절차 및 방법 등에 관하여 필요한 사항은 대통령령으로 정한다.

제39조의4(사업분리에 의한 창업 시 공장등록 특례)

「법인세법」 제1조제1호에 따른 내국법인(이하 이 조에서 "내국법인"이라 한다)이 하는 사업의 일부를 분리하여 사업을 개시하는 중소기업이 다음 각 호의 요건을 모두 갖춘 경우에는 「부가가치세법」 제5조에 따라 발급받은 사업자등록증은 사업을 개시한 날부터 2년 동안 「산업집적활성화 및 공장설립에 관한 법률」 제16조에 따라 공장등록을 하였음을 증명하는 서류로 본다.

1. 내국법인의 임직원이었던 자가 대표자, 최대주주 또는 최대출자자일 것
2. 내국법인과 사업의 분리에 관한 계약 및 그 내국법인의 공장 전부 또는 일부의 공동사용에 관한 계약을 서면으로 체결할 것

제39조의5(재택창업지원시스템 설치·운영)

① 중소벤처기업부장관은 「전자정부법」 제2조제10호에 따른 정보통신망을 통하여 회사를 설립할 수 있는 시스템(이하 이 조에서 "재택창업지원시스템"이라 한다)을 설치·운영할 수 있다.

② 관계 중앙행정기관 및 관련 기관은 재택창업지원시스템을 통한 창업 절차가 원활하게 진행될 수 있도록 해당 기관의 소관 업무를 신속하게 처리하는 등 협조하여야

한다.

③ 중소벤처기업부장관은 예산의 범위에서 관계 중앙행정기관 및 관련 기관이 재택창업지원시스템에 연계되는 개별 시스템을 운영하는 데에 드는 비용의 전부 또는 일부를 지원할 수 있다.

④ 제2항 및 제3항에서 규정한 사항 외에 재택창업지원시스템의 설치·운영에 필요한 절차 및 방법 등에 관한 사항은 대통령령으로 정한다.

제40조(보고와 검사)

① 중소벤처기업부장관은 필요하다고 인정하면 대통령령으로 정하는 바에 따라 중소기업창업투자회사, 액셀러레이터, 중소기업창업투자조합의 업무집행조합원, 중소기업상담회사 또는 창업보육센터사업자에게 업무운용 상황 등에 관한 보고를 하게 할 수 있으며, 다음 각 호의 어느 하나에 해당하는 경우에는 소속 공무원에게 사무소와 사업장에 출입하여 중소기업창업투자회사, 액셀러레이터 및 중소기업창업투자조합의 감사보고서 등 대통령령으로 정하는 장부·서류 등을 검사하게 할 수 있다.

1. 제10조제2항에 따른 중소기업창업투자회사의 등록요건 유지 여부의 확인이 필요한 경우
2. 제15조에 따른 중소기업창업투자회사의 행위제한 위반 여부의 확인이 필요한 경우
3. 제16조에 따른 중소기업창업투자회사의 투자의무 준수 여부의 확인이 필요한 경우
4. 제17조에 따른 중소기업창업투자회사의 해외투자 요건 준수 여부의 확인이 필요한 경우
5. 제19조의2제2항에 따른 액셀러레이터의 등록요건 유지 여부의 확인이 필요한 경우
6. 제19조의3제1항에 따른 액셀러레이터의 투자 여부의 확인이 필요한 경우
7. 제21조에 따른 업무집행조합원의 행위 등에 대한 위반 여부 및 투자의무 준수 여부의 확인이 필요한 경우
8. 그 밖에 제1호부터 제7호까지의 사항에 준하는 경우로서 대통령령으로 정하는 경우

② 제1항에 따라 검사를 하는 경우에는 검사 7일 전에 검사 일시, 검사 목적 및 검사 내용 등에 관한 검사계획을 검사받을 자에게 알려야 한다. 다만, 긴급하거나 증거인멸 등으로 검사 목적을 달성할 수 없다고 인정하는 경우에는 그러하지 아니하다.

③ 제1항에 따라 출입·검사하는 공무원은 그 권한을 표시하는 증표를 지니고 이를 관계인에게 내보여야 하며, 출입할 때 성명·출입시간·출입목적 등이 표시된 문서를 관계인에게 내주어야 한다.

제42조(임직원에 대한 제재 등)

① 중소벤처기업부장관은 중소기업창업투자회사 또는 업무집행조합원이 제43조제1항 또는 제3항 각 호의 어느 하나(제1호는 제외한다)에 해당하여 중소기업창업투자회사 또는 중소기업창업투자조합의 건전한 운영을 해칠 우려가 있다고 인정되는 경우에는 중소기업창업투자회사 임직원에 대하여 다음 각 호의 어느 하나에 해당하는 문책의 요구를 할 수 있다.

1. 면직 또는 해임
2. 6개월 이내의 직무정지
3. 감봉
4. 경고

② 제1항의 조치는 제43조제6항의 조치와 병과(倂科)할 수 있다.

③ 중소벤처기업부장관은 제1항 각 호의 조치의 기준과 절차 등에 필요한 사항을 정하여 고시할 수 있다.

제42조의2(경영 건전성 기준 등)

① 중소기업창업투자회사는 대통령령으로 정하는 경영 건전성 기준을 갖추어야 한다.

② 중소벤처기업부장관은 중소기업창업투자회사의 경영 건전성을 확보하기 위하여 경영실태에 대한 평가를 실시할 수 있다.

③ 중소벤처기업부장관은 중소기업창업투자회사가 제1항에 따른 기준을 갖추지 못하거나 제2항에 따른 경영실태 평가결과 경영 건전성 유지가 곤란하다고 인정되면 해당 중소기업창업투자회사에 대하여 자본금의 증액, 이익 배당의 제한 등 경영개선을 위하여 필요한 조치를 요구할 수 있다.

제43조(등록의 취소 등)

① 중소벤처기업부장관은 중소기업창업투자회사가 다음 각 호의 어느 하나에 해당하면 그 등록을 취소하거나 3년의 범위에서 대통령령으로 정하는 바에 따라 이 법에 따른 지원을 중단할 수 있다. 다만, 제1호에 해당하면 그 등록을 취소하여야 한다.

1. 거짓이나 그 밖에 부정한 방법으로 등록을 한 때
2. 제10조제2항에 따른 등록요건에 맞지 아니하게 된 때. 다만, 임원이 같은 항 제2호 각 목(같은 호 사목과 아목은 대표이사에게만 해당한다)의 어느 하나에 해당하는 경우 3개월 이내에 그 임원을 바꾸어 임명한 경우에는 그러하지 아니하다.
3. 정당한 사유 없이 1년 이상 계속하여 제16조제1항에 따라 중소벤처기업부령으로 정하는 용도로 제10조제1항제1호, 제2호, 제2호의2 및 제5호에 따른 투자를 하지 아니한 때. 다만, 제16조제1항에 따른 투자 의무 등 대통령령으로 정하는 사항을 모두 이행한 경우에는 그러하지 아니하다.
4. 회사의 책임 있는 사유로 제10조제1항에 따른 사업수행이 어렵게 된 때

5. 제15조제1항에 따른 행위제한 의무를 위반하거나 같은 조 제2항에 따른 비업무용부동산 처분의무를 위반한 때
6. 투자비율이 제16조에 따른 비율에 미치지 못할 때
7. 제17조를 위반하여 해외투자를 한 때
8. 중소기업창업투자조합의 업무집행조합원으로서 제21조제2항을 위반하여 자기 또는 제삼자의 이익을 위하여 중소기업창업투자조합의 재산을 사용한 때
9. 「유사수신행위의 규제에 관한 법률」 제3조를 위반한 때
10. 제42조제1항에 따른 문책의 요구, 제42조의2제3항에 따른 조치의 요구 및 제5항에 따른 조치를 이행하지 아니한 때
11. 중소기업창업투자조합의 업무집행조합원으로서 제21조제4항 또는 같은 조 제5항에 따라 준용되는 제15조를 위반하거나 「벤처기업육성에 관한 특별조치법」 제4조의3제2항에 따른 한국벤처투자조합의 업무집행조합원으로서 같은 법 제4조의4제2항을 위반한 때(제47조의2제1항에 따른 공모창업투자조합의 업무집행조합원의 경우 「자본시장과 금융투자업에 관한 법률」 또는 같은 법에 따른 명령이나 처분을 위반한 때를 포함한다) 또는 「금융회사의 지배구조에 관한 법률」(제24조부터 제26조까지의 규정으로 한정한다)을 위반한 때

② 중소벤처기업부장관은 액셀러레이터가 다음 각 호의 어느 하나에 해당하면 그 등록을 취소하거나 3년의 범위에서 대통령령으로 정하는 바에 따라 이 법에 따른 지원을 중단할 수 있다. 다만, 제1호에 해당하는 경우에는 그 등록을 취소하여야 한다. <신설 2016.5.29., 2017.7.26.>

1. 거짓이나 그 밖의 부정한 방법으로 등록한 경우
2. 제19조의2제2항에 따른 등록요건에 맞지 아니하게 된 경우
3. 제19조의3에 따른 초기창업자에 대한 투자금액이 기준에 미달하는 경우
4. 제19조의4에 따른 초기창업자에 대한 전문보육을 하지 아니하는 경우
5. 제19조의8제1항에 따른 발굴·육성과 관련하여 부정한 이익을 받거나 요구 또는 약속한 경우

③ 중소벤처기업부장관은 중소기업창업투자조합이 다음 각 호의 어느 하나에 해당하면 그 등록을 취소하거나 3년의 범위에서 대통령령으로 정하는 바에 따라 이 법에 따른 지원을 중단할 수 있다. 다만, 제1호에 해당하면 그 등록을 취소하여야 한다. <개정 2009.12.30., 2015.2.3., 2016.1.27., 2016.5.29., 2017.7.26.>

1. 거짓이나 그 밖에 부정한 방법으로 등록을 한 때
2. 제20조제6항에 따른 등록요건에 맞지 아니하게 된 때
3. 제21조제3항부터 제6항까지의 규정을 위반한 때

4. 업무집행조합원인 중소기업창업투자회사의 등록이 취소되거나 말소된 때
5. 제22조제1항 및 제3항을 위반한 때
6. 삭제 <2007.8.3.>

④ 중소벤처기업부장관은 중소기업상담회사가 다음 각 호의 어느 하나에 해당하면 그 등록을 취소하거나 3년의 범위에서 대통령령으로 정하는 바에 따라 이 법에 따른 지원을 중단할 수 있다. 다만, 제1호에 해당하면 그 등록을 취소하여야 한다. <개정 2015.2.3., 2016.5.29., 2017.7.26.>

1. 거짓이나 그 밖에 부정한 방법으로 등록을 한 때
2. 제31조제2항에 따른 등록요건에 맞지 아니하게 된 때. 다만, 임원 중 같은 항 제2호 각 목의 어느 하나에 해당하는 자가 있는 경우 6개월 이내에 그 임원을 바꾸어 임명한 경우에는 그러하지 아니하다.
3. 회사의 책임 있는 사유로 제31조제1항에 따른 사업수행이 어렵게 된 때
4. 정당한 사유 없이 1년 이상 계속하여 사업을 하지 아니한 때
5. 삭제 <2007.8.3.>

⑤ 중소벤처기업부장관은 창업보육센터사업자가 다음 각 호의 어느 하나에 해당하면 사업자의 지정을 취소하거나 3년의 범위에서 대통령령으로 정하는 바에 따라 이 법에 따른 지원을 중단할 수 있다. 다만, 제1호에 해당하면 그 지정을 취소하여야 한다.

1. 거짓이나 그 밖에 부정한 방법으로 지정을 받은 때
2. 지원받은 자금을 다른 목적으로 사용한 때
3. 창업보육센터 시설 및 장소를 중소기업 창업지원 외의 목적으로 사용한 때
4. 창업보육센터의 운영 실적이 중소벤처기업부령으로 정하는 기준에 미치지 못할 때
5. 제6조제1항에 따른 지정 요건에 맞지 아니하게 된 때

⑥ 중소벤처기업부장관은 중소기업창업투자회사 또는 중소기업창업투자조합 업무집행조합원이 제1항 또는 제3항 각 호의 어느 하나(제1항제1호 및 제3항제1호는 제외한다)에 해당하는 경우에는 다음 각 호의 어느 하나에 해당하는 조치를 할 수 있다.

1. 6개월 이내의 업무의 전부 또는 일부의 정지
2. 위법행위의 시정명령
3. 경고

⑦ 중소벤처기업부장관은 신기술사업금융업자가 제1항 또는 제3항 각 호의 어느 하나에 해당하는 경우에는 금융위원회에 해당 신기술사업금융업자 또는 그 임직원에 대하여 제6항 및 제42조제1항에 따른 조치를 취할 것을 요구할 수 있다.

제44조(청문)

중소벤처기업부장관은 제43조에 따라 중소기업창업투자회사, 액셀러레이터, 중소기업창업투자조합 또는 중소기업상담회사의 등록을 취소하거나 창업보육센터사업자의 지정을 취소하려면 청문을 하여야 한다.

제45조(권한의 위임·위탁)

① 이 법에 따른 중소벤처기업부장관의 권한은 대통령령으로 정하는 바에 따라 그 일부를 소속 기관의 장이나 특별시장·광역시장·특별자치시장·도지사 또는 특별자치도지사에게 위임할 수 있다.

② 중소벤처기업부장관은 이 법에 따른 업무의 일부를 대통령령으로 정하는 바에 따라 다른 행정기관의 장, 「중소기업진흥에 관한 법률」 제68조에 따른 중소기업진흥공단, 중소기업창업투자회사, 중소기업상담회사, 그 밖의 중소기업 관련 기관에 위탁할 수 있다.

제46조(비슷한 명칭의 사용 금지)

중소기업창업투자회사나 중소기업창업투자조합이 아닌 자는 중소기업창업투자회사와 중소기업창업투자조합의 명칭 또는 이와 비슷한 명칭을 사용하지 못한다.

제47조(업무기준의 고시)

중소벤처기업부장관은 중소기업창업투자회사, 액셀러레이터, 중소기업창업투자조합, 중소기업상담회사 또는 창업보육센터사업자가 창업자에 대하여 효율적으로 지원할 수 있도록 창업지원 업무에 관한 기준을 정하여 고시할 수 있다.

제47조의2(공모창업투자조합에 관한 특례)

① 「자본시장과 금융투자업에 관한 법률」 제11조부터 제16조까지, 제30조부터 제32조까지, 제34조부터 제43조까지, 제48조, 제50조부터 제53조까지, 제56조, 제58조, 제60조부터 제65조까지, 제80조부터 제83조까지, 제85조제2호·제3호 및 제6호부터 제8호까지, 제86조부터 제95조까지, 제181조부터 제183조까지, 제184조제1항·제2항·제5항부터 제7항까지, 제185조부터 제187조까지, 제218조부터 제223조까지, 제229조부터 제249조까지, 제249조의2부터 제249조의22까지, 제250조부터 제253조까지, 제415조부터 제425조까지 및 「금융회사의 지배구조에 관한 법률」(제24조부터 제26조까지의 규정은 제외한다)은 공모창업투자조합(「자본시장과 금융투자업에 관한 법률」 제9조제19항에 따른 사모집합투자기구에 해당하지 아니하는 창업투자조합을 말한다. 이하 같다) 및 창업투자회사(공모창업투자조합이 아닌 창업투자조합만을 결성하여 그 업무를 집행하는 창업투자회사를 제외한다)에 대하여는 적용하지 아니한다.

② 중소벤처기업부장관은 공모창업투자조합 또는 창업투자회사(공모창업투자조합이 아닌 창업투자조합만을 결성하여 그 업무를 집행하는 창업투자회사를 제외한다)를 등록하는 경우에는 미리 금융위원회와 협의하여야 한다.

③ 금융위원회는 공익 또는 공모창업투자조합의 조합원을 보호하기 위하여 필요한 경우에는 공모창업투자조합 및 창업투자회사(공모창업투자조합이 아닌 창업투자조합만을 결성하여 그 업무를 집행하는 창업투자회사를 제외한다)에 대하여 업무에 관한 자료의 제출이나 보고를 명할 수 있으며, 금융감독원의 원장으로 하여금 그 업무에 관하여 검사하게 할 수 있다.

④ 금융위원회는 공모창업투자조합 및 창업투자회사(공모창업투자조합이 아닌 창업투자조합만을 결성하여 그 업무를 집행하는 창업투자회사를 제외한다)가 이 법 또는 이 법에 따른 명령이나 처분을 위반하거나, 「자본시장과 금융투자업에 관한 법률」 또는 「자본시장과 금융투자업에 관한 법률」에 따른 명령이나 처분을 위반한 경우 또는 「금융회사의 지배구조에 관한 법률」(제24조부터 제26조까지의 규정으로 한정한다)을 위반한 경우에는 제42조제1항, 제43조제1항·제3항·제6항의 어느 하나에 해당하는 조치를 취하도록 중소벤처기업부장관에게 요구할 수 있고, 중소벤처기업부장관은 특별한 사유가 없는 한 이에 응하여야 한다. 이 경우 중소벤처기업부장관은 그 조치내역을 금융위원회에 통보하여야 한다.

제48조(벌칙)

① 다음 각 호의 어느 하나에 해당하는 자는 5년 이하의 징역 또는 5천만 원 이하의 벌금에 처한다.

1. 제4조의3제5항에 따라 취득한 정보를 누설하거나 직무상 목적 외에 사용한 자
2. 제15조의2제1항을 위반하여 대주주 자신의 이익을 얻을 목적으로 같은 항 각 호의 어느 하나에 해당하는 행위를 한 자

② 제10조제4항에 따른 처분명령을 위반하여 주식을 처분하지 아니한 자는 1년 이하의 징역 또는 1천만 원 이하의 벌금에 처한다.

제49조(양벌규정)

법인의 대표자나 법인 또는 개인의 대리인, 사용인, 그 밖의 종업원이 그 법인 또는 개인의 업무에 관하여 제48조의 위반행위를 하면 그 행위자를 벌하는 외에 그 법인 또는 개인에게도 해당 조문의 벌금형을 과(科)한다. 다만, 법인 또는 개인이 그 위반행위를 방지하기 위하여 해당 업무에 관하여 상당한 주의와 감독을 게을리 하지 아니한 경우에는 그러하지 아니하다.

제50조(과태료)

① 다음 각 호의 어느 하나에 해당하는 자에게는 500만 원 이하의 과태료를 부과한다.

<개정 2016.5.29.>

1. 제10조제1항 후단, 제19조의2제1항 또는 제20조제1항 후단에 따른 변경 등록을 하지 아니하거나 거짓으로 변경 등록을 한 자
2. 제11조제2항 또는 제19조의9에 따른 영업의 양수 등의 신고를 하지 아니하거나 거짓으로 신고한 자
3. 제14조에 따른 중소기업창업투자회사의 공시 또는 제19조의9에 따른 액셀러레이터의 공시를 하지 아니하거나 거짓으로 공시한 자
4. 제19조 또는 제23조에 따른 결산서를 제출하지 아니하거나 거짓된 결산서를 제출한 자
5. 제40조제1항에 따른 보고를 하지 아니하거나 거짓된 보고를 한 자 또는 같은 항에 따른 검사를 거부·방해 또는 기피한 자
6. 삭제 <2009.4.1.>
7. 제46조를 위반하여 비슷한 명칭을 사용한 자

② 제1항에 따른 과태료는 대통령령으로 정하는 바에 따라 중소벤처기업부장관이 부과·징수한다. <개정 2017.7.26.>

③ 삭제 <2009.1.30.>

④ 삭제 <2009.1.30.>

⑤ 삭제 <2009.1.30.>

2. 중소기업창업 지원법 시행령[55]

제1조(목적)

이 영은 「중소기업창업 지원법」에서 위임된 사항과 그 시행에 필요한 사항을 규정함을 목적으로 한다.

제2조(창업의 범위)

① 「중소기업창업 지원법」(이하 "법"이라 한다) 제2조제1호에 따른 창업은 다음 각 호의 어느 하나에 해당하지 아니하는 것으로서 중소기업을 새로 설립하여 사업을 개시하는 것을 말한다.

1. 타인으로부터 사업을 승계하여 승계 전의 사업과 같은 종류의 사업을 계속하는 경우. 다만, 사업의 일부를 분리하여 해당 기업의 임직원이나 그 외의 자가 사업을 개시하는 경우로서 중소벤처기업부령으로 정하는 요건에 해당하는 경우는 제외한다.

2. 개인사업자인 중소기업자가 법인으로 전환하거나 법인의 조직변경 등 기업형태를 변경하여 변경 전의 사업과 같은 종류의 사업을 계속하는 경우
3. 폐업 후 사업을 개시하여 폐업 전의 사업과 같은 종류의 사업을 계속하는 경우

② 제1항 각 호에 따른 같은 종류의 사업의 범위는 「통계법」 제22조제1항에 따라 통계청장이 작성·고시하는 한국표준산업분류(이하 “한국표준산업분류”라 한다)상의 세 분류를 기준으로 한다. 이 경우 기존 업종에 다른 업종을 추가하여 사업을 하는 경우에는 추가된 업종의 매출액이 총 매출액의 100분의 50 미만인 경우에만 같은 종류의 사업을 계속하는 것으로 본다.

③ 제2항 후단에 따른 추가된 업종의 매출액 또는 총 매출액은 추가된 날이 속하는 분기의 다음 2분기 동안의 매출액 또는 총 매출액을 말한다.

제2조의2(재창업의 범위)

법 제2조제1호의2에 따른 재창업은 부도 또는 파산 등으로 중소기업을 폐업하고 중소기업을 새로 설립하는 것으로 한다.

제3조(사업의 개시일)

법 제2조제2호, 제2호의2 및 제2호의3에 따른 사업을 개시한 날은 각각 다음 각 호와 같다.

1. 창업자 또는 재창업자가 법인이면 법인설립등기일
2. 창업자 또는 재창업자가 개인이면 「부가가치세법」 제8조제1항에 따른 사업개시일. 다만, 법 제33조에 따른 사업계획의 승인을 받아 사업을 개시하는 경우에는 「부가가치세법」 제8조제1항에 따른 사업자등록일

제4조(창업에서 제외되는 업종)

① 법 제3조제1호 단서에서 “대통령령으로 정하는 업종”이란 다음 각 호의 기준을 모두 갖춘 업종을 말한다. 이 경우 업종의 분류는 한국표준산업분류를 기준으로 한다.
1. 금융 및 보험업으로서 정보통신기술을 활용하여 금융서비스를 제공하는 업종을 그 주된 업종(「중소기업기본법 시행령」 제4조에 따른 주된 업종을 말한다. 이하 이 항에서 같다)으로 할 것
2. 그 외 기타 여신금융업을 주된 업종으로 하지 아니할 것

② 법 제3조제3호에서 “대통령령으로 정하는 업종”이란 다음 각 호의 어느 하나에 해당하는 업종을 말한다. 이 경우 업종의 분류는 한국표준산업분류를 기준으로 한다.
1. 숙박 및 음식점업(호텔업, 휴양콘도 운영업, 기타 관광숙박시설 운영업 및 상시근로자 20명 이상의 법인인 음식점업은 제외한다)
2. 무도장운영업
3. 골프장 및 스키장운영업

4. 기타 갬블링 및 베팅업
5. 기타 개인 서비스업(그 외 기타 개인 서비스업은 제외한다)
6. 그 밖에 제조업이 아닌 업종으로서 중소벤처기업부령으로 정하는 업종

제5조(창업지원계획의 수립 등)

① 법 제4조제1항에 따른 중소기업창업지원계획에는 다음 각 호의 사항이 포함되어야 한다.

1. 창업자의 지원에 관한 사항
2. 창업지원과 관련되는 기관·단체의 육성에 관한 사항
3. 「중소기업진흥에 관한 법률」 제63조에 따른 중소기업창업 및 진흥기금에서 지원하는 중소기업 창업지원자금의 운용에 관한 사항
4. 그 밖에 창업지원을 위하여 필요한 사항

② 법 제4조제2항에서 "대통령령으로 정하는 창업지원에 관한 사업을 하는 자"란 다음 각 호의 어느 하나에 해당하는 자를 말한다.

1. 법 제6조제1항에 따른 창업보육센터사업자
2. 법 제8조제1항에 따른 창업대학원
3. 중소기업창업투자회사
4. 중소기업창업투자조합
5. 중소기업상담회사
6. 법 제39조에 따른 창업을 촉진하기 위한 업무를 전담하는 조직
7. 그 밖에 창업강좌의 개최 또는 창업정보의 제공 등 창업지원사업을 하는 자로서 중소벤처기업부장관이 고시하는 기준을 갖춘 사업자

제5조의2(창업촉진사업에 대한 출연 또는 보조의 절차 등)

① 중소벤처기업부장관은 법 제4조의2제1항에 따른 창업촉진사업에 대하여 다음 각 호의 사항이 포함된 출연 또는 보조 계획을 수립하여 공고하여야 한다.

1. 출연 또는 보조의 대상이 되는 사업의 범위
2. 출연금 및 보조금(이하 이 조에서 "출연금등"이라 한다)의 신청자격, 신청절차 및 방법
3. 출연금등의 지원규모
4. 그 밖에 출연 또는 보조를 위하여 중소벤처기업부장관이 필요하다고 인정하는 사항

② 중소벤처기업부장관은 법 제4조의2제3항에 따라 대학, 연구기관, 공공기관, 창업 관련 단체, 중소기업 및 예비창업자에게 출연하거나 보조하려는 때에는 해당 사업을 수행하는 자와 다음 각 호의 사항이 포함된 협약을 체결하여야 한다.

1. 사업의 내용

2. 출연금등의 용도 및 관리계획
3. 사업성과의 활용
4. 협약의 변경에 관한 사항
5. 그 밖에 사업 시행에 필요하다고 중소벤처기업부장관이 인정하는 사항

③ 중소벤처기업부장관은 제2항에 따른 출연금등을 사업의 내용 또는 착수시기 등을 고려하여 일시에 지급하거나 분할하여 지급할 수 있다.

④ 제3항에 따라 출연금등을 지급받은 자는 별도의 계정을 설정하여 관리하여야 하며, 출연금등을 협약에서 정한 용도에만 사용하여야 한다.

제5조의3(창업촉진사업)

법 제4조의2제1항제4호에서 “그 밖에 창업교육 및 창업 기반시설 확충 등 대통령령으로 정하는 사업”이란 다음 각 호의 사업을 말한다.

1. 예비창업자 대상 창업교육
2. 창업 관련 정보 제공
3. 창업 공간 지원
4. 시제품 제작 지원
5. 창업자의 판로 지원
6. 창업 관련 정보시스템의 운영

제5조의4(창업촉진사업 추진 시 우대 대상 예비청년창업자 등의 범위)

법 제4조의2제2항에서 “대통령령으로 정하는 예비청년창업자 또는 청년창업자”란 39세 이하의 예비창업자 또는 창업자를 말한다.

제6조(창업보육센터사업자의 지정)

① 법 제6조제1항제2호에서 “그 밖에 대통령령으로 정하는 전문 인력”이란 별표 1의 전문 인력을 말한다.

② 창업보육센터사업자의 지정을 받으려는 자는 지정신청서에 중소벤처기업부령으로 정하는 서류를 첨부하여 중소벤처기업부장관에게 제출하여야 한다. 지정받은 사항을 변경한 경우에도 또한 같다.

제7조(국유재산 사용료의 감면)

① 법 제6조제3항에서 “대통령령으로 정하는 금액”이란 「국유재산법 시행령」 제29조제2항에 따라 산출한 재산가액에 100분의 1을 곱한 금액을 말하며, 월 단위로 나누어 계산할 수 있다.

② 동일한 입주자(법 제6조제2항에 따라 창업보육센터에 입주한 자를 말한다. 이하 같다)가 동일한 국유재산을 계속하여 2개 연도 이상 임차하는 경우로서 제1항에 따라 산출한 연간 사용료가 전년도의 사용료보다 10퍼센트 이상 인상되는 경우에는 「국유재산법 시행령」 제31조에 따라 산출한 금액을 그 사용료로 한다.

제7조의2(공유재산 사용료의 감면)

① 법 제6조제5항에 따른 공유재산의 연간 사용료는 「공유재산 및 물품 관리법 시행령」 제14조제1항에 따른 해당 재산 평정가격에 100분의 1을 곱한 금액으로 하며, 월 단위로 나누어 계산할 수 있다.

② 동일한 입주자가 동일한 공유재산을 계속하여 2개 연도 이상 임차하는 경우로서 제1항에 따라 산출한 연간 사용료가 전년도의 사용료보다 10퍼센트 이상 인상되는 경우에는 「공유재산 및 물품 관리법 시행령」 제16조에 따라 산출한 금액을 그 사용료로 한다.

제7조의3(대학 내 창업지원 전담조직의 업무)

법 제7조의2제1항에 따른 창업지원업무를 전담하는 조직(이하 "창업지원 전담조직"이라 한다)은 다음 각 호의 업무를 수행한다.

1. 대학 내 창업지원업무의 총괄 기획·조정
2. 대학 내 도전정신, 창의력, 혁신역량 등(이하 "기업가정신"이라 한다) 및 창업 교육 제고
3. 창업자 발굴 및 사업화 지원
4. 대학 내 창업보육센터 등 창업지원기구 관리
5. 해당 대학 내 창업기업에 대한 투자, 인력, 기술, 판로 등에 대한 지원
6. 「벤처기업육성에 관한 특별조치법」 제2조제5항에 따른 실험실공장과 같은 조 제8항에 따른 신기술창업전문회사에 대한 자금 등 지원
7. 창업 수요 및 활동에 대한 정보의 수집·제공 및 홍보
8. 해당 대학 내 창업지원사업 관련 업무 담당자에 대한 교육 및 훈련
9. 대학 간 창업지원사업의 연계 및 조정

제8조(기금의 우선지원)

법 제9조에 따라 「중소기업진흥에 관한 법률」 제63조에 따른 중소기업창업 및 진흥기금을 우선적으로 지원받을 수 있는 자는 투자실적이 납입자본금의 100분의 50 이상이거나 부채비율이 중소벤처기업부장관이 정하여 고시하는 기준 이하인 중소기업창업투자회사 및 그 중소기업창업투자회사가 결성하는 중소기업창업투자조합으로 한다.

제8조의2(정책협의회의 구성)

① 법 제9조의2제1항에 따른 창업지원정책협의회(이하 "정책협의회"라 한다)는 위원장 1명을 포함하여 15명 이내의 위원으로 구성한다.

② 정책협의회의 위원장은 중소벤처기업부차관이 된다.

③ 정책협의회의 위원은 다음 각 호의 사람이 된다.

1. 기획재정부, 과학기술정보통신부, 문화체육관광부, 산업통상자원부, 고용노동부, 중소벤처기업부 및 금융위원회의 고위공무원단에 속하는 공무원 중 소속기관의 장이 지명하는 사람 각 1명
2. 창업지원기관의 임직원 중 중소벤처기업부장관이 위촉하는 사람

④ 정책협의회에 간사 1명을 두며, 간사는 중소벤처기업부 공무원 중에서 중소벤처기업부장관이 지명한다.

제8조의3(정책협의회의 기능)

정책협의회는 다음 각 호의 사항을 협의한다.

1. 법 제4조에 따른 창업지원계획의 수립
2. 법 제4조의2에 따른 창업촉진사업의 추진
3. 법 제4조의3에 따른 재창업지원
4. 법 제4조의4에 따른 지역특화산업 창업의 지원
5. 법 제5조에 따른 창업 정보의 제공
6. 법 제7조에 따른 창업 교육
7. 창업촉진 및 재창업지원과 관련한 부처 간 사업기능 조정
8. 그 밖에 창업촉진 및 재창업지원을 위하여 필요한 사항으로서 정책협의회의 위원장이 회의에 부치는 사항

제8조의4(정책협의회의 운영)

① 정책협의회의 위원장은 정책협의회를 소집하고, 그 의장이 된다.

② 정책협의회의 위원장이 부득이한 사유로 직무를 수행할 수 없을 때에는 정책협의회의 위원장이 미리 지명한 위원이 그 직무를 대행한다.

③ 정책협의회의 위원장은 필요한 경우 창업촉진 및 재창업지원에 관한 학식과 경험이 풍부한 사람으로 구성된 자문단을 운영할 수 있다.

④ 이 영에서 규정한 것 외에 정책협의회의 운영에 필요한 사항은 정책협의회의 의결을 거쳐 정책협의회의 위원장이 정한다.

제9조(중소기업창업투자회사의 등록요건)

① 법 제10조제2항제1호에서 "대통령령으로 정하는 요건"이란 다음 각 호의 요건을 말한다.

1. 납입자본금이 20억 원 이상일 것

2. 차입금이 납입자본금의 100분의 20 미만일 것

② 법 제10조제2항제2호마목에서 "대통령령으로 정하는 금융 관련 법령"이란 다음 각 호의 어느 하나에 해당하는 법률을 말한다.

1. 「금융산업의 구조개선에 관한 법률」
2. 「은행법」
3. 「자본시장과 금융투자업에 관한 법률」
4. 삭제
5. 삭제
6. 삭제
7. 삭제
8. 「보험업법」
9. 「상호저축은행법」
10. 「여신전문금융업법」
11. 「신용보증기금법」
12. 「기술보증기금법」
13. 「신용협동조합법」
14. 「새마을금고법」
15. 「신용정보의 이용 및 보호에 관한 법률」
16. 「외국환거래법」
17. 「금융위원회의 설치 등에 관한 법률」
18. 「자산유동화에 관한 법률」
19. 「금융실명거래 및 비밀보장에 관한 법률」
20. 「외국인투자촉진법」
21. 「기업구조조정투자회사법」
22. 「산업발전법」
23. 「금융회사의 지배구조에 관한 법률」

③ 법 제10조제2항제2호바목 및 자목에서 "대통령령으로 정하는 자"란 다음 각 호의 어느 하나에 해당하는 자를 말한다.

1. 대표이사
2. 감사
3. 등록취소의 원인이 되는 행위를 지시한 자

④ 법 제10조제2항제2호사목에서 "대통령령으로 정하는 자"란 정당한 사유 없이 약정한 날을 3개월 이상 지난 채무가 1천만 원을 초과하는 자를 말한다.

⑤ 법 제10조제2항제2호아목에서 "대통령령으로 정하는 출자자"란 다음 각 호의 어느

하나에 해당하는 자를 말한다.

1. 의결권 있는 발행주식총수를 기준으로 본인 및 「금융회사의 지배구조에 관한 법률 시행령」 제3조제1항에 따른 특수관계인(이하 "특수관계인"이라 한다)이 소유하는 주식이 가장 많고 그 주식수가 의결권 있는 발행주식총수의 100분의 10을 초과하는 경우의 그 본인
2. 누구의 명의로 하든지 자기의 계산으로 의결권 있는 발행주식총수의 100분의 30 이상의 주식을 소유한 자
3. 임원의 임면 등 해당 중소기업창업투자회사의 주요 경영사항에 대하여 사실상 지배력을 행사하고 있는 주주

⑥ 법 제10조제2항제2호의2에서 "대통령령으로 정하는 사회적 신용"이란 다음 각 호의 모든 요건에 적합한 것을 말한다. 다만, 그 위반 등의 정도가 경미하다고 중소벤처기업부장관이 인정하는 경우는 제외한다.

1. 최근 3년간 법, 제2항에 따른 금융 관련 법령, 「독점규제 및 공정거래에 관한 법률」 또는 「조세범 처벌법」을 위반하여 벌금형 이상에 상당하는 형사처벌을 받은 사실이 없을 것. 다만, 법 제49조 또는 그 밖에 해당 법률의 양벌규정에 따라 처벌을 받은 경우는 제외한다.
2. 최근 3년간 채무불이행 등으로 건전한 신용질서를 해친 사실이 없을 것
3. 최근 5년간 「금융산업의 구조개선에 관한 법률」에 따라 부실금융기관으로 지정되었거나 법 또는 제2항에 따른 금융 관련 법령에 따라 영업의 허가·인가·등록 등이 취소된 자가 아닐 것

⑦ 법 제10조제2항제3호에 따라 중소기업창업투자회사가 갖추어야 하는 상근하는 전문 인력과 시설의 기준은 다음과 같다.

1. 다음 각 목의 어느 하나에 해당하는 2명 이상의 전문 인력. 다만, 법 제10조제2항제2호바목 또는 자목에 해당하는 자로서 등록이 취소된 날 또는 그 사유를 통보받은 날부터 3년(등록말소일부터 5년을 초과하는 경우에는 등록말소일부터 5년)이 지나지 아니한 자는 제외한다.
   가. 「변호사법」에 따른 변호사, 「공인회계사법」에 따른 공인회계사 또는 「변리사법」에 따른 변리사
   나. 「국가기술자격법」에 따른 기술사 자격을 취득한 자 또는 이공계열·경상계열 박사학위를 소지한 자
   다. 「자본시장과 금융투자업에 관한 법률」 제8조의2제4항제1호에 따른 증권시장에 주권이 상장된 적이 있거나 상장되어 있는 법인의 설립자 및 상장할 당시의 대표이사

라. 「중소기업진흥에 관한 법률」 제50조에 따른 경영지도사·기술지도사 또는 이공계열·경상계열 석사학위를 소지한 자로서 관련 업무에 3년 이상 종사한 자

마. 이공계열 학사 이상의 학위를 소지한 자로서 국·공립연구기관, 「정부출연연구기관 등의 설립·운영 및 육성에 관한 법률」 또는 「과학기술분야 정부출연연구기관 등의 설립·운영 및 육성에 관한 법률」에 따른 정부출연연구기관, 「기초연구진흥 및 기술개발지원에 관한 법률」 제14조제1항제2호에 따른 기업부설연구소에서 관련 업무에 4년 이상 종사한 자

바. 학사학위를 소지한 자로서 「금융위원회의 설치 등에 관한 법률」 제38조에 따른 검사대상기관(「여신전문금융업법」 제41조에 따른 신기술사업금융업을 경영하는 회사는 제외한다) 또는 중소기업창업투자회사의 업무에 준하는 업무를 수행하는 외국회사(그 계열사 및 지점을 포함한다)에서 3년 이상 투자심사업무(대출심사업무는 제외한다)를 한 경력이 있는 자

사. 중소기업창업투자회사, 「산업발전법」(법률 제9584호 산업발전법 전부개정법률로 개정되기 전의 것을 말한다) 제14조에 따른 기업구조조정전문회사(이하 "기업구조조정전문회사"라 한다), 「여신전문금융업법」 제41조에 따른 신기술사업금융업을 영위하는 회사 또는 「벤처기업육성에 관한 특별조치법」 제4조의3제1항제3호에 따른 유한회사에서 2년 이상 투자심사업무를 한 경력이 있는 자

아. 라목부터 바목까지에 따른 자격·학력기준을 충족한 자 중 경력기준에 못 미치는 자 또는 바목에 따른 경력기준에 못 미치는 자로서 중소벤처기업부장관이 인정하는 중소기업창업투자회사 전문 인력양성 교육과정을 마친 자

2. 투자상담을 위한 전용공간 확보 등 중소벤처기업부장관이 정하는 기준을 충족한 사무실

제10조(중소기업창업투자회사의 행위 제한)

① 법 제15조제1항 각 호 외의 부분 단서에서 "대통령령으로 정하는 경우"란 다음 각 호의 어느 하나에 해당하는 경우를 말한다.

1. 「자본시장과 금융투자업에 관한 법률」 제8조의2제4항제1호에 따른 증권시장에서 주식을 취득하는 경우로서 중소벤처기업부장관이 인정하여 고시하는 경우
2. 다음 각 목의 조합의 업무집행조합원이나 회사의 업무집행사원으로 참여하는 경우

가. 「산업발전법」(법률 제9584호 산업발전법 전부개정법률로 개정되기 전의 것을 말한다) 제15조에 따른 기업구조조정조합(이하 "기업구조조정조합"이라

한다)

나.「자본시장과 금융투자업에 관한 법률」 제9조제19항제1호에 따른 경영참여형 사모집합투자기구(이하 "경영참여형 사모집합투자기구"라 한다)

다. 그 밖에 다른 법령에 따라 설립된 조합이나 회사로서 그 업무가 중소기업창업투자조합이나 중소기업창업투자회사의 업무로 적합함을 중소벤처기업부장관이 인정하여 고시하는 조합이나 회사

3. 중소기업창업투자회사가 인수·합병을 목적으로 다른 중소기업창업투자회사의 주식을 취득하는 경우. 다만, 최초의 주식 취득일부터 6개월 이내에 인수·합병이 이루어지지 아니하는 경우에는 취득한 주식을 최초의 주식 취득일부터 9개월 이내에 처분하여야 한다.

4. 법 제15조제1항제1호의 경우 중소기업창업투자회사가 법 제3조제1호 본문, 같은 조 제2호·제3호에 따른 업종 중 중소기업 육성을 위하여 지원이 필요하다고 중소벤처기업부장관이 인정하여 고시하는 업종에 투자하는 경우

5. 법 제15조제1항제2호의 경우 중소기업창업투자회사가「문화산업진흥 기본법」 제43조에 따른 문화산업전문회사(이하 이 조에서 "문화산업전문회사"라 한다)를 통하여 문화콘텐츠 사업 등 중소벤처기업부장관이 인정하여 고시하는 사업에 투자하는 경우. 다만,「독점규제 및 공정거래에 관한 법률」 제9조에 따른 상호출자제한기업집단에 속하는 중소기업창업투자회사가 동일한 상호출자제한기업집단에 속하는 문화산업전문회사의 주식이나 지분을 취득 또는 소유하는 방식으로 투자하는 경우는 제외한다.

② 법 제15조제1항제3호에서 "대통령령으로 정하는 금융기관"이란 다음 각 호의 어느 하나에 해당하는 자를 말한다.

1.「금융실명거래 및 비밀보장에 관한 법률」 제2조제1호에 따른 금융기관
2. 기업구조조정전문회사 및 기업구조조정조합
3. 경영참여형 사모집합투자기구

③ 법 제15조제1항제4호에서 "대통령령으로 정하는 범위의 업무용 부동산"이란 다음 각 호의 어느 하나에 해당하는 것을 말한다.

1. 해당 중소기업창업투자회사가 직접 설립한 창업보육센터
2. 제9조제7항제2호에 따른 사무실(지점을 포함한다)
3. 그 밖에 법 제10조제1항제5호에 따른 사업에 직접 필요한 부동산으로서 중소벤처기업부장관이 인정하는 것

④ 법 제15조제1항제5호에서 "대통령령으로 정하는 행위"란 다음 각 호의 어느 하나에 해당하는 행위를 말한다.

1. 다음 각 목의 어느 하나에 해당하는 자와 거래하는 행위
   가. 해당 중소기업창업투자회사가 결성한 중소기업창업투자조합. 다만, 중소기업창업투자회사가 중소기업창업투자조합의 해산이나 그 밖에 중소벤처기업부장관이 인정하는 불가피한 사유로 인하여 거래하는 경우는 제외한다.
   나. 해당 중소기업창업투자회사의 특수관계인. 다만, 제6호에 따라 중소기업창업투자회사가 경영지배를 목적으로 투자하는 경우에는 그러하지 아니하다.
   다. 해당 중소기업창업투자회사의 주요주주(누구의 명의로 하든지 자기의 계산으로 의결권 있는 발행주식총수의 100분의 10 이상의 주식을 소유하거나 임원의 임면 등 해당 중소기업창업투자회사의 주요경영사항에 대하여 사실상 지배력을 행사하고 있는 주주를 말한다) 및 그 특수관계인. 다만, 주요주주의 특수관계인 중 다음의 어느 하나에 해당하는 주요주주의 자회사 또는 출자회사(다음의 해당 법령에서 자회사 또는 출자회사로 규정한 자를 말하며, 다음의 어느 하나에 해당하는 주요주주의 주요 경영사항에 대하여 사실상 지배력을 행사하고 있는 자의 특수관계인인 자회사 또는 출자회사는 제외한다)는 제외한다.
      1) 「기술의 이전 및 사업화 촉진에 관한 법률」 제21조의3에 따른 기술지주회사
      2) 「벤처기업육성에 관한 특별조치법」 제11조의2에 따른 신기술창업전문회사
      3) 「산업교육진흥 및 산학연협력촉진에 관한 법률」 제36조의2에 따른 기술지주회사
   라. 해당 중소기업창업투자회사가 결성한 중소기업창업투자조합의 주요출자자(본인 및 그 특수관계인이 누구의 명의로 하든지 자기의 계산으로 출자총액의 100분의 10 이상의 출자지분을 소유한 경우 그 본인인 출자자를 말한다. 이하 이 목에서 같다) 및 그 특수관계인. 다만, 다음의 어느 하나에 해당하는 경우는 제외한다.
      1) 중소기업창업투자회사가 자신이 결성한 중소기업창업투자조합의 주요출자자의 특수관계인인 「벤처기업육성에 관한 특별조치법」 제4조의3에 따른 한국벤처투자조합(이하 "한국벤처투자조합"이라 한다) 중 중소기업창업투자회사 등이 보유하고 있는 주식 등의 자산 매수를 주된 목적으로 결성된 조합에 주식 등 보유자산을 매각하는 경우
      2) 중소기업창업투자회사가 자신이 결성한 중소기업창업투자조합의 주요출자자 중 다음의 어느 하나에 해당하는 자의 특수관계인인 다른 중소기업창업투자조합 또는 한국벤처투자조합과 거래하는 경우

가) 「벤처기업육성에 관한 특별조치법」 제4조의2제1항에 따른 중소기업투자모태조합
나) 「국가재정법」 제8조제1항에 따른 기금관리주체로서 같은 법 별표 2에 따른 기금을 관리·운용하는 자
다) 「은행법」에 따른 은행(같은 법 제58조제1항에 따라 금융위원회의 인가를 받은 외국은행의 국내 지점·대리점 및 사무소를 포함한다)
라) 「한국산업은행법」에 따른 한국산업은행
마) 「중소기업은행법」에 따른 중소기업은행
바) 「농업협동조합법」에 따른 농업협동조합중앙회
사) 「상호저축은행법」에 따른 상호저축은행
아) 「보험업법」에 따른 보험회사
자) 「우체국 예금·보험에 관한 법률」에 따른 체신관서
차) 법률에 따라 공제사업을 경영하는 법인
카) 삭제

3) 중소기업창업투자회사가 결성한 중소기업창업투자조합의 해산 또는 제3자에게 매각할 수 없는 투자지분의 회수를 위하여 거래하는 경우
4) 중소기업창업투자회사가 결성한 중소기업창업투자조합의 건전한 자산운용을 해칠 우려가 없는 경우로서 해당 중소기업창업투자조합 조합원 전원의 동의를 받아 거래하는 경우
5) 중소기업창업투자회사가 자신이 결성한 중소기업창업투자조합의 주요출자자의 특수관계인 중 다음의 어느 하나에 해당하는 주요출자자의 자회사 또는 출자회사(다음의 해당 법령에서 자회사 또는 출자회사로 규정한 자를 말하며, 다음의 어느 하나에 해당하는 주요출자자의 주요 경영사항에 대하여 사실상 지배력을 행사하고 있는 자의 특수관계인인 자회사 또는 출자회사는 제외한다)와 거래하는 경우
가) 「기술의 이전 및 사업화 촉진에 관한 법률」 제21조의3에 따른 기술지주회사
나) 「벤처기업육성에 관한 특별조치법」 제11조의2에 따른 신기술창업전문회사
다) 「산업교육진흥 및 산학연협력촉진에 관한 법률」 제36조의2에 따른 기술지주회사

2. 해당 중소기업창업투자회사가 결성한 중소기업창업투자조합이 다음 각 목의 어느 하나에 해당하는 조합이나 회사와 거래하는 행위. 다만, 해당 중소기업창업

자회사가 업무집행조합원 또는 업무집행사원인 조합이나 회사와의 거래인 경우 만 해당한다.

가. 중소기업창업투자조합

나. 한국벤처투자조합

다. 기업구조조정조합

라. 경영참여형 사모집합투자기구

3. 중소기업창업투자회사의 자산으로 타인을 위하여 담보를 제공하거나 채무를 보증하는 행위
4. 해당 중소기업창업투자회사의 임직원에 대한 대출로서 중소벤처기업부령으로 정하는 금액을 초과하는 대출
5. 중소기업창업투자회사 명의로 제3자를 위하여 주식을 취득하거나 자금을 중개하는 행위
6. 경영지배를 목적으로 투자하는 행위. 다만, 다음 각 목의 요건을 모두 갖춘 경우는 제외한다.

가. 중소벤처기업부령으로 정하는 경영지배의 성립일부터 6개월(그 주식이나 지분을 보유함으로써 중소기업창업투자회사나 중소기업창업투자조합의 이익을 명백하게 해칠 우려가 있음을 중소벤처기업부장관이 인정하는 경우에는 기간을 단축할 수 있다)이 되는 날까지 해당 중소기업의 주식이나 지분을 보유할 것

나. 중소벤처기업부령으로 정하는 경영지배의 성립일부터 7년(매각을 위한 협의가 늦어지는 등 해당 주식이나 지분을 매각하기 어려운 사유가 있음을 중소벤처기업부장관이 인정하는 경우에는 1년 안의 범위에서 기간을 연장할 수 있다) 안에 해당 중소기업의 주식이나 지분을 전부 매각할 것

7. 중소기업창업투자회사가 자신이 투자한 업체로부터 차입 또는 자산 매각 등 투자행위에 수반되는 정상적인 거래관계 외의 거래를 통하여 자금을 받는 행위
8. 그 밖에 부당한 목적으로 투자하는 행위로서 중소벤처기업부령으로 정하는 행위

⑤ 제4항제1호 및 제2호에서 "거래"란 다음 각 호의 어느 하나에 해당하는 행위를 말한다.

1. 제4항제1호 및 제2호 각 목의 어느 하나에 해당하는 자에게 투자하거나 그가 발행한 증권을 소유하는 행위
2. 제4항제1호 및 제2호 각 목의 어느 하나에 해당하는 자에 대한 신용공여 행위(금전·증권 등 경제적 가치가 있는 재산의 대여, 자금지원적 성격의 증권의 매입을 말한다)

3. 그 밖에 제1호 및 제2호와 유사한 행위로서 중소기업창업투자회사의 건전한 자산운용을 해칠 우려가 있고, 거래상의 신용위험을 수반하는 직접적·간접적 거래로서 중소벤처기업부장관이 정하여 고시하는 행위

⑥ 법 제15조의2제1항 각 호 외의 부분에서 “대통령령으로 정하는 그의 특수관계인”이란 중소기업창업투자회사의 대주주의 「금융회사의 지배구조에 관한 법률 시행령」 제3조제1항에 따른 특수관계인을 말한다.

제11조(중소기업창업투자회사의 투자의무비율)

① 법 제16조제1항 본문에서 “대통령령으로 정하는 비율”이란 100분의 40을 말한다.

② 제1항에 따른 투자의무비율을 산정할 때 납입자본금이 증액되거나 감액된 경우에는 다음 각 호의 기준에 따라 산정한다.

1. 등록 당시의 납입자본금보다 증액된 경우에는 그 증액분에 대한 투자의무비율은 증액일(납입자본금이 증액된 후 감액된 경우로서 최근 증액된 금액에서 순차적으로 뺀 후 잔여 증액분이 있는 경우에는 잔여 증액분의 증액일)을 기준으로 연차적으로 별도로 산정한다.
2. 등록 당시의 납입자본금보다 감액된 경우에는 감액된 후의 납입자본금에 대한 투자의무비율은 등록일을 기준으로 산정한다.

③ 법 제16조제1항 단서에서 “대통령령으로 정하는 일정 규모 이상”이란 법 제20조에 따른 중소기업창업투자조합 출자금 총액이 중소기업창업투자회사 납입자본금의 100분의 200 이상인 경우를 말한다.

제12조(중소기업창업투자회사의 해외투자한도)

법 제17조제2항에서 “대통령령으로 정하는 비율”이란 100분의 40을 말한다.

제13조(중소기업창업투자회사의 결산 보고 등)

① 법 제19조에 따라 중소기업창업투자회사는 매 사업연도 종료 후 3개월 이내에 결산서에 「공인회계사법」 제23조에 따른 회계법인(이하 “회계법인”이라 한다)의 감사의견서를 첨부하여 중소벤처기업부장관에게 제출하여야 한다.

② 중소벤처기업부장관은 제1항에 따라 제출된 결산서를 검토한 결과 해당 중소기업창업투자회사의 투자활성화와 재무구조 건실화를 위하여 필요하다고 인정되면 회수가 불가능한 투자자산에 대하여 투·융자손실준비금과 투자손실금을 상계(相計) 처리하게 하거나 대손금(貸損金)으로 처리하게 할 수 있다.

제13조의2(액셀러레이터의 등록요건)

① 법 제19조의2제2항제1호가목에서 "대통령령으로 정하는 금액"이란 1억 원을 말한다.

② 법 제19조의2제2항제1호나목에서 "대통령령으로 정하는 금액"이란 5천만 원을 말한다. 다만, 「과학기술기본법」 제16조의4제3항에 따라 지정된 전담기관은 1천만 원으로 한다.

③ 법 제19조의2제2항제2호마목에서 "대통령령으로 정하는 금융 관련 법령"이란 다음 각 호의 법률을 말한다.

1. 「금융산업의 구조개선에 관한 법률」
2. 「금융실명거래 및 비밀보장에 관한 법률」
3. 「금융위원회의 설치 등에 관한 법률」
4. 「기술신용보증기금법」
5. 「기업구조조정투자회사법」
6. 「보험업법」
7. 「산업발전법」
8. 「상호저축은행법」
9. 「새마을금고법」
10. 「신용보증기금법」
11. 「신용정보의 이용 및 보호에 관한 법률」
12. 「신용협동조합법」
13. 「여신전문금융업법」
14. 「은행법」
15. 「외국인투자 촉진법」
16. 「외국환거래법」
17. 「자본시장과 금융투자업에 관한 법률」
18. 「자산유동화에 관한 법률」

④ 법 제19조의2제2항제4호에서 "대통령령으로 정하는 기준"이란 다음 각 호의 기준을 말한다. <개정 2017.7.26.>

1. 상근 전문 인력 기준 : 다음 각 목의 어느 하나에 해당하는 사람 중 2명 이상의 인력을 보유할 것
   가. 다음의 어느 하나에 해당하는 회사 또는 기관에서 3년 이상 창업기획업무를 한 경력이 있는 사람
      1) 창업보육센터
      2) 중소기업창업투자회사
      3) 액셀러레이터
      4) 「과학기술기본법」 제16조의4제3항에 따라 지정된 전담기관

나. 다음의 어느 하나에 해당하는 회사에서 3년 이상 투자심사업무를 한 경력이 있는 사람

1) 중소기업창업투자회사

2) 기업구조조정전문회사

3) 「여신전문금융업법」 제2조제14호의3에 따른 신기술사업금융업자

4) 「벤처기업육성에 관한 특별조치법」 제4조의3제1항제3호에 따른 유한회사

다. 「벤처기업육성에 관한 특별조치법」 제2조의2제1항제2호가목(8)에 해당하는 사람

라. 「벤처기업육성에 관한 특별조치법」 제13조에 따른 개인투자조합의 업무집행조합원으로 3년 이상 근무한 경력이 있는 사람

마. 근무 당시 최근 3개 사업연도의 연평균 매출액이 100억 원 이상인 회사에 임원으로 3년 이상 근무한 경력이 있는 사람

바. 회사의 임원으로서 해당 회사를 기업공개하거나 50억 원 이상의 매각대금으로 매각한 경험이 있는 사람

사. 「변호사법」에 따른 변호사

아. 「공인회계사법」에 따른 공인회계사

자. 「변리사법」에 따른 변리사

차. 「국가기술자격법」에 따른 기술사 자격을 취득한 사람

카. 이공계열·경상계열 박사학위를 소지한 사람

타. 그 밖에 중소벤처기업부장관이 정하여 고시하는 자격을 갖춘 사람

2. 시설 기준 : 다음 각 목의 시설을 모두 갖출 것

가. 초기창업자가 창업활동을 하는 데 필요한 사무실. 이 경우 사무실은 액셀러레이터가 소유하거나 액셀러레이터로 등록된 기간 동안 임대차계약이 유지되어야 한다.

나. 시제품 제작 지원장비(한국표준산업분류의 대분류상 제조업을 영위하는 초기창업자를 지원하는 경우만 해당한다)

제13조의3(초기창업자에 대한 지원)

① 법 제19조의3제1항에서 "대통령령으로 정하는 금액"이란 1천만 원을 말한다.

② 법 제19조의4제1항 각 호 외의 부분에서 "대통령령으로 정하는 기간"이란 3개월을 말한다.

제14조(중소기업창업투자조합의 등록요건 및 절차)

① 법 제20조에 따른 중소기업창업투자조합은 다음 각 호의 요건을 갖추어야 한다.

1. 출자금 총액이 20억 원 이상일 것. 다만, 법 제20조제5항에 따라 출자금액의 전액을 나누어 출자하는 경우에는 최초 출자금액은 10억 원 이상이어야 한다.
2. 출자 1좌(座)의 금액이 100만 원 이상일 것
3. 유한책임조합원의 수가 49인 이하일 것. 이 경우 「자본시장과 금융투자업에 관한 법률」 제9조제18항에 따른 집합투자기구가 조합 형태인 경우에는 해당 중소기업창업투자조합에 100분의 10 미만을 출자하면 그 집합투자기구를 유한책임조합원 1인으로 하여 산정하고, 100분의 10 이상을 출자하면 그 집합투자기구의 조합원을 각각 유한책임조합원 1인으로 하여 산정한다.
4. 업무집행조합원의 출자지분이 출자금 총액의 100분의 1 이상일 것
5. 존속기간이 5년 이상일 것

② 중소기업창업투자회사는 중소기업창업투자조합을 결성하려면 다음 각 호의 사항이 적힌 결성계획서를 미리 중소벤처기업부장관에게 제출하여야 한다.

1. 사업 개요
2. 출자금 총액, 출자 1좌의 금액, 출자의 시기 및 방법
3. 유한책임조합원의 모집계획
4. 중소기업창업투자조합의 자산 운용 및 배분계획
5. 중소기업창업투자조합의 투자심사업무를 전담하는 전문 인력의 인적사항(성명·주민등록번호·약력 및 투자경력 등을 말한다. 이하 같다)

③ 중소기업창업투자회사는 중소기업창업투자조합의 결성을 완료하면 등록신청서에 다음 각 호의 서류를 첨부하여 조합원총회 개최일부터 7일 이내에 중소벤처기업부장관에게 제출하여야 한다.

1. 중소기업창업투자조합의 규약
2. 조합원명부
3. 조합원의 출자금액 및 출자이행을 증명하는 서류
4. 중소기업창업투자조합의 투자심사업무를 전담하는 전문 인력의 인적사항
5. 법 제22조제1항제1호에 따라 중소기업창업투자조합 재산의 보관을 「자본시장과 금융투자업에 관한 법률」 제8조제7항에 따른 신탁업자 및 신탁업을 겸영하는 금융기관에 위탁하였음을 증명하는 서류

제15조(등록원부의 비치 등)

① 중소벤처기업부장관은 중소기업창업투자조합의 등록을 할 때에는 중소벤처기업부령으로 정하는 바에 따라 등록원부를 갖추어 두고 다음 각 호의 사항을 적어야 한다.

1. 중소기업창업투자조합의 명칭 및 사무소의 소재지
2. 업무집행조합원의 명칭 및 주소
3. 조합원별 출자금액 및 출자좌수

4. 해당 조합의 존속기간
5. 중소기업창업투자조합의 투자심사업무를 전담하는 전문 인력의 인적사항

② 중소기업창업투자조합의 업무집행조합원은 제1항 각 호의 사항이 변경되면 변경일부터 7일 이내에 변경된 사실을 증명하는 서류를 첨부하여 중소벤처기업부장관에게 변경등록을 신청하여야 한다.

③ 중소벤처기업부장관은 제1항이나 제2항에 따라 등록을 한 때에는 중소벤처기업부령으로 정하는 바에 따라 그 등본을 신청인에게 내주어야 한다.

④ 중소벤처기업부장관은 중소기업창업투자조합의 등록원부를 갖추어 관리하고 해당 조합의 조합원이나 그 조합원이 지정한 자가 열람할 수 있도록 하여야 한다.

제16조(중소기업창업투자조합의 투자의무비율 등)

① 법 제21조제3항 본문 및 단서에서 "대통령령으로 정하는 비율"이란 각각 100분의 40을 말한다.

② 제1항에 따른 투자의무비율을 계산할 때 등록 당시에 납입한 출자금보다 출자금이 증액된 경우에는 그 증액분에 대한 투자의무비율은 증액일을 기준으로 연차적으로 따로 계산한다.

③ 중소기업창업투자조합의 행위제한과 해외투자요건에 관하여는 제10조제1항제1호, 같은 조 제2항부터 제4항까지 및 제12조를 각각 준용한다. 이 경우 제10조제4항제1호가목·다목 및 라목, 같은 항 제2호 및 제7호 중 "중소기업창업투자회사"는 각각 "업무집행조합원"으로 보고, 그 밖의 규정의 경우에는 "중소기업창업투자회사"는 각각 "중소기업창업투자조합"으로 본다.

제17조(조합의 결산 보고 등)

① 법 제23조에 따라 중소기업창업투자조합의 업무집행조합원은 매 사업연도 종료 후 3개월 이내에 결산서에 회계법인의 감사의견서를 첨부하여 중소벤처기업부장관에게 제출하여야 한다.

② 중소벤처기업부장관은 중소기업창업투자조합의 효율적 운영을 위하여 중소기업창업투자조합의 표준규약을 정할 수 있다.

제18조(해산사유 등)

① 법 제25조제1항제5호에서 "대통령령으로 정하는 사유"란 다음 각 호의 어느 하나에 해당하는 경우를 말한다.

1. 중소기업창업투자조합의 결성목적이 달성되었다고 조합원 전원이 동의하는 경우
2. 업무집행조합원인 중소기업창업투자회사의 등록이 취소되거나 파산 등으로 인하여 업무수행을 계속하기가 곤란한 경우
3. 조합의 자산이 잠식(蠶食)되거나 그 밖의 사유가 발생하여 중소벤처기업부장관

이 조합원 보호를 위하여 필요하다고 인정하는 경우로서 조합 총지분의 과반수를 소유하는 조합원이 해산을 위한 조합원 총회에 출석하고, 출석한 조합원 지분의 3분의 2 이상과 조합 총지분의 3분의 1 이상의 동의를 받은 경우

② 법 제25조제2항에 따라 업무집행조합원을 가입하게 하여 중소기업창업투자조합을 계속하려는 자는 다음 각 호의 사항을 적은 신청서에 조합을 해산하지 아니하려는 사유서 및 유한책임조합원 전원의 동의서를 첨부하여 중소벤처기업부장관에게 제출하여야 한다.

1. 중소기업창업투자조합의 명칭 및 사무소의 소재지
2. 새로 가입하게 한 업무집행조합원의 명칭·소재지 및 대표자의 성명
3. 조합원별 출자금액 및 출자좌수

③ 제2항에 따른 신청서를 제출한 자는 제15조제2항에 따른 변경등록을 신청한 것으로 본다.

④ 중소기업창업투자조합의 업무집행조합원은 중소기업창업투자조합이 해산하면 7일 이내에 중소벤처기업부장관에게 그 사실을 알려야 한다.

제19조(투자수익의 산정 방식 등)

① 법 제28조에 따른 성과보수 지급을 위한 투자수익은 조합자산의 평가금액에서 출자금액과 중소벤처기업부장관이 정하는 운영경비를 제외한 금액으로 한다.

② 법 제28조에 따라 투자수익에 따른 성과보수를 지급받은 업무집행조합원은 성과보수로 지급받은 금액의 범위에서 투자수익발생에 기여한 임직원에게 성과급을 지급할 수 있다.

제20조(중소기업상담회사의 등록요건)

① 법 제31조제2항제1호에서 "대통령령으로 정하는 금액"이란 5천만 원을 말한다.

② 법 제31조제2항제3호에 따라 중소기업상담회사가 보유하여야 하는 전문 인력 및 시설은 다음 각 호와 같다.

1. 별표 1의 전문 인력 중 2명 이상이 상근할 것
2. 중소벤처기업부령으로 정하는 부대시설을 갖춘 사무실

③ 법 제31조제2항제2호마목에서 "대통령령으로 정하는 자"란 정당한 사유 없이 약정한 날을 3개월 이상 지난 채무가 1천만 원을 초과하는 자를 말한다.

제21조(용역 대금의 지원)

① 법 제32조에 따라 용역 대금의 지원을 받을 수 있는 자는 중소기업창업투자회사를 겸업하지 아니하는 중소기업상담회사로서 그 지원금액은 해당 용역 대금의 100분의 80 이내로 한다.

② 법 제32조에 따라 용역 대금의 지원을 받으려는 자는 용역대금지원신청서에 중소

벤처기업부령으로 정하는 서류를 첨부하여 중소벤처기업부장관이 지정하는 기관이나 단체에 제출하여야 한다.

제22조(사업계획의 승인)

① 법 제33조제1항에 따라 사업계획의 승인을 받으려는 창업자는 사업계획승인신청서에 중소벤처기업부령으로 정하는 서류를 첨부하여 공장설립 예정지를 관할하는 시장·군수·구청장(자치구의 구청장을 말한다. 이하 같다)에게 제출하여야 한다. 사업계획의 변경승인을 받으려는 경우에도 또한 같다.

② 법 제33조제1항 후단에서 "대통령령으로 정하는 중요 사항"이란 다음 각 호의 어느 하나에 해당하는 사항을 말한다.

1. 사업자(법 제37조제1항제2호 단서에 따른 경우로 한정한다)
2. 업종(한국표준산업분류상의 세 분류를 기준으로 한다)
3. 공장용지면적
4. 공장건축면적(「산업집적활성화 및 공장설립에 관한 법률」 제8조제2호에 따른 기준공장면적률의 범위에서 면적을 변경하는 경우는 제외한다)
5. 부대시설면적(「산업집적활성화 및 공장설립에 관한 법률」 제8조제2호에 따른 기준공장면적률의 범위에서 면적을 변경하는 경우는 제외한다)

제23조(창업민원처리협의회의 설치)

① 중소벤처기업부장관은 법 제33조에 따른 사업계획 승인업무의 지원 및 협의를 위하여 지방중소벤처기업청에 창업민원처리협의회를 둘 수 있다.

② 창업민원처리협의회의 구성 및 운영방법 등에 필요한 사항은 중소벤처기업부령으로 정한다.

제24조(사업계획 승인에 관한 업무처리지침)

① 법 제33조제4항에 따른 사업계획의 승인에 관한 업무처리지침에는 법 제35조에 따른 허가, 인가, 면허, 승인, 지정, 결정, 신고, 해제, 동의, 검사 또는 용도폐지 등에 관한 업무처리기준(이하 이 조에서 "인·허가등기준"이라 한다)이 포함되어야 한다.

② 관계 행정기관의 장은 제1항에 따른 업무처리지침의 작성에 필요한 인·허가등기준을 중소벤처기업부장관에게 통보하여야 한다. 인·허가등기준을 변경한 경우에도 또한 같다.

제25조(사전 협의 절차)

① 법 제34조제1항에 따라 사업계획의 승인가능성 등에 관한 사전협의를 신청하려는 창업자는 그 신청서에 중소벤처기업부령으로 정하는 서류를 첨부하여 공장설립 예정지를 관할하는 시장·군수·구청장에게 제출하여야 한다.

② 시장·군수·구청장은 제1항에 따른 사전협의 신청을 받은 날부터 7일 이내에 사업계획의 승인 가능성 등에 관하여 알려야 한다.

제26조(다른 행정기관과의 협의기간)

법 제35조제4항 전단에서 "대통령령으로 정하는 기간"이란 10일을 말한다.

제27조(사업계획 승인의 취소 등)

① 법 제37조제1항제1호에서 "사업계획의 승인을 받은 날부터 대통령령으로 정하는 기간"이란 사업계획의 승인을 받은 날부터 3년(법 제35조제1항제9호에 따라 농지의 전용허가 또는 농지의 전용신고가 의제된 경우에는 사업계획의 승인을 받은 날부터 2년)을, "공장착공 후 대통령령으로 정하는 기간"이란 공장착공 후 1년을 말한다.

② 법 제37조제1항제4호에서 "대통령령으로 정하는 기간"이란 4년을 말한다.

③ 시장·군수·구청장은 법 제37조제1항에 따라 사업계획의 승인과 공장건축허가를 취소하려면 미리 일정한 기간을 정하여 해당 처분 대상자가 사업계획을 변경하거나 공장건축을 하도록 권고한 후 이에 응하지 아니한 경우에만 해당 처분을 하여야 한다.

제28조(중소기업창업민원실의 설치·운영)

① 시장·군수·구청장은 창업에 관련된 민원을 접수하여 처리할 수 있도록 법 제38조제1항에 따른 중소기업창업민원실(이하 이 조에서 "중소기업창업민원실"이라 한다)을 설치하고 창업 관련 업무를 전담할 직원을 배치하여야 한다.

② 시장·군수·구청장은 중소기업창업민원실의 설치·운영에 필요한 사항을 따로 정할 수 있다.

제29조(창업진흥전담조직의 설치 및 운영 등)

① 중소벤처기업부장관은 중소기업창업 관련 비영리 전문기관 또는 단체의 신청을 받아 법 제39조제1항에 따른 창업진흥전담조직(이하 이 조에서 "창업진흥전담조직"이라 한다)을 설치할 수 있다.

② 창업진흥전담조직은 다음 각 호의 사업을 수행한다.

1. 창업 활성화를 위한 정책연구 및 제도개선 과제 발굴
2. 창업자에 대한 자금, 인력, 판로 및 입지 등에 관한 정보제공 및 지원
3. 창업촉진을 위한 교육모델 개발 및 운영·보급
4. 창업 실태조사 및 분석
5. 창업 관련 국제기구 및 외국과의 교류 및 협력
6. 우수 예비창업자의 발굴 및 지원
7. 청소년 및 예비창업자 등에 대한 창업교육 등 기업가정신 제고

8. 대학 및 연구기관 등의 창업촉진
9. 창업 분야 전문 인력 양성
10. 그 밖에 관계 중앙행정기관의 장이 위탁하는 사업

③ 창업진흥전담조직의 설치·업무수행 및 운영에 필요한 그 밖의 사항은 중소벤처기업부장관이 정하여 고시한다.

제29조의2(부담금 면제의 절차 및 방법)

① 법 제39조의3제2항에 따라 부담금을 면제받으려는 창업자는 중소벤처기업부령으로 정하는 부담금 면제 신청서에 다음 각 호의 구분에 따른 서류를 첨부하여 주된 사무소의 소재지를 관할하는 시장·군수·구청장에게 부담금의 면제를 요청하여야 한다.

1. 개인사업자의 경우
   가. 업종 추가 후 2분기 동안의 매출신고서(업종을 추가한 경우로 한정한다)
   나. 그 밖에 시장·군수·구청장이 창업 여부를 확인하기 위하여 필요하다고 인정하는 서류
2. 법인의 경우
   가. 사업의 분리에 관한 계약서 및 창업일이 속한 달의 주식변동상황명세서(사업의 일부를 분리한 경우로 한정한다)
   나. 업종 추가 후 2분기 동안의 매출신고서(업종을 추가한 경우로 한정한다)
   다. 그 밖에 시장·군수·구청장이 창업 여부를 확인하기 위하여 필요하다고 인정하는 서류

② 제1항에 따라 부담금 면제 신청서를 제출받은 시장·군수·구청장은 「전자정부법」 제36조제1항에 따른 행정정보의 공동이용을 통하여 다음 각 호의 사항을 확인하여야 한다. 다만, 신청인이 제1호 사항의 확인에 동의하지 아니하는 경우에는 해당 서류의 사본을 첨부하도록 하여야 한다.

1. 사업자등록증
2. 법인 등기사항증명서(법인의 경우로 한정한다)
3. 삭제

③ 시장·군수·구청장은 제1항에 따른 부담금의 면제 신청을 받은 날부터 14일 이내에 신청인에게 부담금 면제 여부를 알려야 한다.

④ 중소벤처기업부장관은 법 제39조의3에 따른 부담금 면제제도의 운영을 위하여 필요할 때에는 관계 행정기관의 장에게 부담금의 면제 실적 등 필요한 정보의 제공을 요청할 수 있다.

제29조의3(재택창업지원시스템의 처리 업무)

법 제39조의5제1항에 따른 정보통신망을 통하여 회사를 설립할 수 있는 시스템(이하 "재택창업지원시스템"이라 한다)으로 처리할 수 있는 업무는 다음 각 호와 같다.

1. 「상법」 및 「상업등기법」에 따른 회사 설립등기 업무
2. 「지방세법」에 따른 등록면허세 및 지방교육세 납부 업무
3. 「법인세법」 또는 「부가가치세법」에 따른 사업자등록 업무
4. 「국민연금법」에 따른 국민연금, 「국민건강보험법」에 따른 국민건강보험, 「고용보험법」에 따른 고용보험 및 「산업재해보상보험법」에 따른 산업재해보험 신고 업무

제30조(업무운용 상황 등의 보고와 검사)

① 법 제40조제1항에 따라 중소기업창업투자회사, 액셀러레이터, 중소기업창업투자조합의 업무집행조합원, 중소기업상담회사 및 창업보육센터사업자는 다음 각 호의 기준에 따라 중소벤처기업부장관에게 업무운용 상황 등에 관한 사항을 보고하여야 한다.
1. 중소기업창업투자회사 및 중소기업창업투자조합의 업무집행조합원 : 월별
2. 액셀러레이터, 중소기업상담회사 및 창업보육센터사업자 : 반기별

② 제1항에 따른 업무운용 상황 등에 관한 보고는 전자문서(「전자문서 및 전자거래 기본법」 제2조제1호에 따른 전자문서를 말한다. 이하 같다)로 할 수 있다.

③ 법 제40조제1항 각 호 외의 부분에서 "중소기업창업투자회사, 액셀러레이터 및 중소기업창업투자조합의 감사보고서 등 대통령령으로 정하는 장부·서류 등"이란 다음 각 호의 어느 하나를 말한다.
1. 중소기업창업투자회사, 액셀러레이터 및 중소기업창업투자조합의 감사보고서
2. 중소기업창업투자회사 및 액셀러레이터의 법인등기부 등본
3. 중소기업창업투자회사 및 액셀러레이터의 전문 인력 보유현황 및 그 자격을 증명하는 서류
4. 중소기업창업투자회사 및 액셀러레이터의 사무실 확보현황에 관한 서류
5. 중소기업창업투자회사 및 액셀러레이터의 주주 명부
6. 중소기업창업투자조합의 출자자 명부
7. 중소기업창업투자회사, 액셀러레이터 및 중소기업창업투자조합의 거래계약서
8. 중소기업창업투자회사, 액셀러레이터 및 중소기업창업투자조합의 총계정원장
9. 중소기업창업투자회사, 액셀러레이터 및 중소기업창업투자조합이 거래한 회사의 주주 명부 및 법인등기부등본

④ 법 제40조제1항제8호에서 "대통령령으로 정하는 경우"란 다음 각 호의 경우를 말한다.
1. 법 제10조제1항 각 호 외의 부분 후단에 따른 중소기업창업투자회사의 중요사항 변경등록 여부의 확인이 필요한 경우
2. 법 제19조의2제1항 후단에 따른 액셀러레이터의 중요 사항 변경등록 여부의 확인이 필요한 경우
3. 법 제42조의2제1항에 따른 중소기업창업투자회사의 경영 및 자산 건전성 준수 여부의 확인이 필요한 경우

제31조(경영 건전성 기준)

법 제42조의2제1항에서 "대통령령으로 정하는 경영 건전성 기준"이란 자본잠식률(자본총계가 납입자본금에 미치지 못하는 비율을 말한다)이 100분의 50 미만일 것을 말한다.

제31조의2(등록취소의 예외)

법 제43조제1항제3호 단서에서 "대통령령으로 정하는 사항"이란 다음 각 호의 사항을 말한다.

1. 중소기업창업투자회사가 법 제16조제1항에 따른 투자를 한 경우
2. 해당 중소기업창업투자회사가 업무집행조합원으로 있는 중소기업창업투자조합이 최근 1년 이내에 법 제16조제1항에 따라 중소벤처기업부령으로 정하는 용도로 법 제10조제1항제1호, 제2호, 제2호의2 및 제5호에 따른 투자를 한 경우

제31조의3(액셀러레이터에 대한 등록취소 및 지원중단의 기준)

법 제43조제2항에 따른 액셀러레이터에 대한 등록취소 및 지원중단의 기준은 별표 2의1과 같다.

제31조의4(중소기업상담회사 등에 대한 등록취소 등의 기준)

법 제43조제4항 및 제5항에 따른 중소기업상담회사 및 창업보육센터사업자에 대한 등록취소·지원취소 및 지원중단의 기준은 별표 3과 같다.

제32조(업무의 위탁 등)

① 중소벤처기업부장관은 법 제45조제2항에 따라 다음 각 호의 업무(해당 자료의 보관 및 관리에 관한 업무는 제외한다)를 「민법」 제32조에 따라 중소벤처기업부장관의 허가를 받아 설립된 한국벤처캐피탈협회(이하 이 조에서 "한국벤처캐피탈협회"라 한다)에 위탁한다.

1. 법 제9조의3제1호 및 제2호에 따른 중소기업창업투자회사 전문 인력 육성 및 외국인 투자자금 유치의 지원에 관한 업무

1의2. 법 제10조제2항제3호에 따른 중소기업창업투자회사 전문 인력 해당 여부의 확인 및 관리에 관한 업무

2. 법 제14조에 따른 중소기업창업투자회사 공시(公示)운영에 관한 업무
3. 법 제19조에 따른 중소기업창업투자회사의 결산서 및 법 제23조에 따른 중소기업창업투자조합의 결산서의 접수에 관한 업무
4. 법 제20조에 따른 중소기업창업투자조합의 등록·변경등록의 접수 및 확인에 관한 업무

5. 법 제26조에 따른 중소기업창업투자조합의 청산결과 보고의 접수 및 확인에 관한 업무
6. 법 제40조제1항 각 호 외의 부분에 따른 중소기업창업투자회사, 중소기업창업투자조합의 업무운용 상황 등에 관한 보고의 접수에 관한 업무

② 중소벤처기업부장관은 법 제45조제2항에 따라 다음 각 호의 업무를 「벤처기업육성에 관한 특별조치법」 제4조의2제1항에 따른 투자관리전문기관(이하 이 조에서 "투자관리전문기관"이라 한다)에 위탁한다.

1. 다음 각 목의 자료의 보관 및 관리에 관한 업무
   가. 법 제10조제1항에 따른 중소기업창업투자회사의 등록 및 변경등록에 관한 자료
   나. 법 제11조제2항에 따른 중소기업창업투자회사 지위 승계 신고에 관한 자료
   다. 법 제12조제1항에 따른 중소기업창업투자회사 등록 말소신청에 관한 자료
   라. 법 제15조의2제2항에 따른 자료
   마. 법 제42조제1항에 따른 중소기업창업투자회사 임직원에 대한 문책에 관한 자료
   바. 법 제43조에 따른 중소기업창업투자회사 등록의 취소 등 제재조치에 관한 자료
   사. 법 제44조에 따른 청문에 관한 자료
   아. 제1항 각 호의 업무에 관한 자료
2. 법 제42조의2제2항에 따른 중소기업창업투자회사의 경영실태에 대한 평가에 관한 업무

③ 중소벤처기업부장관은 법 제45조제2항에 따라 다음 각 호의 업무를 창업 지원 등의 목적으로 「민법」 제32조에 따라 중소벤처기업부장관의 허가를 받아 설립된 법인으로서 해당 업무를 수행할 인력과 장비를 갖춘 법인에 위탁할 수 있다.

1. 법 제6조제1항에 따른 창업보육센터의 전문 인력 및 시설 보유 여부의 확인 등에 관한 업무
2. 법 제31조제2항제3호에 따른 중소기업상담회사의 전문 인력 및 시설 보유 여부의 확인 등에 관한 업무
3. 법 제40조제1항 각 호 외의 부분에 따른 중소기업상담회사 및 창업보육센터의 업무운용 상황 등에 관한 보고의 접수 및 확인 등에 관한 업무

④ 중소벤처기업부장관은 법 제45조제2항에 따라 법 제39조의5에 따른 재택창업지원시스템의 설치·운영에 관한 업무를 법 제39조제1항에 따른 창업진흥전담조직에 위탁한다.

⑤ 중소벤처기업부장관은 법 제45조제2항에 따라 법 제4조의3제4항에 따른 성실경영평가에 관한 업무를 다음 각 호의 자에게 위탁한다.

1. 법 제39조제1항에 따른 창업진흥전담조직

2. 「기술신용보증기금법」 제12조제1항에 따른 기술신용보증기금
3. 「신용보증기금법」에 따른 신용보증기금
4. 「중소기업 기술혁신 촉진법」 제20조제1항에 따른 중소기업기술정보진흥원
5. 「중소기업진흥에 관한 법률」 제68조제1항에 따른 중소기업진흥공단

⑥ 중소벤처기업부장관은 필요한 경우에는 다음 각 호의 자에 대하여 제1항부터 제3항까지의 규정에 따라 위탁한 업무에 관한 자료의 제출을 요구할 수 있다.

1. 한국벤처캐피탈협회
2. 투자관리전문기관
3. 제3항에 따라 업무를 위탁받은 법인

⑦ 중소벤처기업부장관은 제2항 및 제3항에 따라 업무를 위탁한 경우에는 위탁받은 기관의 명칭·대표자 및 소재지와 위탁업무의 내용을 고시하여야 한다.

제32조의2(고유식별정보의 처리)

중소벤처기업부장관(법 제39조에 따라 설치된 창업진흥전담조직을 포함한다)은 다음 각 호의 사무를 수행하기 위하여 불가피한 경우 「개인정보 보호법 시행령」 제19조에 따른 주민등록번호, 여권번호, 운전면허의 면허번호 또는 외국인등록번호가 포함된 자료를 처리할 수 있다.

1. 법 제4조의2제1항 각 호에 따른 창업촉진사업에 관한 사무
2. 법 제10조에 따른 중소기업창업투자회사의 등록에 관한 사무
3. 법 제20조에 따른 중소기업창업투자조합의 등록에 관한 사무
4. 법 제31조에 따른 중소기업상담회사의 등록에 관한 사무
5. 법 제39조의5에 따른 재택창업지원시스템의 운영에 관한 사무

제32조의3(규제의 재검토)

중소벤처기업부장관은 다음 각 호의 사항에 대하여 다음 각 호의 기준일을 기준으로 3년마다(매 3년이 되는 해의 기준일과 같은 날 전까지를 말한다) 그 타당성을 검토하여 개선 등의 조치를 하여야 한다.

1. 제6조 및 별표 1에 따른 창업보육센터사업자의 지정요건 및 지정신청 절차: 2014년 1월 1일
2. 제9조에 따른 중소기업창업투자회사의 등록요건: 2014년 1월 1일
3. 제10조에 따른 중소기업창업투자회사의 제한되는 행위 및 예외: 2014년 1월 1일
4. 제11조에 따른 중소기업창업투자회사의 투자의무비율 및 산정기준: 2014년 1월 1일
5. 삭제

5의2. 제13조에 따른 중소기업창업투자회사의 결산 보고 절차, 회수 불가능한 투자

자산에 대한 처리 방법 : 2016년 1월 1일

6. 제14조에 따른 중소기업창업투자조합의 등록요건 및 절차 : 2014년1월 1일
7. 제16조에 따른 중소기업창업투자조합의 투자의무비율 및 계산 방법 : 2014년1월 1일

7의2. 제17조에 따른 중소기업창업투자조합의 결산 보고 절차, 중소기업창업투자조합의 표준규약 작성 : 2016년 1월 1일

8. 제20조에 따른 중소기업상담회사의 등록요건 : 2014년 1월 1일

8의2. 제22조에 따른 사업계획의 승인의 절차 및 변경승인 사항 : 2016년 1월 1일

9. 제27조에 따른 사업계획 승인취소 사유에 해당하는 기간 및 승인취소 절차 : 2014년 1월 1일
10. 제31조의2에 따른 등록취소의 예외 : 2017년 1월 1일

제33조(과태료의 부과기준)

법 제50조제1항에 따른 과태료의 부과기준은 별표 2와 같다.

[별표 1] <개정 2017. 10. 17.>

전문 인력(제6조제1항 및 제20조제2항제1호 관련)

경영분야	기술분야
1. 대학에서 경영학을 강의하는 조교수 이상의 교원 2. 전문대학에서 경영학을 강의하는 조교수 이상의 교원 3. 「공인회계사법」에 따른 공인회계사 4. 「중소기업진흥에 관한 법률」 제46조에 따른 경영지도사 5. 경영학 분야의 박사학위 소지자 6. 「변호사법」에 따른 변호사 7. 제1호부터 제6호까지에 정한 자와 동등한 경력이 있다고 중소벤처기업부장관이 인정하는 자	1. 자연과학 분야의 박사학위 소지자 2. 「국가기술자격법」에 따른 기술사 또는 기능장의 자격을 가진 자와 기사 자격을 취득한 후 7년 이상 실무에 종사한 자 3. 대학에서 자연과학 분야를 강의하는 조교수 이상의 교원 4. 전문대학에서 자연과학 분야를 강의하는 조교수 이상의 교원 5. 「중소기업진흥에 관한 법률」 제46조에 따른 기술지도사 6. 다음 각 목의 연구기관에서 5년 이상 연구를 한 경력이 있는 자 가. 「과학기술분야 정부출연연구기관 등의 설립·운영 및 육성에 관한 법률」에 따른 정부출연연구기관 나. 「특정연구기관 육성법」의 적용을 받는 특정연구기관 다. 국·공립 연구기관 7. 제1호부터 제6호까지에 정한 자와 동등한 경력이 있다고 중소벤처기업부장관이 인정하는 자

[별표 2] <개정 2016. 7. 28.>

과태료의 부과기준(제33조 관련)

1. 일반기준

가. 위반행위의 횟수에 따른 과태료 부과기준은 최근 3년간 같은 위반행위로 과태료 처분을 받은 경우에 적용한다. 이 경우 위반 횟수는 같은 위반행위에 대하여 과태료 부과처분을 한 날과 그 처분 후 다시 같은 위반행위를 적발한 날을 각각 기준으로 하여 계산한다.

나. 부과권자는 다음의 어느 하나에 해당하는 경우에는 제2호에 따른 과태료 금액의 2분의 1의 범위에서 그 금액을 감경할 수 있다. 다만, 과태료를 체납하고 있는 위반행위자의 경우에는 그러하지 아니하다.

1) 위반행위자가 「질서위반행위규제법 시행령」 제2조의2제1항 각 호의 어느 하나에 해당하는 경우

2) 위반행위가 사소한 부주의나 오류로 인한 것으로 인정되는 경우

3) 위반행위자가 법 위반상태를 시정하거나 해소하기 위하여 노력한 것으로 인정되는 경우

4) 그 밖에 위반행위의 정도, 위반행위의 동기와 그 결과 등을 고려하여 감경할 필요가 있다고 인정되는 경우

2. 개별기준

(단위 : 만원)

위반행위	근거 법조문	과태료 금액
가. 법 제10조제1항 후단 또는 제20조제1항 후단에 따른 변경 등록을 하지 않은 경우	법 제50조제1항제1호	
1) 변경 등록 불이행기간이 1개월 미만인 경우		100
2) 변경 등록 불이행기간이 1개월 이상 3개월 미만인 경우		200
3) 변경 등록 불이행기간이 3개월 이상이거나 변경 등록을 하지 않은 경우		300
나. 법 제10조제1항 후단 또는 제20조제1항 후단에 따른 변경 등록을 거짓으로 한 경우	법 제50조제1항제1호	300
다. 법 제11조제2항에 따른 영업의 양수 등의 신고를 하지 않은 경우	법 제50조제1항제2호	

1) 지연신고기간이 1개월 미만인 경우 2) 지연신고기간이 1개월 이상 3개월 미만인 경우 3) 지연신고기간이 3개월 이상이거나 신고를 하지 않은 경우		100 200 300
라. 법 제11조제2항에 따른 영업의 양수 등의 신고를 거짓으로 한 경우	법 제50조제1항제2호	500
마. 법 제14조에 따른 중소기업창업투자회사의 공시를 하지 않은 경우	법 제50조제1항제3호	
1) 1차 위반 2) 2차 위반 3) 3차 이상 위반		100 200 300
바. 법 제14조에 따른 중소기업창업투자회사의 공시를 거짓으로 한 경우	법 제50조제1항제3호	500
사. 법 제19조 또는 제23조에 따른 결산서를 제출하지 않은 경우	법 제50조제1항제4호	
1) 1차 위반 2) 2차 위반 3) 3차 이상 위반		100 200 300
아. 법 제19조 또는 제23조에 따른 결산서를 거짓으로 제출한 경우	법 제50조제1항제4호	500
자. 법 제40조제1항에 따른 보고를 하지 않은 경우	법 제50조제1항제5호	
1) 1차 위반 2) 2차 위반 3) 3차 이상 위반		100 200 300
차. 법 제40조제1항에 따른 보고를 거짓으로 한 경우	법 제50조제1항제5호	500
카. 법 제40조제1항에 따른 검사를 거부·방해 또는 기피한 경우	법 제50조제1항제5호	500
타. 법 제46조를 위반하여 비슷한 명칭을 사용한 경우	법 제50조제1항제7호	500

[별표 2의1] <신설 2016. 11. 29.>

액셀러레이터에 대한 등록취소 및 지원중단의 기준(제31조의3 관련)

1. 일반기준

   가. 위반행위 횟수에 따른 행정처분의 가중된 기준은 최근 2년간 같은 위반행위로 행정처분을 받은 경우에 적용한다. 이 경우 기간의 계산은 위반행위에 대하여 행정처분을 받은 날과 그 처분 후 다시 같은 위반행위를 하여 적발한 날을 각각 기준으로 한다.

나. 가목에 따라 가중된 행정처분을 하는 경우 가중처분의 적용 차수는 그 위반행위 전 행정처분 차수(가목에 따른 기간 내에 행정처분이 둘 이상 있었던 경우에는 높은 차수를 말한다)의 다음 차수로 한다.

다. 위반행위가 둘 이상인 경우로서 그에 해당하는 각각의 처분기준이 다른 경우에는 그 중 무거운 처분기준에 따른다. 다만, 둘 이상의 처분기준이 모두 지원중단인 경우에는 각 처분기준을 합산한 기간을 넘지 않는 범위에서 무거운 처분기준의 2분의 1 범위까지 가중할 수 있다.

라. 처분권자는 다음의 어느 하나에 해당하는 경우에는 그 처분을 감경할 수 있다. 이 경우 그 처분이 제2호의 개별기준에 따른 지원중단인 경우에는 해당 지원중단 기간의 2분의 1 범위에서 그 기간을 줄일 수 있고, 등록취소인 경우(법 제43조제2항제1호에 해당하는 경우는 제외한다)에는 지원중단 12개월로 감경할 수 있다.

1) 위반행위가 사소한 부주의나 오류로 인한 것으로 인정되는 경우
2) 위반행위자가 위반행위를 바로 정정하거나 시정하여 법 위반상태를 해소한 경우
3) 그 밖에 위반행위의 정도, 횟수, 동기와 그 결과 등을 고려하여 감경할 필요가 있다고 인정되는 경우

2. 개별기준

위반행위	근거 법조문	처분기준		
		1차 위반	2차 위반	3차 위반
가. 거짓이나 그 밖에 부정한 방법으로 등록한 경우	법 제43조 제2항제1호	등록취소		
나. 법 제19조의2제2항에 따른 등록요건에 맞지 않게 된 경우	법 제43조 제2항제2호	경고	지원중단 12개월	등록취소
다. 법 제19조의3에 따른 초기창업자에 대한 투자금액이 기준에 미달하는 경우	법 제43조 제2항제3호	경고	지원중단 12개월	등록취소
라. 법 제19조의4에 따른 초기창업자에 대한 전문보육을 하지 않는 경우	법 제43조 제2항제4호	경고	지원중단 12개월	등록취소
마. 법 제19조의8제1항에 따른 발굴·육성과 관련하여 부정한 이익을 받거나 요구 또는 약속한 경우	법 제43조 제2항제5호	등록취소		

[별표 3] <개정 2017. 7. 26.>

중소기업상담회사 및 창업보육센터사업자에 대한 등록취소·지정취소 및 지원중단의 기준(제31조의4 관련)

1. 일반기준

가. 위반행위 횟수에 따른 행정처분의 기준은 최근 2년간 같은 위반행위로 행정처분을 받은 경우에 적용한다. 이 경우 위반횟수는 같은 위반행위에 대하여 행정처분을 받은 날과 그 처분 후에 다시 같은 위반행위를 하여 적발된 날을 각각 기준으로 하여 계산한다.

나. 위반행위가 둘 이상인 경우로서 그에 해당하는 각각의 처분기준이 다른 경우에는 그 중 무거운 처분기준에 따른다. 다만, 둘 이상의 처분기준이 모두 지원중단인 경우에는 각 처분기준을 합산한 기간을 넘지 않는 범위에서 무거운 처분기준의 2분의 1 범위까지 가중할 수 있다.

다. 처분권자는 다음의 어느 하나에 해당하는 경우에는 그 처분을 감경할 수 있다. 이 경우 그 처분이 제2호의 개별기준에 따른 지원중단인 경우에는 해당 지원중단 기간의 2분의 1 범위에서 그 기간을 줄일 수 있고, 등록취소나 지정취소인 경우(법 제43조제3항제1호 및 같은 조 제4항제1호에 해당하는 경우는 제외한다)에는 지원중단 12개월로 감경할 수 있다.

1) 위반행위가 사소한 부주의나 오류로 인한 것으로 인정되는 경우

2) 위반행위자가 위반행위를 바로 정정하거나 시정하여 법 위반상태를 해소한 경우

3) 그 밖에 위반행위의 내용·정도·동기 및 결과 등을 고려하여 감경할 필요가 있다고 인정되는 경우

2. 개별기준

위반행위	근거 법조문	처분기준		
		1차	2차	3차
가. 중소기업상담회사가 거짓이나 그 밖에 부정한 방법으로 등록을 한 때	법 제43조 제3항제1호	등록취소		
나. 중소기업상담회사가 법 제31조제2항에 따른 등록요건에 맞지 않게 된 때. 다만, 임원 중 같은 항 제2호 각 목의 어느 하나에 해당하는 자가 있는 경우 6개월 이내에 그 임원을 바꾸어 임명한 경우에는 그렇지 않다.	법 제43조 제3항제2호	경고	지원중단 12개월	등록취소
다. 중소기업상담회사의 책임 있는 사유로 법 제31조제1항에 따른 사업수행이 어렵게 된 때	법 제43조 제3항제3호	경고	지원중단 12개월	등록취소
라. 중소기업상담회사가 정당한 사유 없이 1년 이상 계속하여 사업을 하지 않은 때	법 제43조 제3항제4호	경고	지원중단 12개월	등록취소
마. 창업보육센터사업자가 거짓이나 그 밖의 부정한 방법으로 지정을 받은 때	법 제43조 제4항제1호	지정취소		
바. 창업보육센터사업자가 지원받은 자금을 다른 목적으로 사용한 때	법 제43조 제4항제2호	경고	지원중단 12개월	지정취소
사. 창업보육센터사업자가 창업보육센터 시설 및 장소를 중소기업 창업지원 외의 목적으로 사용한 때	법 제43조 제4항제3호	경고	지원중단 12개월	지정취소
아. 창업보육센터의 운영 실적이 중소벤처기업부령으로 정하는 기준에 미치지 못할 때	법 제43조 제4항제4호	지정취소		
자. 창업보육센터사업자가 법 제6조제1항에 따른 지정 요건에 맞지 않게 된 때	법 제43조 제4항제5호	경고	지원중단 12개월	지정취소

3. 중소기업창업 지원법 시행규칙[56]

제1조(목적)

이 규칙은 「중소기업창업 지원법」 및 같은 법 시행령에서 위임된 사항과 그 시행에 필요한 사항을 규정함을 목적으로 한다.

제2조(사업분리의 요건)

「중소기업창업 지원법 시행령」(이하 "영"이라 한다) 제2조제1항제1호 단서에 따라 창업으로 인정되는 경우는 사업을 개시하는 자가 다음 각 호의 요건을 갖춘 경우로 한다.

1. 사업을 하던 자와 사업을 개시하는 자 간에 사업 분리에 관한 계약을 체결할 것
2. 사업을 개시하는 자가 새로 설립되는 기업의 대표자로서 그 기업의 최대주주 또는 최대출자자가 될 것

제3조(창업보육센터의 사업계획)

「중소기업창업 지원법」(이하 "법"이라 한다) 제6조제1항제3호에 따른 사업계획에는 다음 각 호의 사항이 포함되어야 한다.

1. 창업보육센터의 명칭·소재지
2. 사업의 목적 및 추진일정
3. 입주자에 대한 경영 및 기술 지원계획
4. 소요자금 조달 및 집행 계획

제4조(창업보육센터사업자의 지정신청)

① 법 제6조제1항에 따라 창업보육센터사업자로 지정을 받으려는 자는 별지 제1호서식의 지정신청서에 다음 각 호의 서류를 첨부하여 중소벤처기업부장관에게 제출하여야 한다. 이 경우 중소벤처기업부장관은 「전자정부법」 제36조제1항에 따른 행정정보의 공동이용을 통하여 법인 등기사항증명서(법인인 경우만 해당한다)를 확인하여야 한다.

1. 정관(법인인 경우만 해당한다)
2. 사업계획서
3. 전문 인력 보유현황
4. 시설명세서

② 창업보육센터사업자로 지정을 받은 자는 다음 각 호의 어느 하나에 해당하는 사항이 변경되면 변경일부터 7일 이내에 별지 제1호서식의 변경신청서에 변경된 사실을 증명하는 서류를 첨부하여 중소벤처기업부장관에게 제출하여야 한다.

1. 사업자명
2. 전문 인력의 보유현황
3. 법 제6조제1항제1호 각 목의 시설
4. 제3조 각 호의 사항
5. 정관에 적힌 사업목적

제5조(중소기업창업투자회사의 등록)

① 법 제10조제1항에 따라 중소기업창업투자회사(이하 "창업투자회사"라 한다)로 등록을 하려는 자는 별지 제2호서식의 등록신청서(전자문서로 된 신청서를 포함한다)에 다음 각 호의 서류(전자문서를 포함한다)를 첨부하여 중소벤처기업부장관에게 제출하여야 한다. 이 경우 중소벤처기업부장관은 「전자정부법」 제36조제1항에 따른 행정정보의 공동이용을 통하여 법인 등기사항증명서(법인인 경우만 해당한다)를 확인하여야 한다.

1. 정관
2. 사업계획서
3. 임원의 이력서
4. 주주의 명부
5. 법 제10조제2항제1호에 따른 납입자본금의 납입을 증명하는 서류
6. 영 제9조제7항제1호에 따른 상근 전문 인력의 보유현황 및 그 자격을 증명하는 서류
7. 영 제9조제7항제2호에 따른 사무실 확보현황에 관한 서류

② 법 제10조제1항 후단에서 "중소벤처기업부령으로 정하는 중요사항"이란 다음 각 호의 사항을 말한다.

1. 회사명
2. 본점 소재지 및 지점 또는 사무소 설치현황
3. 대표자 및 임원
4. 납입자본금
5. 상근 전문 인력의 보유현황
6. 정관에 적힌 사업목적
7. 의결권 있는 발행주식총수의 100분의 5 이상의 주식을 소유한 주주의 주식소유현황
8. 의결권 있는 발행주식총수의 100분의 10 이상의 주식소유현황의 변동

③ 창업투자회사는 제2항 각 호의 어느 하나에 해당하는 사항이 변경되면 변경일부터 7일 이내에 별지 제2호서식의 변경등록신청서에 변경된 사실을 증명하는 서류를 첨부하여 중소벤처기업부장관에게 변경등록을 신청하여야 한다.

④ 중소벤처기업부장관은 제1항에 따른 등록을 신청한 자 또는 제3항에 따른 변경등

록을 신청한 자가 등록요건에 적합한 때에는 별지 제3호서식의 등록증을 발급하여야 한다.

제6조(지위승계신고)

법 제11조제2항에 따라 창업투자회사의 지위 승계를 신고하려는 자는 다음 각 호의 서류를 중소벤처기업부장관에게 제출하여야 한다.

1. 제5조제1항 각 호의 서류
2. 승계한 사실을 증명하는 서류
3. 「공인회계사법」 제23조에 따른 회계법인의 감사의견서가 첨부된 결산서

제7조(등록말소신청)

법 제12조제1항에 따라 창업투자회사등록의 말소를 신청하려는 자는 다음 각 호의 사항을 적은 서류에 제5조제4항에 따른 등록증을 첨부하여 중소벤처기업부장관에게 제출하여야 한다.

1. 회사명
2. 등록을 말소하려는 사유

제8조(창업투자회사의 행위제한)

① 영 제10조제4항제4호에서 "중소벤처기업부령으로 정하는 금액"이란 5천만 원을 말한다.

② 영 제10조제4항제6호가목 및 나목에서 "중소벤처기업부령으로 정하는 경영지배"란 각각 다음 각 호의 어느 하나에 해당하는 경우를 말한다.

1. 창업투자회사(그 특수관계인을 포함한다)가 투자기업의 의결권 있는 주식 또는 출자지분의 100분의 50을 초과하여 소유하는 경우
2. 창업투자회사가 계약 등에 따라 투자기업의 이사회 또는 이에 준하는 의사결정기구의 구성원의 과반수 이상을 임면할 수 있는 권한을 가진 경우
3. 창업투자회사가 계약 등에 따라 투자기업의 주주총회 또는 이에 준하는 의사결정기구에서 과반수 이상의 의결권을 행사할 수 있는 경우
4. 창업투자회사의 임직원(창업투자회사의 특수관계인을 포함한다)이 투자기업의 대표이사를 겸직(창업투자회사와 투자기업이 각각 공동대표이사를 선임한 경우는 제외한다)하거나 투자기업의 이사회 구성원의 과반수 이상을 차지하는 등 창업투자회사가 투자기업의 재무 또는 영업에 관한 중요한 사항을 단독으로도 결정할 수 있는 경우

③ 영 제10조제4항제8호에서 "중소벤처기업부령으로 정하는 행위"란 투자에 관한 계약서에 적힌 사항 외에 별도의 조건을 설정하여 투자하는 행위를 말한다.

④ 법 제15조제2항에서 "중소벤처기업부령으로 정하는 기간"이란 1년을 말한다.

제9조(투자의 범위)

법 제16조제1항 본문 후단에서 "중소벤처기업부령으로 정하는 용도"란 다음 각 호의 어느 하나에 해당하는 용도를 말한다.

1. 「자본시장과 금융투자업에 관한 법률」 제8조의2제4항제1호에 따른 증권시장(「자본시장과 금융투자업에 관한 법률 시행령」 제11조제2항에 따른 코넥스시장은 제외하며, 이하 "증권시장"이라 한다)에 상장되지 아니한 창업자, 벤처기업 또는 「중소기업기술혁신 촉진법」 제15조 및 제15조의2에 따른 기술혁신형·경영혁신형 중소기업에 대하여 다음 각 목의 어느 하나의 방식으로 행하는 투자
   가. 신규로 발행되는 주식의 인수. 다만, 증권시장에 상장하기 위하여 신규로 발행되는 주식의 인수는 제외한다.
   나. 신규로 발행되는 무담보전환사채 또는 무담보신주인수권부사채의 인수
   다. 지분의 취득. 다만, 타인의 출자지분을 취득하는 경우는 제외한다.
   라. 신규로 발행되는 무담보교환사채(증권시장에 상장된 주식과 교환하는 경우는 제외한다)의 인수
2. 법 제10조제1항제5호에 따른 투자의 대상이 되는 중소기업(증권시장에 상장된 기업을 제외한다)이 영위하는 사업 중 중소벤처기업부장관이 고시하는 분야와 관련된 사업에 대한 투자
3. 삭제
4. 삭제

제9조의2(액셀러레이터의 등록)

① 법 제19조의2제1항에 따라 액셀러레이터로 등록하려는 자는 별지 제3호의2서식의 등록신청서에 다음 각 호의 서류를 첨부하여 중소벤처기업부장관에게 제출하여야 한다. 이 경우 중소벤처기업부장관은 「전자정부법」 제36조제1항에 따른 행정정보의 공동이용을 통하여 법인 등기사항증명서(법인인 경우만 해당한다)를 확인하여야 한다.

1. 정관
2. 사업계획서
3. 임원 이력서
4. 주주 또는 출자자 명부(「상법」에 따른 회사만 해당한다)
5. 납입자본금(「민법」 등에 따른 비영리법인의 경우에는 법 제19조의2제2항제1호나목에 따른 출연재산을 말한다) 증명 서류
6. 상근 전문 인력의 보유현황 및 자격 증명 서류
7. 사무실 확보현황에 관한 서류

② 법 제19조의2제1항 후단에서 "중소벤처기업부령으로 정하는 중요사항"이란 다음 각 호의 어느 하나에 해당하는 사항을 말한다. 다만, 제7호 및 제8호는 「상법」에

따른 회사만 해당한다.

1. 법인명
2. 법인 소재지
3. 대표자 및 임원
4. 납입자본금(「민법」등에 따른 비영리법인의 경우에는 법 제19조의2제2항제1호나목에 따른 출연재산을 말한다)
5. 상근 전문 인력의 보유현황
6. 정관에 적힌 사업목적
7. 의결권 있는 발행주식총수의 100분의 5 이상의 주식(주식회사 외의 회사는 지분을 말한다. 이하 이 항에서 같다)을 소유한 주주의 주식소유현황
8. 의결권 있는 발행주식총수의 100분의 10 이상의 주식소유현황의 변동

③ 액셀러레이터는 제2항 각 호의 어느 하나에 해당하는 사항이 변경되면 변경일부터 7일 이내에 별지 제3호의2서식의 변경등록신청서에 변경된 사실을 증명하는 서류를 첨부하여 중소벤처기업부장관에게 변경등록을 신청하여야 한다.

④ 법 제19조의2제2항제3호에서 "중소벤처기업부령으로 정하는 기준"이란 다음 각 호의 기준을 말한다.

1. 전체 투자금액의 100분의 50 이상을 초기창업자에게 투자할 것. 다만, 「독점규제 및 공정거래에 관한 법률」 제14조에 따른 상호출자제한기업집단에 속하는 회사에 투자하거나 비업무용 부동산을 취득하는 데 사용하는 것은 제외한다.
2. 초기창업자의 경영 및 기술확보에 대한 지원이 효과적인 것으로 인정될 것

⑤ 중소벤처기업부장관은 제1항에 따른 등록을 신청한 자 또는 제3항에 따른 변경등록을 신청한 자가 등록요건에 적합한 때에는 별지 제3호의3서식의 등록증을 발급하여야 한다. <개정 2017.7.26.>

제9조의3(초기창업자에 대한 지원)

① 법 제19조의4제1항제4호에서 "중소벤처기업부령으로 정하는 지원"이란 다음 각 호의 지원을 말한다.

1. 창업지도 및 교육
2. 초기사업비 제공

② 법 제19조의4제2항제5호에서 "중소벤처기업부령으로 정하는 지원"이란 다음 각 호의 지원을 말한다.

1. 경영컨설팅 및 전문가 상담
2. 마케팅 및 제품판로 개척
3. 사업 인·허가 절차 진행
4. 다른 창업자 및 창업기획자 등과의 연계

제10조(중소기업창업투자조합의 등록원부 등)

① 영 제14조제3항 또는 제15조제2항에 따른 중소기업창업투자조합(이하 "창업투자조합"이라 한다)의 등록 또는 변경등록신청서는 별지 제4호서식에 따른다.

② 영 제15조제1항에 따른 창업투자조합의 등록원부는 별지 제5호서식에 따른다. 이 경우 등록원부는 자기디스크 등으로 작성할 수 있다.

③ 중소벤처기업부장관은 영 제15조제3항에 따라 등록원부의 등본을 발행할 때에는 원부와 동일한 서식의 용지로 작성하고 그 끝에 등본임을 적어 중소벤처기업부장관의 관인을 날인하여야 한다.

제11조(청산결과 보고)

법 제26조제1항에 따라 청산인은 다음 각 호의 사항이 포함된 청산결과보고서를 작성하여 중소벤처기업부장관에게 제출하여야 한다.

1. 조합원별로 창업투자조합의 재산을 배분한 명세
2. 법 제28조에 따라 업무집행조합원에게 배분한 투자수익의 명세
3. 영 제19조제2항에 따라 업무집행조합원이 임직원에게 지급한 성과급의 명세

제12조(중소기업상담회사의 등록)

① 법 제31조제1항에 따라 중소기업상담회사로 등록을 하려는 자는 별지 제2호서식의 등록신청서(전자문서로 된 신청서를 포함한다)에 다음 각 호의 서류(전자문서를 포함한다)를 첨부하여 중소벤처기업부장관에게 제출하여야 한다. 이 경우 중소벤처기업부장관은 「전자정부법」 제36조제1항에 따른 행정정보의 공동이용을 통하여 법인 등기사항증명서(법인인 경우만 해당한다)를 확인하여야 한다.

1. 정관
2. 사업계획서
3. 영 제20조제2항제1호에 따른 전문 인력 보유현황 및 그 자격을 증명하는 서류

② 법 제31조제1항 후단에서 "중소벤처기업부령으로 정하는 중요 사항"이란 다음 각 호의 사항을 말한다.

1. 회사명
2. 소재지
3. 대표자
4. 납입자본금
5. 전문 인력 보유현황
6. 정관에 적힌 사업목적

③ 중소기업상담회사는 제2항 각 호의 어느 하나에 해당하는 사항이 변경되면 변경일부터 15일 이내에 별지 제2호서식의 변경등록신청서에 변경된 사실을 증명하는 서류를 첨부하여 중소벤처기업부장관에게 변경등록을 신청하여야 한다.

④ 영 제20조제2항제2호에서 "중소벤처기업부령으로 정하는 부대시설"이란 창업자에 대한 경영 및 기술 상담을 위한 전용공간을 말한다.

⑤ 중소벤처기업부장관은 제1항에 따른 등록의 신청을 한 자 또는 제3항에 따른 변경

등록의 신청을 한자가 등록요건에 적합하면 별지 제3호서식의 등록증을 발급하여야 한다.

제13조(용역 대금의 지원신청)

영 제21조에 따라 용역 대금의 지원을 받으려는 중소기업상담회사는 별지 제6호서식의 신청서(전자문서로 된 신청서를 포함한다)에 다음 각 호의 서류(전자문서를 포함한다)를 첨부하여야 한다. 이 경우 담당 공무원은 「전자정부법」 제36조제1항에 따른 행정정보의 공동이용을 통하여 용역을 제공받은 창업자의 사업자등록증을 확인하여야 하며, 신청인이 확인에 동의하지 아니하는 경우에는 그 사본을 첨부하도록 하여야 한다.

1. 용역결과보고서
2. 용역대금계산서
3. 용역계약서 사본

제14조(사업계획의 승인신청)

창업자는 법 제33조제1항 및 영 제22조에 따라 사업계획의 승인 또는 변경승인을 받으려면 별지 제7호서식의 신청서에 다음 각 호의 서류를 첨부하여 시장·군수·구청장(자치구의 구청장을 말한다. 이하 같다)에게 제출하여야 한다.

1. 사업계획서(승인신청의 경우만 해당한다)
2. 변경계획서 및 변경사유서(변경승인신청의 경우만 해당한다)
3. 변경내용의 신·구 대비표(변경승인신청의 경우만 해당한다)
4. 부동산권리자의 사용동의서
5. 법 제33조제4항에 따른 지침에서 정하는 서류

제15조(창업민원처리협의회의 구성·운영)

① 영 제23조제1항에 따른 창업민원처리협의회(이하 "협의회"라 한다)의 위원장은 지방중소벤처기업청장이 되고, 위원은 다음 각 호의 자가 된다.

1. 사업계획의 승인과 관련되는 행정기관의 실무책임자
2. 해당 시·군·구(자치구를 말한다. 이하 같다) 및 공공기관의 실무책임자
3. 시민단체(「비영리민간단체지원법」 제2조에 따른 비영리민간단체를 말한다) 또는 중소기업 관련 단체(중소기업협동조합이나 「민법」과 「중소벤처기업부 소관 비영리법인의 설립 및 감독에 관한 규칙」에 따라 설립된 비영리사단법인을 말한다)에서 추천하는 자 중 지방중소벤처기업청장이 지정하는 자

② 협의회는 다음 각 호의 사항을 협의한다.

1. 사업계획 승인업무의 지원
2. 창업 관련 사전정보의 제공 및 상담
3. 창업자로부터 접수된 민원의 일괄처리 등

③ 위원장은 사업계획 승인업무의 지원 등을 위하여 필요하다고 인정되거나, 창업자 또는 시·군·구의 요청이 있을 경우에는 협의회를 개최한다.

④ 위원장은 제3항에 따라 협의회를 개최하려면 개최 일시 및 안건을 개최 10일 전까지 각 위원에게 알려야 한다.

⑤ 그 밖에 협의회의 운영에 필요한 사항은 위원장이 정한다.

제16조(사업계획의 사전협의 신청)

창업자가 법 제34조제1항 및 영 제25조제1항에 따라 사업계획의 사전협의를 신청하려는 경우에는 별지 제8호서식의 사업계획 사전협의신청서에 다음 각 호의 서류를 첨부하여 시장·군수·구청장에게 제출하여야 한다.

1. 사업계획서 1부
2. 환경 관련 법령에 따른 검토가 필요한 경우에는 기계 기구류, 규모, 마력 수 등을 적은 서류 1부
3. 법 제35조제1항 각 호의 사항에 관한 서류(필요한 경우만 첨부한다)

제16조의2(부담금 면제 신청)

법 제39조의3제1항 및 영 제29조의2제1항에 따라 부담금을 면제받으려는 창업자가 제출하는 부담금 면제 신청서는 별지 제9호서식에 따른다.

제17조(창업보육센터사업자의 운영 실적 기준)

법 제43조제4항제4호에서 "중소벤처기업부령으로 정하는 기준에 미치지 못할 때"란 다음 각 호의 어느 하나에 해당하는 경우를 말한다.

1. 증축·개축 등의 특별한 사유 없이 해당 창업보육센터의 보육실을 보육실 총면적의 100분의 60 미만으로 임대한 실적이 3개월 이상 지속된 경우
2. 창업보육의 기반시설, 창업보육 프로그램의 운영 및 관리 등에 관하여 중소벤처기업부장관이 정하여 고시하는 평가 기준에 3회 연속 미치지 못한 경우

제18조

삭제

■ 중소기업창업 지원법 시행규칙 [별지 제1호서식] <개정 2017. 7. 26.>

창업보육센터사업자 [ ] 지정 [ ] 변경 신청서

※ 색상이 어두운 란은 신청인이 적지 않습니다.

접수번호	접수일		처리기간 30일
신청인	기관명		대표자 성명
	설립 연월일		전화번호
	주소		
창업보육 센터	명칭		대표자 성명
	주소		
	전화번호		보유기관 유형
	규모	센터연면적 (　　　)m^2	창업보육실면적 (　　　)m^2
변경사항			

「중소기업창업 지원법」 제6조제1항, 같은 법 시행령 제6조제2항 및 같은 법 시행규칙 제4조제1항(제2항)에 따라 위와 같이 신청합니다.

년　　월　　일

신청인　　　　　(서명 또는 인)

중소벤처기업부장관 귀하

첨부서류	1. 정관(법인인 경우만 해당합니다) 1부　2. 사업계획서 1부 3. 전문 인력 보유현황 1부　4. 시설명세서 1부 ※ 변경신청인 경우에는 변경된 사실을 증명하는 서류 1부	수수료 없음
담당 공무원 확인사항	법인 등기사항증명서(법인인 경우만 해당합니다)	

처리절차

신청서 작성	→	접수	→	검토	→	승인	→	통보
신청인		처리기관 (중소벤처 기업부)		처리기관 (중소벤처 기업부)		처리기관 (중소벤처 기업부)		

210mm×297mm[백상지 80g/m^2]

■ 중소기업창업 지원법 시행규칙 [별지 제2호서식] <개정 2017. 7. 26.>

중소기업	[ ] 창업투자회사 [ ] 상담회사	[ ] 등록 [ ] 변경등록	신청서

※ 색상이 어두운 란은 신청인이 적지 않습니다.

접수번호	접수일	처리기간 14일

신청인	상호 또는 명칭	등록번호
	대표자 성명	
	주소 (전화번호)	
변경사항		

「중소기업창업 지원법」 제10조제1항(제31조제1항) 및 같은 법 시행규칙 제5조(제12조)에 따라 위와 같이 신청합니다.

년 월 일

신청인 (서명 또는 인)

중소벤처기업부장관 귀하

첨부서류	<중소기업창업투자회사의 경우> 1. 정관 1부 2. 사업계획서 1부 3. 임원의 이력서 1부, 4. 주주의 명부 1부 5. 납입자본금의 납입을 증명하는 서류 1부 6. 상근 전문 인력의 보유현황 및 그 자격을 증명하는 서류 1부 7. 사무실 확보현황에 관한 서류 1부 ※ 변경등록인 경우에는 변경된 사실을 증명하는 서류 <중소기업상담회사의 경우> 가. 정관 1부 나. 사업계획서 1부 다. 전문 인력 보유현황 및 그 자격을 증명하는 서류 1부 ※ 변경등록인 경우에는 변경된 사실을 증명하는 서류	수수료 없음
담당 공무원 확인사항	법인 등기사항증명서(법인인 경우만 해당합니다)	

처리절차

신청서 작성	➔	접수	➔	검토	➔	등록	➔	통보
신청인		처리기관 (중소벤처기업부)		처리기관 (중소벤처기업부)		처리기관 (중소벤처기업부)		

210mm×297mm[백상지 80g/m²]

■ 중소기업창업 지원법 시행규칙 [별지 제3호서식] <개정 2017. 7. 26.>

등록번호 : 제　　호

중소기업창업투자회사 / 중소기업상담회사 등록증

1. 회사명

2. 대표자 성명

3. 소재지

「중소기업창업 지원법」 제10조제1항(제31조제1항)에 따라
위와 같이 등록하였음을 증명합니다.

년　　월　　일

중소벤처기업부장관 직인

210mm×297mm[백상지 120g/m^2]

■ 중소기업창업 지원법 시행규칙 [별지 제3호의2서식] <개정 2017. 7. 26.>

액셀러레이터 [ ] 등록 [ ] 변경등록 신청서

※ 색상이 어두운 난은 신청인이 작성하지 않습니다.

접수번호	접수일	처리기간 30일

신청인	상호 및 명칭	대표자 성명
	설립 연월일	등록번호
	주소	전화번호
변경사항		

「중소기업창업 지원법」 제19조의2제1항, 같은 법 시행규칙 제9조의2제1항부터 제3항까지에 따라 위와 같이 신청합니다.

년 월 일

신청인 (서명 또는 인)

중소벤처기업부장관 귀하

첨부서류	1. 정관 2. 사업계획서 1부 3. 임원 이력서 1부 4. 주주 또는 출자자 명부(「상법」에 따른 회사만 해당합니다) 5. 납입자본금(「민법」 등에 따른 비영리법인의 경우에는 「중소기업창업 지원법」 제19조의2제2항제1호나목에 따른 출연재산을 말합니다) 증명 서류 1부 6. 상근 전문 인력 보유현황 및 자격 증명 서류 1부 7. 사무실 확보현황에 관한 서류 1부 * 변경등록인 경우에는 변경된 사실을 증명하는 서류를 말합니다.	수수료 없음
담당 공무원 확인사항	법인 등기사항증명서	

처리절차

신청서 작성	→	접수	→	검토	→	승인	→	통보
신청인		처리기관 (중소벤처기업부)		처리기관 (중소벤처기업부)		처리기관 (중소벤처기업부)		

■ 중소기업창업 지원법 시행규칙 [별지 제3호의3서식] <개정 2017. 7. 26.>

등록번호 : 제　　　호

액셀러레이터 등록증

1. 회사명 :

2. 대표자 성명 :

3. 소재지 :

「중소기업창업 지원법」 제19조의2제1항 및 같은 법 시행규칙 제9조의2제5항에 따라 위와 같이 등록하였음을 증명합니다.

년　　월　　일

중소벤처기업부장관　　직인

210mm×297mm[백상지 120g/m^2]

■ 중소기업창업 지원법 시행규칙 [별지 제4호서식] <개정 2017. 7. 26.>

중소기업창업투자조합 [ ] 등록 [ ] 변경등록 신청서

※ 색상이 어두운 란은 신청인이 적지 않습니다.

접수번호	접수일	처리기간 14일

신청인	조합명	납세고유번호
	업무집행조합원	유한책임조합원수
	출자총액	존속기간
	주소 (전화번호 :)	
변경사항		

「중소기업창업 지원법」 제20조제1항, 같은 법 시행령 제14조제3항(제15조제2항) 및 같은 법 시행규칙 제10조제1항에 따라 위와 같이 신청합니다.

년 월 일

신청인 (서명 또는 인)

중소벤처기업부장관 귀하

첨부서류	1. 창업투자조합의 규약 사본 1부 2. 조합원명부 1부 3. 조합원의 출자금액 및 출자이행을 증명하는 서류 1부 4. 창업투자조합의 투자심사업무를 전담하는 전문 인력의 인적사항 1부 5. 창업투자조합 재산의 보관을 「자본시장과 금융투자업에 관한 법률」 제8조제7항에 따른 신탁업자 및 신탁업을 겸영하는 금융기관에 위탁하였음을 증명하는 서류 ※ 변경등록신청인 경우에는 변경된 사실을 증명하는 서류 1부	수수료 없음

처리절차

신청서 작성	➔	접수	➔	검토	➔	등록	➔	통보
신청인		처리기관 (중소벤처 기업부)		처리기관 (중소벤처 기업부)		처리기관 (중소벤처 기업부)		

210mm×297mm[백상지 80g/m^2]

■ 중소기업창업 지원법 시행규칙 [별지 제5호서식] <개정 2015.10.26.>

창업투자조합 등록원부

(제1쪽)

등록번호	장 수
명칭	
	. . . 변경
	. . . 등록
	. . . 변경
	. . . 등록
존속기간 . . . ~ . . .	
. . . ~ . . .	. . . 변경
	. . . 등록
. . . ~ . . .	. . . 변경
	. . . 등록
소재지	
	. . . 변경
	. . . 등록
	. . . 변경
	. . . 등록
출자약정총액 금 원	
금 원	. . . 변경
	. . . 등록
금 원	. . . 변경
	. . . 등록
업무집행조합원의 명칭	
	. . . 변경
	. . . 등록
	. . . 변경
	. . . 등록
출자 1좌의 금액 금 원	
최초 등록 연월일 년 월 일 등록	

명칭·출자액란(장) 확인

210mm×297mm[백상지(80g/m^2)]

(제2쪽)

등록번호		조합명	

납입출자금 총액	
금회 출자액	출자누계
금 원 조합원인	금 원 등록일 월 일
금 원 조합원인	금 원 등록일 월 일

업무집행조합원에 관한 사항			
명칭		사업자등록번호	
약정액	금 원	출자좌수	

납입출자금	
금회 출자액	출자누계
금 원 조합원인	금 원 출자좌수 등록일 월 일
금 원 조합원인	금 원 출자좌수 등록일 월 일

유한책임조합원에 관한 사항			
명칭		주민등록번호(사업자등록번호)	
약정액	금 원	출자좌수	

납입출자금	
금회 출자액	출자누계
금 원 조합원인	금 원 출자좌수 등록일 월 일

명칭		주민등록번호(사업자등록번호)	
약정액	금 원	출자좌수	

납입출자금	
금회 출자액	출자누계
금 원 조합원인	금 원 출자좌수 등록일 월 일

조합원란(장) | 확인

(제3쪽)

투자심사 업무를 전담하는 전문 인력에 관한 사항
1. 대표 전문 인력에 관한 사항
성명 주민등록번호 담당 시작일 년 월 일 담당 종료일 년 월 일 대표 전문 인력인
가. 약력
1) (. . . ~ . . .)
2) (. . . ~ . . .)
3) (. . . ~ . . .)
4) (. . . ~ . . .)
나. 투자경력
1) (. . . ~ . . .)
2) (. . . ~ . . .)
3) (. . . ~ . . .)
4) (. . . ~ . . .)
2. 일반 전문 인력에 관한 사항
성명 주민등록번호 담당 시작일 년 월 일 담당 종료일 년 월 일 일반 전문 인력인
가. 약력
1) (. . . ~ . . .)
2) (. . . ~ . . .)
3) (. . . ~ . . .)
나. 투자경력
1) (. . . ~ . . .)
2) (. . . ~ . . .)
3) (. . . ~ . . .)

전문 인력란(장)

■ 중소기업창업 지원법 시행규칙 [별지 제6호서식] <개정 2017. 7. 26.>

용역대금지원신청서

※ 색상이 어두운 란은 신청인이 적지 않습니다. (앞 쪽)

접수번호	접수일	처리기간 21일

신청인	중소기업상담회사명	대표자 성명
	등록번호	전화번호
	주소	
신청내용	신청액	용역대금총액
	창업자	전화번호
	주수	
	용역내용	

「중소기업창업 지원법」 제32조, 같은 법 시행령 제21조제2항 및 같은 법 시행규칙 제13조에 따라 위와 같이 신청합니다.

년 월 일

신청인 (서명 또는 인)

귀하

첨부서류	1. 용역결과보고서 1부 2. 용역대금계산서 1부 3. 용역계산서 사본 1부	수수료 없음
담당 공무원 확인사항	사업자등록증	

행정정보 공동이용 동의서

본인은 이 건 업무처리와 관련하여 담당 공무원이 「전자정부법」 제36조에 따른 행정정보의 공동이용을 통하여 위의 담당 공무원 확인 사항을 확인하는 것에 동의합니다.

* 동의하지 않는 경우에는 신청인이 직접 관련 서류를 제출해야 합니다.

신청인 (서명 또는 인)

210mm×297mm[백상지 80g/m²]

■ 중소기업창업 지원법 시행규칙 [별지 제7호서식] <개정 2012.11.30>

사업계획 [ ] 승인 / [ ] 변경승인 신청서

※ 색상이 어두운 란은 신청인이 적지 않습니다.

접수번호	접수일	처리기간 20일

구분		
신청인	회사명	사업자등록번호
	대표자 성명	대표자 생년월일
	회사형태	설립연월일
	주소	회사자산
	대행상담 회사명	(전화번호) (등록번호)
사업계획	공장소재지	전화번호
	규모 (대지 : m^2)	(건물 : m^2)
	업종(분류번호)	종업원 수
	공사착공 예정일	공사준공 예정일

「중소기업창업 지원법」 제33조제1항, 같은 법 시행령 제22조 및 같은 법 시행규칙 제14조에 따라 위와 같이 신청합니다.

년 월 일

신청인 (서명 또는 인)

시장 · 군수 · 구청장 귀하

첨부서류	1. 사업계획서(승인신청의 경우만 해당합니다) 1부 2. 변경계획서 및 변경사유서(변경승인신청의 경우만 해당합니다) 1부 3. 변경내용의 신 · 구대비표(변경승인신청의 경우만 해당합니다) 1부 4. 부동산권리자의 사용동의서 1부 5. 「중소기업창업 지원법」 제33조제4항에 따른 지침에서 정하는 서류 1부	수수료 없음

처리절차

신청서 작성	→	접수	→	검토	→	승인	→	통보
신청인		처리기관 (시 · 군 · 구)		처리기관 (시 · 군 · 구)		처리기관 (시 · 군 · 구)		

210mm×297mm[백상지 80g/m^2]

■ 중소기업창업 지원법 시행규칙 [별지 제8호서식] <개정 2012.11.30>

사업계획 사전협의신청서

※ 색상이 어두운 란은 신청인이 적지 않습니다.

접수번호	접수일	처리기간 7일

신청인	회사명	사업자등록번호
	대표자 성명	대표자 생년월일
	회사형태	설립연월일
	주소	
	전화번호	휴대전화
사업계획	공장예정소재지	부지면적 m^2
	지목	용도지역
	업종(분류번호)	생산품
	공사착공 예정일	공사준공 예정일
인허가사항	[ ]건축 [ ]농지전용 [ ]산지전용 [ ]토지형질변경 [ ]주거목적외사용 [ ]하천점용 [ ]도로점용	

「중소기업창업 지원법」 제34조제1항, 같은 법 시행령 제25조제1항 및 같은 법 시행규칙 제16조에 따라 위와 같이 신청합니다.

년 월 일

신청인 (서명 또는 인)

시장·군수·구청장 귀하

첨부서류	1. 사업계획서 1부, 2. 환경 관련 법령에 따른 검토가 필요한 경우에는 기계 기구류, 규모, 마력 수 등을 적은 서류 1부 3. 「중소기업창업 지원법」 제35조제1항 각 호의 사항에 관한 서류(필요한 경우만 첨부합니다)	수수료 없음

처리절차

신청서 작성	→	접수	→	검토	→	처리	→	통보
신청인		처리기관 (시·군·구)		처리기관 (시·군·구)		처리기관 (시·군·구)		

210mm×297mm[백상지 80g/m^2]

■ 중소기업창업 지원법 시행규칙 [별지 제9호서식] <신설 2014.6.5>

(   ) 부담금 면제 신청서

※ 색상이 어두운 란은 신청인이 적지 않습니다. (앞쪽)

접수번호	접수일		처리기간 14일
신청인	회사명		사업자등록번호
	회사형태(개인/법인)		설립연월일
	주소(법인은 소재지)		
	공장소재지		
	대표자	성명	생년월일(법인등록번호)
		주소	전화번호
			전자우편

대표자 사업체 운영이력

기간	형태 (개인/법인)	상호명	업종	직위
~				
~				
~				
~				

「중소기업창업 지원법」 제39조의3제1항 및 같은 법 시행령 제29조의2제1항에 따라 (   )부담금을 면제받으려고 하며, 기재사항은 사실과 틀림없습니다.

년 월 일

신청인 (서명 또는 인)

시장 · 군수 · 구청장 귀하

제출서류	뒤쪽 참조	수수료 없음

210mm×297mm[백상지 80g/m²(재활용품)]

4. 기타 취창업 법률

1) 1인 창조기업 육성에 관한 법률[57]

제5조(1인 창조기업 육성계획의 수립 등)

① 중소벤처기업부장관은 1인 창조기업을 육성하기 위하여 3년마다 1인 창조기업 육성계획(이하 "육성계획"이라 한다)을 문화체육관광부장관 등 관계 중앙행정기관의 장과 협의를 거쳐 수립·시행하여야 한다.

② 육성계획에는 다음 각 호의 사항이 포함되어야 한다.

1. 1인 창조기업의 육성을 위한 정책의 기본방향
2. 1인 창조기업의 창업지원에 관한 사항
3. 1인 창조기업의 기반조성에 관한 사항
4. 1인 창조기업 관련 통계 조사·관리에 관한 사항
5. 그 밖에 1인 창조기업의 육성을 위하여 필요한 사항

③ 중소벤처기업부장관은 육성계획의 수립과 시행을 위하여 필요한 경우에는 관계 중앙행정기관의 장과 1인 창조기업 육성에 관련된 기관 또는 단체에 대하여 자료의 제출이나 의견의 진술을 요청할 수 있다. 이 경우 요청을 받은 관계 중앙행정기관의 장 등은 특별한 사정이 없으면 요청에 따라야 한다.

2) 가맹사업 진흥에 관한 법률[58]

제13조(창업 지원)

① 정부는 가맹사업의 창업을 활성화하기 위하여 가맹사업을 창업하려는 자(이하 "가맹사업창업자"라 한다)에 대하여 필요한 지원을 할 수 있다.

② 정부는 가맹사업창업자에게 창업 및 가맹사업의 성장·발전에 필요한 자금·인력·기술·판로 및 입지 등에 관한 정보를 제공하기 위하여 필요한 시책을 마련하여야 한다.

③ 정부는 중앙행정기관의 장, 지방자치단체의 장 또는 공공기관의 장에게 제2항에 따른 정보 제공에 필요한 자료를 요청할 수 있다.

제15조(가맹사업 진흥활동)

산업통상자원부장관은 가맹사업에 대한 국민의 인식을 높이고 창업을 촉진하기 위하여 다음 각 호의 사업을 추진할 수 있다.

1. 독창적인 아이디어를 기반으로 한 창업 사례 및 우수 상품·서비스의 발굴 및 포상
2. 창업박람회 및 우수 상품·서비스 전시회의 개최
3. 그 밖에 가맹사업의 창업 및 진흥에 관한 행사의 개최

▮ 제17조(자금의 지원)

정부는 다음 각 호의 해당 사항에 필요한 자금을 지원할 수 있다.

1. 가맹사업창업자의 가맹사업 창업 또는 아이디어의 사업화
2. 중소기업자가 가맹사업자로 전환하는 데에 필요한 경영환경 조성 및 시설 개선
3. 「가맹사업거래의 공정화에 관한 법률」 제6조의2에 따라 공정거래위원회에 정보공개서를 등록한 가맹본부(이하 이 조에서 "정보공개서를 등록한 가맹본부"라 한다)와 이에 속한 가맹점사업자의 정보화, 기술개발
4. 정보공개서를 등록한 가맹본부의 해외시장 개척
5. 그 밖에 가맹사업의 구조 개선을 촉진하기 위하여 필요하다고 인정되는 사항으로서 대통령령으로 정하는 사항

3) 건축서비스산업 진흥법 [59]

▮ 제15조(창업지원)

정부는 건축서비스산업과 관련된 창업을 촉진하고 활성화하기 위하여 다음 각 호의 행정적·재정적 지원을 할 수 있다.

1. 창업자금의 지원 및 융자
2. 건축서비스 관련 연구·개발 성과의 제공
3. 고가장비의 공동 사용
4. 제16조에 따른 건축서비스산업 진흥시설에 대한 우선 입주기회 제공
5. 그 밖에 대통령령으로 정하는 사항

4) 게임산업진흥에 관한 법률 [60]

▮ 제4조(창업 등의 활성화)

① 정부는 게임산업과 관련한 창업을 활성화하고 우수게임상품의 개발 및 게임물 관련 시설의 현대화를 위하여 창업자나 우수게임상품을 개발한 자 등에게 필요한 지원을 할 수 있다.

② 정부는 게임산업의 활성화를 위하여 비영리 목적의 아마추어 게임물 제작자의 활동을 지원할 수 있다.

③ 제1항 및 제2항에 따른 지원의 절차와 방법에 필요한 사항은 대통령령으로 정한다.

5) 공간정보산업 진흥법 [61]

▮ 제16조의2(창업의 지원)

국토교통부장관은 「중소기업기본법」 제2조에 따른 중소기업에 해당하는 공간정보산업에 관한 창업을 촉진하고 창업자의 성장·발전을 위하여 다음 각 호의 지원을 할 수 있다.

1. 유상 공간정보의 무상제공

2. 공간정보산업 연구·개발 성과의 제공
3. 창업에 필요한 법률, 세무, 회계 등의 상담
4. 공간정보 기반의 우수한 아이디어의 발굴 및 사업화 지원
5. 그 밖에 대통령령으로 정하는 사항

6) 공예문화산업 진흥법[62]

제8조(창업 및 제작 지원)

① 문화체육관광부장관은 공예문화산업에 관한 창업을 촉진하고 창업자의 성장·발전을 위하여 필요한 지원을 할 수 있다.
② 문화체육관광부장관이나 특별시장·광역시장·특별자치시장·도지사·특별자치도지사(이하 "시·도지사"라 한다)는 공예문화산업의 경쟁력을 강화하고 우수공예품의 제작을 촉진하기 위하여 제작자에게 자금의 융자 등 필요한 지원을 할 수 있다.
③ 제1항 및 제2항에 따른 창업 및 제작 지원의 대상·방법 및 절차 등에 필요한 사항은 대통령령으로 정한다.

7) 과학기술기본법[63]

제16조의4(기술창업 활성화 등)

① 정부는 창의적인 아이디어, 신기술, 과학기술 및 정보통신기술에 기반하여 문화 등 다양한 부문과의 융합을 촉진함으로써 기술창업을 활성화하고, 중소·벤처기업의 과학기술혁신 역량을 강화하기 위하여 필요한 시책을 세우고 추진하여야 한다.
② 제1항의 시책에 따른 사업의 추진에 관하여는 제16조의3제2항 및 제3항을 준용한다.
③ 중앙행정기관의 장은 제1항의 시책을 지역에 효과적으로 정착시키기 위하여 관련 업무를 종합적으로 지원하는 전담기관을 각 지역별로 지정할 수 있다.
④ 정부와 지방자치단체는 예산의 범위에서 제3항에 따른 전담기관의 운영 및 사업 수행에 필요한 비용의 일부 또는 전부를 출연하거나 보조할 수 있다.
⑤ 제3항에 따른 전담기관의 지정·운영 등에 관하여 필요한 사항은 대통령령으로 정한다.

8) 과학기술기본법 시행령[64]

제24조의3(기술창업 활성화 지원 등 전담기관의 지정)

중소벤처기업부장관은 법 제16조의4제3항에 따라 다음 각 호의 어느 하나에 해당하는 기관을 같은 조 제1항의 시책을 지원하는 각 지역별 전담기관(이하 "창조경제혁신센터"라 한다)으로 지정할 수 있다. 이 경우 중소벤처기업부장관은 해당 기관의 장 및 해당 기관이 소재하는 지역의 특별시장·광역시장·특별자치시장·도지사·특별자치도지사(이하 "시·도지사"라 한다)와 협의를 거쳐야 한다.

1. 「공공기관 운영에 관한 법률」 제4조에 따른 공공기관, 기업을 회원으로 하는 협회·단체, 대학, 연구기관 등(이하 “공공기관등”이라 한다)에 소속되거나 부설된 기관
2. 제1호 외에 기술창업 활성화, 중소·벤처기업의 과학기술혁신 역량 강화 등을 목적으로 설립된 비영리법인

제24조의4(창조경제혁신센터의 운영 등)

① 창조경제혁신센터는 다음 각 호의 업무를 수행한다.

1. 지역의 기술창업 활성화 및 기업가정신 고취를 위한 추진과제 발굴 및 운영
2. 지역 중소·벤처기업의 과학기술혁신 역량 강화를 위한 지원과 이를 위한 관련 기관·프로그램의 연계 및 총괄
3. 지역 중소·중견기업 성장 지원과 이를 위한 관련 기관·프로그램의 연계 및 총괄
4. 지역의 기술창업 및 중소·벤처기업의 과학기술혁신 역량 강화와 관련된 유관기관과의 협력과 이와 관련 정책·전략의 수립 및 평가의 지원
5. 지역의 미래 기업가 양성을 위한 교육 프로그램의 개발
6. 지역의 창업을 지원하는 기관·기업의 육성 및 지원
7. 지역의 기술창업 및 중소·벤처기업과 관련된 법률 상담과 법률 사무의 지원
8. 지역의 예비창업자, 창업자 또는 중소·벤처기업에 대한 금융 상담과 금융 사무의 지원
9. 창의적인 아이디어, 신기술 등을 활용한 청년고용 창출 지원 및 교육 프로그램 운영
10. 그 밖에 「창조경제 민관협의회 등의 설치 및 운영에 관한 규정」 제17조에 따른 창조경제혁신센터 운영위원회에서 의결한 창조경제혁신센터의 운영에 관한 사항

② 창조경제혁신센터의 장은 다음 각 호의 구분에 따라 선임한다.

1. 제24조의3제1호의 기관이 창조경제혁신센터로 지정된 경우 : 공공기관등의 장이 중소벤처기업부장관과의 협의를 거쳐 관련 분야의 전문지식과 경험이 풍부한 사람을 선임
2. 제24조의3제2호의 비영리법인이 창조경제혁신센터로 지정된 경우 : 비영리법인의 정관으로 정하는 바에 따라 선임

③ 시·도지사는 창조경제혁신센터가 관할 내 유관기관과의 원활한 협력체계를 구축할 수 있도록 지원하여야 하며, 관할 지역의 관련 정책의 수립 과정에 창조경제혁신센터를 참여시킬 수 있다.

④ 창조경제혁신센터의 장은 그 목적을 달성하기 위하여 필요한 경우에는 시·도지사 또는 공공기관 등의 장에게 공무원 또는 공공기관 등의 임직원의 파견을 요청할 수 있다. 이 경우 요청을 받은 시·도지사 또는 공공기관 등의 장은 그 소속 공무원 또는 임직원을 창조경제혁신센터에 파견할 수 있다.

⑤ 정부와 지방자치단체는 제4항에 따라 창조경제혁신센터에 파견된 공무원 또는 공공기관 등의 임직원에 대한 수당·여비를 지원할 수 있다.

9) 관상어산업의 육성 및 지원에 관한 법률 [65]

▌제10조(창업지원)

① 해양수산부장관과 시·도지사 또는 시장·군수·구청장은 관상어산업에 관한 창업을 촉진하고 창업자의 성장·발전을 위하여 필요한 지원을 할 수 있다.

② 창업자의 지원에 관한 대상·방법 및 절차 등에 필요한 사항은 대통령령으로 정한다.

10) 국가초고성능컴퓨터 활용 및 육성에 관한 법률 [66]

▌제18조(산업체에 대한 지원)

① 정부는 산업체의 국가초고성능컴퓨팅 연구개발 활동 및 연구개발 결과의 산업화를 촉진하기 위하여 필요한 지원을 할 수 있다.

② 정부는 초고성능컴퓨팅과 관련이 있는 기술집약형 중소기업과 신기술을 이용하여 창업하는 기업에 대하여 제1항에 따른 지원을 우선적으로 추진하여야 한다.

11) 국민기초생활 보장법 [67]

▌제15조(자활급여)

① 자활급여는 수급자의 자활을 돕기 위하여 다음 각 호의 급여를 실시하는 것으로 한다.

1. 자활에 필요한 금품의 지급 또는 대여
2. 자활에 필요한 근로능력의 향상 및 기능습득의 지원
3. 취업알선 등 정보의 제공
4. 자활을 위한 근로기회의 제공
5. 자활에 필요한 시설 및 장비의 대여
6. 창업교육, 기능훈련 및 기술·경영 지도 등 창업지원
7. 자활에 필요한 자산형성 지원
8. 그 밖에 대통령령으로 정하는 자활을 위한 각종 지원

② 제1항의 자활급여는 관련 공공기관·비영리법인·시설과 그 밖에 대통령령으로 정하는 기관에 위탁하여 실시할 수 있다. 이 경우 그에 드는 비용은 보장기관이 부담한다.

참고문헌

사)한국창업컨설팅협회, 창업컨설턴트가 제시하는 창업실무, 2009.

한국산업인력공단, 직업윤리(학습자용 워크북), 2015

김규태, 창업경영실무, 형설출판사, 2001.

김대규, 이상주, 성공적 취·창업설계와 진로 탐색, 양성원, 2017.

김문중·정승언, 인적자원관리론, 형지사, 2010.

권원오, 성공으로 가는 창업과 경영, 신광문화사, 2014.

박주관, 창업소프트성공경영학, 21세기북스, 1997.

박춘엽·박상범, 중소기업경영론, 삼영사, 1997.

박춘엽, 중소기업의 창업과 사업성 분석, 경문사, 1994.

오규덕, 임현민, 공채의 기술, (주)쌤앤파커스, 2012.

윤호상, 자기소개서 면접비법, 올하우(주), 2012.

이석규, 창업 및 산업성검토, 다산출판사, 1997.

이학종·양혁승, 전략적인적자원관리, 도서출판오래, 2012.

조성진외 5, 대학생들이 쉽게 할 수 있는 창업실무, 양성원, 2017.

조병주, 기회발견과 창업메카닉스, 청아출판사, 1998.

김승용, 2008년 취업 성공전략, 하이비전, 2006.

노주신, 채용면접의 이해와 활용(실전채용 가이드), 인쿠르트, 서울, 2004.

안관수, 대학 취업경쟁력 강화와 직업진로지도 방안, 경영교육논총 43, 2006.

정선한·김해룡, 소상공인 창업성공요인에 대한 탐색적 연구, 벤처경영연구 Vol.4(2), 2001.

강원준, 대학의 취업지원프로그램이 취업성과에 미치는 영향에 관한 연구, 건국대학교 석사학위논문, 2008.

김대영, 면접자간 토의와 부가질문의 사용이 면접의 신뢰도와 타당도에 미치는 영향, 호서대학교 석사학위논문, 2002.

김봉환, 대학생의 진로결정수준과 진로준비행동의 발달 및 이차원적 유형화, 서울대학교 박사학위논문, 1997.

김연진, 대학교 취업진로지도 강좌운영 개선방안 연구, 고려대학교 석사학위논문, 2009.

김영수, 기업가적 행동성향의 결정요인과 성과와의 관계, 한양대학교 박사학위논문, 1996.

김은희, 공공기관의 고객관계관리 개선방안에 관한 연구, 전남대학교 석사학위논문, 2012.

김태곤, 외식창업요인과 외식업종(태) 선택요인이 경영성과에 미치는 영향, 청운대학교 석사학위논문, 2013.

남원철, 소자본 창업자의 사업 경쟁력 확보를 위한 디자인 지원 플랫폼, 고려대학교 석사학위논문, 2015.

박상필, 창업아이디어의 원천과 창업가의 개인적 특성에 관한 실증적 연구-중소기업중심으로, 한양대학교 석사학위논문, 1998.

박연임, 소상공창업자의 성격특성이 조직성과에 미치는 영향에 관한 연구, 한밭대학교 석사학위논문, 2010.

서경자, 우리나라의 소자본뷰티창업 전략에 관한 연구, 가천대학교 석사학위논문, 2012.

서정락, 아웃소싱 업체 도급직 직원들의 이중몰입에 대한 연구, 중앙대학교 박사학위논문, 2011.

손종응, 청년창업 성공요인과 지원전략과제에 관한 연구, 배재대학교 박사학위논문, 2015.

안장원, 제대직업군인의 창업지원 실태분석과 창업활성화 방안, 부산대학교 석사학위논문, 2017.

양기승, 중소기업의 핵심역량이 경영전략과 경영성과에 미치는 영향, 경희대학교 석사학위논문, 2017.

윤종덕, 창업기업의 성공요인에 대한 실증적 연구, 서경대학교 석사학위논문, 2010.

윤지혜, 초기 성인의 취업스트레스와 우울 간 관계에서 자기개념명확성의 매개효과, 홍익대학교 석사학위논문, 2017.

이언영, 면접 이미지메이킹을 위한 사이버 셀프패션 코디네이션 시스템의 활용연구, 이화여자대학교 박사학위논문, 2007.

정승열, 대학 재학생의 취업준비에 관한 연구, 전남대학교 석사학위논문, 2014.

주희진, 여성의 기업활동에 대한 연구, 이화여자대학교 석사학위논문,1999.

조기윤, 대학생의 취업불안과 진로결정자기효능감이 진로준비행동에 미치는 영향, 동아대학교 석사학위논문, 2012.

조승철, 창업기업의 특성에 관한 실증연구, 한남대학교 석사학위논문, 2010.

찾아보기

(ㅊ)

(ㅌ)

(ㅍ)

(ㅎ)

(영문)

미주

1 김연진, 대학교 취업진로지도 강좌운영 개선방안 연구, 고려대학교 석사학위논문, 2009, pp.7～13.

2 직업선택시 긴즈버그는 가치관, 정서, 교육, 환경적 요소들이 영향을 미쳐서 진로를 선택하게 된다고 보았다. 환상기는 태어나면서부터 11세 이전까지 자신의 직업을 구상하는 단계를 말한다. 이때 놀이가 점차 일 지향이 되며, 처음으로 특정 활동에 대한 선호를 나타낸다. 이것은 다양한 직업적 역할이 놀이를 통해 나타난 것이며 직업세계에 대한 최초의 가치판단을 반영한다. 잠정기는 11세부터 17세까지 청소년 시기로, 자신의 흥미와 적성 등의 요소는 고려하지만 현실적인 조건들은 고려하지 않고 자신의 미래 직업을 구상하는 단계이다. 잠정기는 4단계를 거친다. 첫째, 흥미단계다. 좋아하는 것과 그렇지 않은 것에 대한 보다 분명한 결정을 하게 된다. 둘째, 능력단계이다. 직업적인 열망과 관련하여 자신의 능력을 깨닫게 된다. 셋째, 가치단계이다. 자신의 직업스타일에 대해 보다 명확한 이해를 하게 된다. 넷째, 전환단계이다. 직업선택에 대한 결정과 진로선택에 수반되는 책임의식을 깨닫게 된다. 현실기는 18세부터 22세까지 자신의 흥미, 능력, 현실적 조건들을 고려하고 타협해서 자신의 직업을 선택하는 시기이다. 현실기는 3단계를 거친다. 첫째, 탐색단계이다. 확실한 결정의 상태는 아니지만 진로 초점의 범위는 좁혀진 상태이다. 둘째, 구체적화단계이다. 특정직업분야에 몰두하게 된다. 셋째, 특수화단계이다. 각자가 직업을 선택하거나 특정 진로에 맞는 직업훈련을 받게 된다. 이 단계에서 자신의 결정을 구체화하고 보다 세밀한 계획을 세우며, 고도로 세분화·전문화된 의사결정을 하게 된다.

3 안관수, 대학 취업경쟁력 강화와 직업진로지도 방안, 경영교육논총 43, 2006, pp.173～191.

4 조기윤, 대학생의 취업불안과 진로결정자기효능감이 진로준비행동에 미치는 영향, 동아대학교 석사학위논문, 2012, pp.10～15.

5 김봉환, 대학생의 진로결정수준과 진로준비행동의 발달 및 이차원적 유형화, 서울대학교 박사학위논문, 1997.

6 윤지혜, 초기 성인의 취업스트레스와 우울 간 관계에서 자기개념명확성의 매개효과, 홍익대학교 석사학위논문, 2017, pp.6～9.

7 강원준, 대학의 취업지원프로그램이 취업성과에 미치는 영향에 관한 연구, 건국대학교 석사학위논문, 2008, pp.12～20.

8 IQ(Intelligent Quotient)는 지능 발달정도를 나타낸 검사결과의 수치를 뜻한다. EQ(Emotional Quotient)는 자신의 진정한 기분을 자각해 이를 존중하고 진심으로 납득할 수 있는 결단을 내릴 수 있는 능력, 충동을 자제하고 불안, 분노와 같은 스트레스의 원인이 되는 감정을 제어할 수 있는 능력, 목표 추구에 실패했을 경우에도 좌절하지 않고 자신을 격려할 수 있는 능력, 타인의 강점에 공감할 수 있는 공감능력, 집단 내에서 조화를 유지하며 타인과 서로 협력할 수 있는 사회적 능력 등을 말한다. SQ(Social Quotient)는 상대방의 감정을 잘 이해하고 타인과 잘 어울리는 능력이다. 여러 사람 간의 협업이 늘어나는 현대사회에서 중요한 역할을 하며, 후천적으로 길러지는 부분이 크기 때문에 원만한 인간관계를 통한 노력으로 SQ를 높일 수 있다. CQ(Creative Quotient)는 구성원 모두를 고양시킬 수 있는 비전을 제시하며, 신뢰감과 전문적 식견을 갖추고, 타인의 동참을 설득할 수 있는 능력을 말한다.

9 정승열, 대학 재학생의 취업준비에 관한 연구, 전남대학교 석사학위논문, 2014, pp.5～21.

10 노주선, 채용면접의 이해와 활용(실전채용 가이드), 인쿠르트, 서울, 2004, pp.55～56

11 김문중·정승언, 인적자원관리론, 형지사, 2010, p.183.

12 이학종·양혁승, 전략적인적자원관리, 도서출판오래, 2012, pp.229～230.

13 김승용, 2008년 취업 성공전략, 하이비전, 2006, pp.108～109.

14 윤호상, 자기소개서 면접비법, 올하우(주), 2012, p.186.

15 오규덕, 임현민, 공채의 기술, (주)쌤앤파커스, 2012. pp.231～279.

16 이언영, 면접 이미지메이킹을 위한 사이버 셀프패션 코디네이션 시스템의 활용연구, 이화여자대학교 박사학위논문, 2007, pp.19～23.

17 이언영, 면접 이미지메이킹을 위한 사이버 셀프패션 코디네이션 시스템의 활용연구, 이화여자대학교 박사학위논문, 2007, pp.25～33.

18 한국산업인력공단, 직업윤리(학습자용 워크북), 2015, p.82.

19 펌프스(pumps)는 지퍼, 끈 등의 여밈 부분이 없고 발등이 패인 여성용 신이다. 신의 앞부분이 낮으며, 발등이 많이 드러나게 디자인되어 쉽게 신고 벗을 수 있다. 주로 정장 차림에 어울린다.

20 김대영, 면접자간 토의와 부가질문의 사용이 면접의 신뢰도와 타당도에 미치는 영향, 호서대학교 석사학위논문, 2002, pp.66～70.

21 조성진외 5, 대학생들이 쉽게 할 수 있는 창업실무, 양성원, 2017, pp.31～38.

22 기업들의 마케팅, 광고, 트레이닝 효과와 고객 경험을 유도할 수 있는 커뮤니케이션 툴로 공항이나 호텔, 병원 같은 공공장소에서 방송 프로그램뿐만 아니라 특정한 정보를 함께 제공하는 디지털 영상 디스플레이 장치. 아웃오브홈미디어(OOH)라고도 한다. 기존 상업용 디지털 정보 디스플레이(DID)에 주요 기능을 제어할 수 있는 소프트웨어나 관리 플랫폼까지 종합적으로 공급하는 것을 특징으로 한다. 버전 2.0으로 진화하면서 프로젝터를 통해 건물 외벽에 영상을 투사해 건물 전체를 디스플레이로 활용할 수 있어, 언제 어디서나 원하는 콘텐츠를 전달할 수 있다.

23 '모든'이라는 뜻의 단어 omni와 '경로'를 뜻하는 channel의 합성어로, 기존 온·오프라인 유통 채널에 IT·모바일 기술을 융합한 유통 전략을 의미한다. 옴니채널의 부상은 스마트폰의 대중화로 인해 온라인과 오프라인을 자유롭게 넘나들며 쇼핑을 즐기는 크로스 쇼퍼(cross shopper), 그러니까 쇼루밍족, 역쇼루밍족, 모루밍족들의 증가와 밀접한 관련이 있다. 쇼루밍(Showrooming)족은 매장에서 제품을 꼼꼼하게 살펴본 뒤, 실제 구매는 온라인 등의 경로를 통해 최저가로 구매하는 알뜰 쇼핑족을 의미하고, 반대로 온라인에서 제품에 관한 정보를 꼼꼼하게 파악하고 오프라인을 통해 제품을 구매하는 쇼핑족을 일러 역쇼루밍(Reverse-Showrooming)족이라 한다. 모루밍은 모바일과 쇼루밍의 합성어로, 매장에서 물건을 고르고, 모바일로 구매하는 사람들을 일러 모루밍족이라 한다. 소비자들의 이런 구매 행태가 시사하듯, 옴니채널에서는 온라인과 오프라인의 경계가 무의미하다.

24 '노화 방지' 또는 '항노화'의 뜻을 갖는 용어이다. 넓게는 노화방지용 화장품이라는 의미로도 사용된다.

25 안장원, 제대직업군인의 창업지원 실태분석과 창업활성화 방안, 부산대학교 석사학위논문, 2017, PP.5～13.

26 박춘엽, 중소기업의 창업과 사업성 분석, 경문사, 1994.

27 Drucker Peter, P. F., Innovation and Entrepreneurship : Practice and Principle, Harperand-Row, 1985.

28 Schumpeter, J. A., The Theory of Economic Development : AnInquiry into Profit, Capital : Credit, Interestand BusinessCycle",Cambridge, Harvard UniversityPress, 1934.

29 박연임, 소상공창업자의 성격특성이 조직성과에 미치는 영향에 관한 연구, 한밭대학교 석사학위논문, 2010, pp.12～16.

30 김태곤, 외식창업요인과 외식업종(태) 선택요인이 경영성과에 미치는 영향, 청운대학교 석사학위논문, 2013, pp.7～28.

31 박춘엽 · 박상범, 중소기업경영론, 삼영사, 1997, pp.106～108.

32 김규태, 창업경영실무, 형설출판사, 2001, p.18.

33 주희진, 여성의 기업활동에 대한 연구, 이화여자대학교 석사학위논문,1999, p.11.주희진, 여성의 기업활동에 대한 연구, 이화여자대학교 석사학위논문,1999, p.11.

34 김영수, 기업가적 행동성향의 결정요인과 성과와의 관계, 한양대학교 박사학위논문, 1996, p.103.

35 박상필, 창업아이디어의 원천과 창업가의 개인적 특성에 관한 실증적 연구-중소기업중심으로, 한양대학교 석사학위논문, 1998, pp.12～14.

36 정선한 · 김해룡, 소상공인 창업성공요인에 대한 탐색적 연구, 벤처경영연구 Vol.4(2), 2001, pp.28-29.

37 조병주, 기회발견과 창업메카닉스, 청아출판사, 1998, p.83.

38 이석규, 창업 및 산업성검토, 다산출판사, 1997, p.140.

39 박주관, 창업소프트성공경영학, 21세기북스, 1997, p.178.

40 박상필, 창업아이디어의 원천과 창업가의 개인적 특성에 관한 실증적 연구-중소기업중심으로, 한양대학교 석사학위논문, 1998, pp.24～41.

41 권원오, 성공으로 가는 창업과 경영, 신광문화사, 2014, pp.98～111.

42 조승철, 창업기업의 특성에 관한 실증연구, 한남대학교 석사학위논문, 2010, pp.4～11.

43 사)한국창업컨설팅협회, 창업컨설턴트가 제시하는 창업실무, 2009, pp.16～20.

44 손종웅, 청년창업 성공요인과 지원전략과제에 관한 연구, 배재대학교 박사학위논문, 2015, pp.5～19

45 권원오, 성공으로 가는 창업과 경영, 신광문화사, 2014, pp.138～147.

46 양기승, 중소기업의 핵심역량이 경영전략과 경영성과에 미치는 영향, 경희대학교 석사학위논문, 2017, pp.4～22.

47 김은희, 공공기관의 고객관계관리 개선방안에 관한 연구, 전남대학교 석사학위논문, 2012, pp.5～11.

48 서정락, 아웃소싱 업체 도급직 직원들의 이중몰입에 대한 연구, 중앙대학교 박사학위논문,

2011, pp.7～20.

49 서경자, 우리나라의 소자본뷰티창업 전략에 관한 연구, 가천대학교 석사학위논문, 2012, pp.39～48.

50 윤종덕, 창업기업의 성공요인에 대한 실증적 연구, 서경대학교 석사학위논문, 2010, pp.3～15.

51 벤처기업집적시설은 벤처기업 및 지원시설을 집중적으로 입주하게 함으로써 벤처기업의 영업활동을 활성화하기 위하여 「벤처기업육성에 관한 특별조치법」에 따라 지정된 건축물을 말한다. 여기서, 벤처기업의 지원시설은 다음과 같다. 지원시설은 중소기업창업투자회사, 중소기업상담회사, 창업보육센터, 은행(금융위원회의 인가를 받은 외국은행의 국내 지점·대리점 또는 사무소 포함), 신기술사업금융업을 하는 자, 신용보증기금, 기술신용보증기금, 기업부설연구소, 중소기업진흥공단, 한국산업단지공단, 기업구조조정전문회사, 지역신용보증재단, 투자매매업자와 투자중개업자, 그 밖에 벤처기업을 지원하는 기관으로서 중소기업청장이 정하는 기관이 벤처기업의 영업활동을 장려하기 위하여 설치·관리하는 시설을 말한다. 벤처기업집적시설을 설치하거나 기존의 건축물을 벤처기업집적시설로 사용하려는 자는 건축물의 연면적(전용면적)이 1천200m^2 이상인 경우 시·도지사로부터 그 지정을 받을 수 있다.

52 수입과 지출이 맞아서 이익이 생기는 성질이다. 경영상에 있어 수지, 손익을 따져 이익이 나는 정도를 말한다. '채산성이 좋다'라고 하면 어떤 사업분야의 이익이 만족할 수준으로 난다는 의미로 해석할 수 있다.

53 남원철, 소자본 창업자의 사업 경쟁력 확보를 위한 디자인 지원 플랫폼, 고려대학교 석사학위논문, 2015, pp.7～18.

54 [시행 2018.3.2.] [법률 제15421호, 2018.3.2., 일부개정]

55 [시행 2017.10.17.] [대통령령 제28380호, 2017.10.17., 일부개정]

56 [시행 2017.7.26.] [중소벤처기업부령 제1호, 2017.7.26., 타법개정]

57 [시행 2017.7.26.] [법률 제14839호, 2017.7.26., 타법개정]

58 [시행 2016.4.28.] [법률 제13836호, 2016.1.27., 일부개정]

59 [시행 2014.6.5.] [법률 제11865호, 2013.6.4., 제정]

60 [시행 2018.2.21.] [법률 제15378호, 2018.2.21., 일부개정]

61 [시행 2016.3.22.] [법률 제14087호, 2016.3.22., 일부개정]

62 [시행 2015.11.19.] [법률 제13299호, 2015.5.18., 제정]

63 [시행 2018.4.17.] [법률 제15344호, 2018.1.16., 일부개정]

64 [시행 2018.4.17.] [대통령령 제28800호, 2018.4.17., 일부개정]

65 [시행 2017.11.28.] [법률 제15128호, 2017.11.28., 일부개정]

66 [시행 2017.7.26.] [법률 제14839호, 2017.7.26., 타법개정]

67 [시행 2017.12.12.] [법률 제15185호, 2017.12.12., 일부개정]

저 자 : **윤 병 화**

- 세경대학교 교수
- 세경대학교 기획처부처장
- 한국문화관광복지협회 부회장
- 한국박물관연구소 소장

NCS 기반 취업과 창업 정가 15,000원

발 행 2018년 9월 10일 초판 1쇄
저 자 윤병화
발행인 전귀연
발행처 신광문화사
경기도 파주시 광인사길 201(문발동, 파주출판도시)
Tel (031)955-4211~6 donghwapub@nate.com
Fax (031)955-4217 www.donghwapub.co.kr
(등록) 1991년 6월 26일/6-130호

ISBN 978-89-7432-934-1 공급처 도서출판 동화기술